创新型素质教育精品教材

互联网+教育改革新理念教材

高职体育理论与实践教程

主审　王　建

主编　彭晓倩　郭大勇　黄志国

教·学
资　源

航空工业出版社

北　京

内 容 提 要

本书包括理论导学篇、职业体能篇和运动技能篇，共十章，涵盖了高职院校体育课及课外延伸所需内容。前三章分别介绍了体育与健康概述、科学的体育锻炼、我的大学体育等理论知识。第四章至第五章分别介绍了体能与职业体能训练、各类职业体能训练等职业体能知识。第六章至第十章分别介绍了大球运动、小球运动、形体运动、武术和特色体育项目。

本书内容全面，图文并茂，讲解通俗易懂，可作为高等职业院校各专业的体育教材。

图书在版编目（CIP）数据

高职体育理论与实践教程 / 彭晓倩，郭大勇，黄志国主编. -- 北京 : 航空工业出版社，2023.7
ISBN 978-7-5165-3369-7

Ⅰ. ①高… Ⅱ. ①彭… ②郭… ③黄… Ⅲ. ①体育－高等职业教育－教材 Ⅳ. ①G807.4

中国国家版本馆 CIP 数据核字(2023)第 088090 号

高职体育理论与实践教程
Gaozhi Tiyu Lilun yu Shijian Jiaocheng

航空工业出版社出版发行
（北京市朝阳区京顺路 5 号曙光大厦 C 座四层　100028）
发行部电话：010-85672663　　010-85672683

北京谊兴印刷有限公司印刷　　全国各地新华书店经售
2023 年 7 月第 1 版　　2023 年 7 月第 1 次印刷
开本：787×1092　1/16　　字数：312 千字
印张：13.5　　定价：46.00 元

前言
PREFACE

近年来，我国高等职业教育蓬勃发展，为社会主义现代化建设培养了大批高素质的技能型人才。体育与健康课程作为高等职业教育的基本课程，其目的是通过合理的体育教学和科学的体育锻炼增强学生的体育意识，使学生养成体育锻炼的习惯，促进学生身心健康发展，为建设健康中国和体育强国奠定基础。

为了适应人才培养的需求，本书以实践性、知识性、健康性、趣味性为编写原则，结合编者多年的体育教学经验，有针对性地借鉴和汲取了体育科学和运动实践的最新研究成果。学习本教材，不仅可以使学生树立正确的体育观、健康观，掌握一至两项运动技能，练就健康的体魄和实现对健康的自我调控，还能培养学生良好的社会公德、协作精神、竞争意识和社会适应能力。

总体而言，本书主要有以下几个特点。

❖ **素质引领，立德树人**

党的二十大报告指出："育人的根本在于立德。"本书有机融入党的二十大精神，积极践行"立德树人"的理念，以提升学生的身体素质、教授学生运动知识为显性教育目标，以培养学生的思想品德为隐性目标，以爱国、爱人民、爱集体为主线，将爱国主义教育、集体主义教育和中华优秀传统体育文化教育等元素有机地融入正文中，同时在每章均设置"素质目标"和"素质园地"模块，将知识、技能的学习和素质教育完美融合在一起。

❖ **校企合作，协同育人**

本书在一线双师型教师和体育行业企业专职人员的指导与支持下编写而成，以培养学生终身体育锻炼能力为目标，以扩大体育人口持续增长为任务，强调根据高职学生体质和健康情况安排实用、适用的锻炼内容，方便学生自主学习、自主锻炼，促进其培养健康的体魄。此外，本书融入了职业体能训练等内容，可以帮助学生增强职业意识，养成良好的运动习惯。

❖ **理念创新，优化课程**

为落实教育部文件的精神，本书积极践行"以学生为主体，以教师为主导，以能力为根本"的教育理念。本书内容全面，结构完整，包括理论导学篇、职业体能篇和运动技能篇，共十章，涵盖了高职院校体育课及课外延伸所需内容。对于每一种体育项目，本书均从基本概念、基本技术、基本技巧、练习方法、比赛规则等多个方面进行介绍，讲解通俗易懂、生动有趣，具有较强的指导性和实用性。

❖ **资源丰富，平台支撑**

本书将“互联网+”思想融入教材。学生可以借助手机或其他移动设备扫描书中的二维码获取相关视频，也可以登录文旌综合教育平台“文旌课堂”（www.wenjingketang.com）查看与下载本书配套资源，如优质课件、教案、课程标准等。

本书由王建担任主审，彭晓倩、郭大勇、黄志国担任主编，赵小龙、郑胜燕、潘乐、葛芳方、江慧担任副主编，占华、吕迎尚、马晓菲、张洪柱、王俊舰、牛浩楠、张光虎参与编写。本书在编写过程中，参考了大量的资料并引用了部分文章和图片等。这些引用的资料大部分已获原作者授权，但由于部分资料来自网络，我们未能确认出处，也暂时无法联系到原作者。对此，我们深表歉意，并欢迎原作者随时与我们联系（电话：4001179835），我们将按规定支付酬劳。

尽管我们在编写本书时已竭尽所能，但由于编者水平有限，书中难免存在疏漏与不当之处，敬请广大读者批评指正。

目录

CONTENTS

理论导学篇

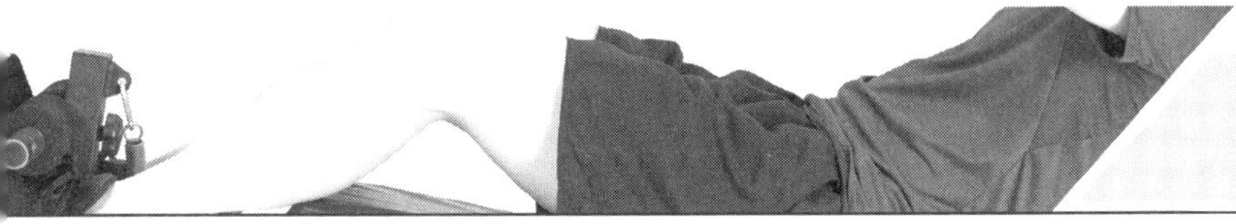

职业体能篇

运动技能篇

理论导学篇

第一章

体育与健康概述

学习目标

- 了解体育的概念和现代体育的构成。
- 熟悉健康的概念及衡量健康的标准。
- 掌握体育锻炼对身体健康的影响。
- 掌握体育锻炼对心理健康的影响。
- 熟悉影响健康的各项因素。

素质目标

- 在体育锻炼中陶冶情操，磨炼意志。
- 培养积极向上的个性。

第一节 体育与健康概念

一、体育的起源与概念

历史资料表明，我国早在公元前 2000 年左右就已经产生了体育运动。虽然体育的历史非常悠久，但是“体育”一词却出现得较晚。在“体育”一词出现之前，世界各国对体育运动的叫法都不相同。在我国，“体育”一词最早出现于 1904 年。

“体育”一词在含义上也有一个演化过程。在其刚传入我国时，“体育”是指身体的教育，是与提高身体素质的各种活动有密切联系的一种教育过程。随着社会的进步和体育事业的发展，体育的目的与内容都大大超出原有的范畴，对体育的概念也出现了广义与狭义的解释。广义的体育一般指体育运动，包括学校体育、竞技体育和群众体育三个方面的内容；狭义的体育一般仅指学校体育。

许多学者都对体育的概念做出了解释，趋于一致的解释如下：“体育是以身体活动为媒介，以谋求个体的身心健康与全面发展为直接目的，并以培养社会主义建设者和接班人为终极目标的一种社会文化现象或教育过程。”体育的这一定义既说明了其本质属性，又指出了其归属范畴。

二、现代体育的构成

现代体育主要由学校体育、竞技体育和群众体育三个部分构成。

（一）学校体育

学校体育是指为满足社会长远发展的要求，面向全体学生，以开发学生的体力潜能和全面提高学生的身体素质为根本目的的教育过程。

学校体育具有以下几个特点。

（1）根据学生的身心发展特点和教学大纲，有计划地组织与开展多种体育教学活动。

（2）教学方法和教学形式丰富多样，让学生在快乐中学、在快乐中锻炼。

（3）竞技比重小，危险系数低，动作技术难度适中。

学校体育的目标包括两个方面的内容：一是强健学生的身体；二是通过体育教育使学生掌握正确锻炼的方法，为学生养成终身锻炼的习惯奠定良好的基础。

（二）竞技体育

竞技体育是指在全面发展身体，最大限度地挖掘和发挥人（个人或群体）在体力、智力、心理等方面的潜力的基础上，以攀登运动技术高峰和创造优异运动成绩为主要目的的一种运动过程。

竞技体育具有以下几个特点。

（1）能充分调动与挖掘运动员在体力、智力和心理等方面的潜力。

（2）具有较强的竞争性与对抗性。

（3）参与者需要有充沛的体力和高超的运动技术。

（4）竞赛规则统一且具有国际性。

（5）竞赛成绩会在较大范围内得到认可。

（三）群众体育

群众体育属于文化娱乐的范畴，是指普通民众自愿参加的，以强身、健体、娱乐、休闲等为目的，内容广泛、形式多样的体育运动，一般不追求达到高水平的运动成绩。

群众体育具有以下几个特点。

（1）参与目的的多样性。群众体育可以满足人们健身、健美、康复、休闲娱乐、陶冶情操等多种需要。

（2）参与对象的广泛性。全体社会成员都可以是群众体育的参与者。不论年龄、性别、爱好、职业是什么，所有人都可以在群众体育中找到适合自己的项目。

（3）活动时间的灵活性。群众体育是人们在业余时间开展的一种文化活动。随着人们生活水平的提高和闲暇时间的增多，群众体育的发展也驶入快车道。

三、健康的概念和标准

健康是人类永恒的追求目标，拥有健康才能享受生活。以往人们普遍认为“健康就是没有疾病”，但随着科学的发展与社会的进步，对于健康的定义早已不再局限于身体的健康。

（一）健康的概念

世界卫生组织曾指出，健康不是仅仅免于疾病和衰弱，而是保持身体上、精神上和社会适应能力等方面的完好状态。

这个定义包括三层含义：一是躯体健康，指躯体的结构完好，功能正常；二是心理健康（又称“精神健康”），指人的心理处于良好状态，包括能正确地认识自我、认识环境，及时适应环境等；三是社会适应能力良好，指个人的能力在社会系统内得到充分发挥，个体能够有效地扮演与其身份相适应的角色，个人的行为符合社会规范的要求。

后来，世界卫生组织明确了“健康”应包括躯体健康、心理健康、社会适应良好和道德健康。之后有学者提出了一个类似的健康观念，即健康是人对环境适应后所达到的一种生命质量，个体只有在身体、情绪、智力、精神和社会适应各方面达到完美状态才称得上真正的健康。

这一健康观念具有以下几个方面的内涵。

（1）身体健康的含义不仅包括无病，而且包括体能充沛。体能是一种能满足生活需要和有足够能量完成各种活动的能力。体能充沛不仅可以预防疾病，还能提高生活质量。

（2）情绪涉及我们对自己和他人的感受。情绪健康的主要标志是情绪稳定。当然，人在生活中偶尔有些情绪波动实属正常，关键是生活中大部分时间能保持情绪稳定。

（3）智力健康是指具有认识、理解客观事物，并运用知识、经验等解决问题的能力，包括但不限于记忆、观察、想象、思考、判断等能力。

（4）精神健康是指能够认识自己的潜力，自如应对正常的生活压力，以及关心和尊重他人。

（5）社会健康是指个体与他人及社会环境相互作用形成和谐的人际关系，以及能够恰当地扮演社会角色。社会健康使人们在人际交往中充满自信和安全感，进而减少烦恼，保持心情愉快。

值得注意的是，以上几项内容是相互联系、相互影响的。例如，身体不健康会导致情绪不稳定，精神不健康会导致身体、情绪和智力不健康。因此，只有这些健康要素均衡发展，人们才能真正健康、幸福地生活。

（二）衡量健康的标准

从公共卫生的角度而言，健康的身体应符合以下十条标准。

（1）精力充沛，能从容地应对日常生活和工作。

（2）自信乐观，态度积极，乐于承担责任。

（3）善于休息，睡眠质量好。

（4）应变能力强，能适应环境的各种变化。

（5）对一般传染性疾病（如感冒）具有一定的抵抗力。

（6）体形匀称，体重正常，身体各部分比例协调。

（7）眼睛明亮，反应敏捷，眼睑不易发炎。

（8）牙齿清洁，无损伤，无病痛，齿龈无出血。

（9）头发有光泽，无头屑。

（10）走路轻松，肌肉、皮肤富有弹性。

人们在日常生活中也总结出一些健康的标准，具体内容如下。

（1）胃口好，进餐适量，不挑食。

（2）排泄顺畅，肠胃功能良好。

（3）能很快入睡，且睡眠程度深，醒后精神饱满，头脑清醒。

（4）语言表达准确，说话流利。

（5）行动自如、敏捷，精力充沛。

（6）性格温和，意志坚强，感情丰富，具有坦荡的胸怀与达观的心境。

（7）具有良好的处世能力和自我控制能力，看问题客观、理性。

（8）能适应复杂的社会环境，对事物的变化保持良好的情绪，能保持社会外环境与机体内环境的平衡。

（9）具有良好的人际关系，待人接物大度、和善，不过分计较，助人为乐，与人为善。

第二节 体育锻炼与身体健康

一、体育锻炼对身体发育的影响

人的生命大致可分为三个时期，即儿童时期、青少年时期和中老年时期。青少年时期是人体生长发育的重要时期，也是为人的体形、体力和健康奠定基础的关键时期。这一时期，后天因素对机体的影响比任何时期都大。实践证明，人在青少年时期经常参加体育锻炼，对身高、体重、身体机能发育的促进作用更为明显。

二、体育锻炼对人体各个系统的影响

人体是一个完整的、统一的有机体，它由不同功能的系统构成，如神经系统、呼吸系统、循环系统、消化系统、运动系统、生殖系统、内分泌系统和泌尿系统等。体育锻炼可以对人体各个系统产生积极的影响，从而促进机体全面发展。

（一）体育锻炼对神经系统的影响

神经系统由中枢神经系统和周围神经系统组成。人的所有活动都是反射活动，即由感觉器官将体内、体外的刺激传送到大脑，大脑经过分析给出相应的反应指令，再由周围神经将反应指令传达给各个系统去执行。

当人体发育进入成熟阶段时，人脑容量就不再增加，但大脑皮层的结构和功能仍在发展，因此，体育锻炼仍会对大脑功能有改善作用，具体内容如下。

（1）体育锻炼可以提高人体对刺激的反应速度。体育锻炼的项目种类和技术动作繁多，对抗性和技术性越强的运动，越能有效地强化神经元的生理功能，使神经元的兴奋强度和反应速度都得到提高。

（2）体育锻炼有助于增强人的记忆力，提高大脑的工作效率。其原因如下：第一，运动使心脏供血能力提高，进而增加脑细胞的供血量，从而使得脑细胞的活跃性增强。第二，大脑在长时间思考和学习之后，其相关的神经元会产生疲劳，进而由兴奋转为抑制。人在此时进行体育锻炼，可以使运动神经元群变得兴奋，而其他神经元群就可以得到休息，从而有助于提高大脑的工作效率。

（3）体育锻炼可以帮助改善神经衰弱。人经常进行体育锻炼，可以使大脑皮质兴奋增强、抑制加深，并且使兴奋和抑制过程都更加集中，进而使大脑的兴奋与抑制过程保持平衡。

（二）体育锻炼对呼吸系统的影响

呼吸系统包括鼻、咽、喉、气管、支气管、肺等器官和组织。其中，肺是气体交换的场所，其他器官是气体交换的通道。

在安静状态下，呼吸系统的各个器官只需要很小的工作量就能完成呼吸过程，长此以往，很可能导致呼吸系统机能下降。而人在进行体育锻炼时，由于人体对氧气的需求量增加，呼吸频率就会加快，这不仅有助于增加肺活量，还能使呼吸肌更加发达、有力，从而提高呼吸系统的机能。

（三）体育锻炼对循环系统的影响

循环系统包括心脏、动脉、毛细血管、静脉、淋巴管等，具有输送激素、调节体温等功能。机体通过血液循环获得氧气与营养物质，同时排出二氧化碳与其他代谢废物。

（1）体育锻炼可以使心脏功能增强。人在进行体育锻炼时，其血液循环会加速，这会使心肌得到更多的营养物质，心壁增厚，心脏容量增加，也使心脏搏动更加有力。一般来说，长期运动的人在正常状态下的心率要比普通人每分钟减少 20 次左右。

（2）体育锻炼可以使血红蛋白增多，血管功能变强。体育锻炼使血液循环加快，血流量变大，血管收缩和扩张的频率增加，血管经常收缩或扩张使得血管壁弹性增强、血管表面积增大，从而使血管对血液的运输功能增强。经常进行体育锻炼，还能使血液中的白细胞、红细胞及血红蛋白含量增多，使人体代谢和耐缺氧的能力增强，从而改善人体循环系统的功能。

（四）体育锻炼对消化系统的影响

消化系统由口腔、咽、食管、胃、胰腺、肝脏、肠道和肛门等器官组成。

（1）体育锻炼可以促进食物的消化和营养物质的吸收。一方面，经常参加体育锻炼能使消化腺分泌的消化液增多；另一方面，腹部运动能加强消化道的蠕动，改善胃和肠道的血液循环，最终使食物的消化和营养物质的吸收更加充分和顺利。

（2）体育锻炼可以增进肝脏健康。体育锻炼会使体内糖分的消耗增加，促使肝脏将储备的糖原及时向外输送。肝脏工作量的增加使其机能得到了锻炼和提高。

（五）体育锻炼对运动系统的影响

运动系统由骨骼、关节和肌肉三部分组成。骨骼是人体的支架，是构成体形的基础，起到保护脑、脊髓、心和肺等重要器官的作用。关节是骨与骨之间的枢纽，人体以其为支点产生运动。肌肉附着在骨骼之上，并在神经系统的支配下交替收缩与伸展，进而辅助人体完成走路、跑步和跳跃等动作。

体育运动是在运动系统的协调工作下完成的，运动也会使运动系统的各个部分更加坚固、灵活且粗壮有力。

（1）体育锻炼可以使骨骼的形态、机能发生良好变化。长期的体育锻炼会使骨骼变得粗壮、坚固，增强其抗折、抗弯、抗压缩和抗扭转等方面的机能。

（2）体育锻炼可以增强关节的稳固性，提高关节的灵活性。经常从事体育锻炼，能使关节囊、肌腱和韧带增厚，关节的稳固性、灵活性和柔韧性增强，关节软骨的弹性得到提高。

（3）体育锻炼可以提高肌肉性能，增大肌肉体积。肌肉在运动过程中工作量增大，久而久之，会使肌纤维增粗，肌肉体积增大，从而使肌肉更加结实有力。

三、体育锻炼对身体素质的影响

体育锻炼可以提高身体素质。身体素质表现在力量、速度、耐力、灵敏度和柔韧性等多个方面。

（一）力量

力量是指肌肉在等长收缩（不出现肌肉长度缩短而只有张力增加的收缩）或向心收缩（肌肉长度缩短的收缩）状态下克服外界阻力的能力。力量素质可分为以下两类。

（1）静力性力量，指肌肉做等长收缩时产生的力量。人在需要保持一定的姿势或固定在一定的位置上时会用到静力性力量。例如，人在体操运动中做出支撑、平衡、垂悬和倒立动作时，会用到静力性力量。

（2）动力性力量，指肌肉做向心收缩时产生的力量。动力性力量可以通过身体位移使身体或器械产生加速度。动力性力量又可分为重量性力量和速度性力量。重量性力量侧重肌肉力量，例如，举重锻炼的就是重量性力量。速度性力量侧重爆发力，例如，人体蹬离地面跳跃或投掷器械时都会用到速度性力量。

力量素质在体育运动中非常重要，没有力量素质作为基础，任何体育运动都不可能完成。力量素质是速度、灵敏度等素质的基础，也是取得运动成绩的关键。

（二）速度

速度是指人体快速运动的能力，是人身体素质中最基本的素质之一。体育锻炼会使人体对外界刺激的反应速度加快，并使人体在较短的时间内完成指定动作或移动指定距离。速度体现在以下四个方面。

（1）位移速度，指单位时间内人体位移的快慢。例如，径赛项目就以位移速度的快慢作为胜负的标准。

（2）反应速度，指人体对外界刺激产生反应的快慢，即从外界刺激作用到人体，再到人体对刺激做出反应所经历时间的长短，如起跑时运动员对枪声的反应速度、球场上对战术变化的反应速度等。

（3）动作速度，指完成指定动作的快慢，如在投掷项目中器械出手的速度、排球运动中的扣球速度等。

（4）速度耐力，指人体保持较长时间快速运动的能力。例如，中长跑运动锻炼的就是速度耐力。

（三）耐力

耐力是指人体保持长时间活动或对抗疲劳的能力。

耐力可分为有氧耐力和无氧耐力。有氧耐力又称“肌肉耐力”，指人体长时间进行中等强度肌肉活动的能力。例如，球类和中长跑项目锻炼的就是有氧耐力。无氧耐力又称“心血管耐力”，指人体在较短时间内快速运动的能力。例如，短跑、短距离游泳等项目锻炼的就是无氧耐力。

（四）灵敏度和柔韧性

灵敏度是指在外界刺激突然改变的情况下，人体能迅速、准确地改变身体运动方向和位置的能力。灵敏度强调人的反应速度要快，要把握好空间、时间、力量和节奏，以使完成的动作符合要求。

柔韧性是指人体各关节在运动中的活动能力（幅度和范围），以及肌肉和韧带的伸展能力。在体操、艺术体操、武术、跳水和田径等运动项目中，柔韧性是决定比赛成绩的关键。

四、体育锻炼对环境适应能力的影响

环境适应能力主要是指人体对自然环境的适应能力，具体表现为人体对自然条件和气候的适应性，以及对一些季节变化引起的疾病的抵抗能力。环境适应能力的强弱是身体状况好坏的标志之一。

体育运动可以增强人体神经系统的功能，使人体对外界刺激的反应变得迅速而准确；还能提高人体的体温调节能力，有利于提高机体对环境的适应能力，以及对疾病的抵抗能力；此外，体育运动也有利于培养大学生的拼搏精神和坚韧不拔的意志品质。

第三节 体育锻炼与心理健康

体育锻炼对心理健康的影响是多方面的。对于大学生来说，体育锻炼对心理健康的影响主要表现在以下几个方面。

一、体育锻炼有助于发展智力

正常的智力是正确感知和认识世界的前提，是心理健康的基础。体育锻炼不仅能提高大学生的注意力、记忆力、反应能力、思维能力和想象力等，还可以使大学生情绪稳定、性格开朗。后者虽然属于非智力因素，但能对大学生的智力产生促进作用。

二、体育锻炼有助于培养良好的情绪体验

大学生在复杂多变的社会环境中常常会产生紧张、压抑、忧虑等不良情绪，而体育锻炼能帮助其从烦恼和痛苦中走出来。

体育锻炼之所以能够调节情绪，是因为体育锻炼的参与者能体验到运动带来的愉悦感。心理学家认为，适度的体育锻炼能够促使人体释放一种多肽物质——内啡肽，它能使人们获得愉快、兴奋的情绪体验，减轻或消除由学习、生活、情感等各方面的挫折引起的焦虑和抑郁等症状。因此，参加体育锻炼，尤其是参加那些自己喜爱和擅长的体育项目的锻炼，可以使人从中体会到乐趣，振奋精神，从而保持良好的情绪状态。

三、体育锻炼有助于形成和谐的人际关系

人际关系也是社会适应的重要内容。人际关系是建立在交往过程中相互之间产生感情的基础上的。现代社会生活节奏的加快，使大学生越来越趋向自我封闭的状态，人际情感交流缺乏，从而造成人际关系越来越差。体育锻炼可以打破这种封闭的状态，让不同年级、不同性别和不同家庭背景的大学生在运动场上进行平等、友好的交往，使大家产生信任感，从而有效进行情感和信息的交流。

四、体育锻炼有助于促进坚强品质的形成

一个人的意志品质体现在其果断性、坚韧性、自制性和独立性等方面。意志品质既能在克服困难的过程中表现出来，也能在克服困难的过程中培养出来。参加体育锻炼的过程，就是不断克服主观和客观上的各种障碍（如懒惰、胆怯和气候条件不佳等）的过程，可以帮助培养大学生果断、坚韧等优秀的意志品质。

第四节 影响健康的因素

有学者从预防医学的角度提出了影响健康的四个主要因素，即行为与生活方式因素、生活环境因素、生物学因素和医疗卫生服务因素。

一、行为与生活方式因素

行为与生活方式因素是指人们自身存在的影响健康的行为和生活方式。

国内外大量研究表明，不良的生活方式和有害健康的行为习惯已经成为危害人们健康、引发疾病的主要原因。不良的生活方式和有害健康的行为习惯包括：吸烟、酗酒、暴饮暴食、过多摄入脂肪和糖等不健康的饮食方式和行为习惯；作息不规律、缺乏运动、睡眠不足、电子游戏成瘾等不健康的生活方式；以自我为中心、孤僻、抑郁、嫉妒和自私等不健康的心理状态；等等。这些不良生活方式和有害健康的行为习惯是高血压、冠心病、糖尿病等“现代生活方式病”的发生率不断增高和患者不断年轻化的主要原因。世界卫生组织也曾指出，健康的四大基石是合理膳食、适量运动、戒烟限酒和心理平衡。

二、生活环境因素

生活环境因素可分为自然因素（如自然环境、气候与空气质量等）和社会因素（如科技水平、家庭环境、工作环境、人际关系和经济收入等），它们从不同的角度影响着健康。

一方面，现代建筑日益密集并不断向高空发展，居住在这些建筑物中的人们与大自然的距离越来越远，加上城市工业化使得淡水受到污染，空气中的粉尘与二氧化硫等有害物质不断增加，以及酸雨、霾、沙尘暴等自然灾害的频繁发生，致使人类的生活环境日益恶化，严重危害了人类的健康。

另一方面，城市交通的便捷和通信工具的现代化减少了人们利用走路锻炼身体的机会；家用电器的现代化减少了人们参与家务劳动的机会；食品中脂肪和糖类成分的增加，使得人们从食物中摄入的热量越来越多；同时由于整个社会生活节奏的加快，人们的身心经常处于紧张状态，精神上承受着巨大的压力。这些生活环境和生活方式的变化使得现代人的身体机能发生了诸多不良变化。

三、生物学因素

生物学因素包括遗传因素及细菌、寄生物等病原微生物因素。

遗传是指自然生物通过一定的生殖方式，将遗传因子从上一代传给下一代的生物现象。上一代在把遗传因子传给后代的同时，也把许多显性或隐性的疾病传给了后代。遗传因素直接影响人类健康，它对人类诸多疾病的发生、发展具有决定性影响。

现代研究表明，遗传因素对人类健康的影响不仅表现在先天性缺陷和遗传性疾病方面，其在人类后天的常见病（如冠心病、高血压、糖尿病、某些癌症）和常见的精神障碍方面也起着重要作用。遗传因素可能会使这些疾病提前发生。

病原微生物是引发传染病的首要条件。在微生物学、生物化学及相关学科发展早期，人们普遍认为一些传染病已经基本消灭，其余的传染病也可通过人体免疫和抗生素得到控制。但在 20 世纪末，人们惊讶地发现，致病细菌表现出明显的抗药能力和适应环境变化的能力，这意味着病原微生物与人类产生了共生关系，传染病会一直是人类健康的主要危害。

四、医疗卫生服务因素

医疗卫生服务是指医疗卫生机构和专业人员为了达到预防疾病、促进人类健康的目的，运用医疗卫生手段向个人、群体和社会提供的必要服务。

医疗卫生服务因素是指医疗卫生系统中影响健康的因素，涉及疾病预防、医疗及康复等方面，包括医疗水平低、误诊、漏诊，医务人员数量少、服务质量差，初级卫生保健系统不健全，重治疗轻预防，医疗资源分布不均，缺少康复机构和医患关系不良等，这些都是不利于人类身心健康的因素。

素质园地

树立健康第一的教育理念

青少年是国家的未来、民族的希望，少年强、青年强则中国强。党的二十大报告明确了到 2035 年建成教育强国和体育强国的目标任务，提出了“加强青少年体育工作”。

学校体育是实现立德树人根本任务、提升学生综合素质的基础性工程，对培养学生爱国主义精神、集体主义精神，以及奋发向上、顽强拼搏的意志品质具有独特作用。学校应树立健康第一的教育理念，面向全体学生，开齐开足体育课，完善教学模式，保证学生体育活动的时间与质量，帮助学生在体育锻炼中享受乐趣，增强体质，健全人格和锤炼意志。

（资料来源：人民网，有改动）

第二章

科学的体育锻炼

学习目标

- 掌握体育锻炼卫生常识。
- 掌握运动处方的概念与制订方法。
- 掌握运动损伤的预防与处理方法。
- 掌握急救知识。

素质目标

- 掌握科学的运动方法，增强体质。
- 养成良好的运动习惯并终身坚持。

第一节 体育锻炼卫生常识

生命在于运动，更在于科学运动。只有掌握体育锻炼的卫生常识，科学地进行体育锻炼，才能起到健身强体和防病治病的作用。

一、准备活动与整理活动

体育锻炼的过程是人体从静态到动态再到静态的变化过程，而准备活动与整理活动就是实现这种变化的过渡手段。

（一）准备活动

准备活动是指锻炼者在体育锻炼前所进行的一系列身体练习，其目的是打破身体的生理平衡状态，使人体的各个系统迅速地从安静状态过渡到运动状态。

准备活动的作用表现在以下几个方面。

（1）提高中枢神经系统的兴奋性，加快大脑的反应速度，使参加活动的运动中枢间相互协调，为正式练习时身体能迅速进入适宜状态做好准备。

（2）提高心血管系统和呼吸系统的机能水平，使肺通气量及心排血量增加，心肌和骨骼肌的毛细血管扩张，使工作肌获得更多的氧，从而克服内脏器官的生理惰性，缩短其进入工作状态的时长。

（3）提高机体的代谢水平，使体温升高，进而提高肌肉的收缩和舒张速度，增加肌肉的伸展性、柔韧性和弹性，从而预防运动损伤。

准备活动包括一般的准备活动和专业的准备活动两种。在做准备活动时，锻炼者首先应做一般的准备活动，如利用走、跑和做徒手操等，活动身体的各个部位；然后做专业的准备活动，即针对所要参加的锻炼项目的特点进行一些专业的练习，如在短跑前可做小步跑、高抬腿和后蹬跑等准备活动，在排球比赛前可做传球和垫球练习等。

准备活动的时间长短和运动量的大小，应根据锻炼项目的内容和强度，以及季节和气候的不同而适当调整，一般达到身体发热或微微出汗，自我感觉舒适即可。

（二）整理活动

整理活动是指锻炼者在体育锻炼后所进行的一系列放松活动，其目的是消除疲劳，恢复体能，提高锻炼效果。做好整理活动可使人体较好地从紧张的运动状态逐渐过渡到相对平静的状态。

运动对人体生理平衡的影响会使人体产生一系列的生理变化，这种变化不会随着运动的停止而立刻消失，而是需要一个恢复的过程。如果人在剧烈运动时突然停止运动、坐下或蹲下，那么不仅会感觉很疲劳，而且可能会有晕倒的危险。因此，锻炼者在运动后应认真地做好整理活动。

整理活动应以深呼吸与动作缓和的活动为主，且活动量应逐渐减小，节奏应逐渐减慢，一般持续 15～20 min，以促使锻炼者的呼吸频率和心率下降。例如，锻炼者在长跑抵达终点后应继续慢跑一段时间，或边走边做深呼吸与放松徒手操。做完整理活动之后，锻炼者还要注意保暖，以防着凉。

二、运动饮水卫生与运动饮食卫生

人在运动中容易流失大量的水与能量，使得身体的内部失去平衡，导致全身无力和精神不振。若不及时补充水和食物，则会损害身体健康。

（一）运动饮水卫生

锻炼者在运动中饮水应以少量、多次为原则，且应饮用生理盐水或含少量蔗糖、果汁的饮料，以维持机体的基本生理平衡。人在剧烈运动时和运动后，均不宜一次性大量饮水。锻炼者如果在运动中饮水过量，则会使胃膨胀而妨碍膈肌的活动，从而影响呼吸；同时会使人体血液量增多，增加心脏与肾脏的负担，有损身体健康。

（二）运动饮食卫生

一般而言，体育锻炼应在饭后 1.5 h 开始，饭前 0.5～1 h 结束。锻炼者切忌在运动中大量进食或饭后即刻运动。如果锻炼者在运动中大量进食，轻则会引起腹痛，重则会导致胃炎、胃溃疡等消化道慢性疾病。这主要是因为在运动时，大量血液流进骨骼肌，导致胃肠的血液减少，消化机能减弱。

锻炼者若因运动的需要必须补充能量，则应食用易消化的流质或半流质食物，且应以食量小、能量高为原则。另外，人在运动后容易产生饥饿感，用餐时切忌狼吞虎咽，更不能暴饮暴食。

三、运动衣着卫生与运动环境卫生

（一）运动衣着卫生

锻炼者在运动时穿着的服装和鞋子要符合运动项目的要求，这样能预防运动损伤，有利于自身健康。具体来说，运动服装应质地柔软，透气性与吸水性良好；运动鞋应大小适宜，鞋底具有一定的弹性，鞋面具有良好的透气性，鞋跟的高低要适当；运动袜应具有良好的透气性和吸汗性，且干净、柔软、有弹性。另外，经常参加体育锻炼的人要勤换洗运动衣裤，以避免滋生细菌。

（二）运动环境卫生

运动环境是指人们进行体育运动时的外界条件，如空气、气温、运动场地和运动设施等。

锻炼者应在空气新鲜的环境中开展体育锻炼。新鲜空气中含有大量的负离子，它能调节大脑皮层的功能，改善呼吸功能，使锻炼者振奋精神，消除疲劳，从而有效地提高锻炼效果。研究表明，绿色植物越是茂密的地方，空气中负离子的含量越高。因此，锻炼者应尽量在室外开展体育锻炼，最好是在树木茂密、环境幽雅的地方锻炼。若在室内锻炼，则要注意通风并禁止吸烟。

体育锻炼的场地与设施也应满足一定的卫生与安全要求。例如，运动场地要干净、平整，光线要充足，没有噪声干扰等。

四、运动时的自我监督

自我监督又称“自我检查”，是锻炼者在体育锻炼的过程中，对自身的各种生理变化进行连续观察并定期记录，然后对各项记录进行综合分析与判断，以确认锻炼的内容、方法和运动负荷是否科学、合理。其目的在于评价锻炼结果，调整锻炼计划，以利于提高健康水平、防止过度疲劳与运动损伤。锻炼者经常进行自我监督，对于其增强信心，坚持科学锻炼，提高锻炼效果，防止运动过量或不足，养成良好的运动卫生习惯等都有重要意义。

体育锻炼中的自我监督主要包括主观感觉和常规检查两个方面的内容。

（1）主观感觉包括身体感觉、情绪、睡眠、食欲、排汗量和排尿情况等内容。人的主观感觉是人体机能状况的直接反映。坚持科学的体育锻炼，能使人精力充沛、心情愉快、睡眠充足、食欲良好。如若不然，则锻炼者应调整体育锻炼的内容、形式和运动时间等。

（2）常规检查的内容包括生理指标、运动成绩和其他伤病情况。其中，生理指标主要包括心率、血压、体重和肺活量等；运动成绩包括身体素质与专项运动成绩等。

每个人在运动过程中和运动后出现的生理反应与自我感觉都是不同的。因此，锻炼者应根据自己的生理机能变化情况，在综合分析的基础上做出正确的判断，以便更加科学地进行体育锻炼。

第二节 运动处方

一、运动处方的概念

处方是指医生给患者开的药方。所谓“运动处方”，是以增进健康、增强体质为目的而制订的一系列与个人身体状况相适应的、行之有效的科学运动方法，即用处方的形式，规定锻炼者锻炼的内容、形式和运动强度。它是指导人们有目的、有计划、科学地进行体育锻炼的一种形式。

二、运动处方的制订

（一）健康检查

健康检查是指了解锻炼者的身体发育情况、健康状况和伤病情况，以确定其是否适合进行健身运动，有无禁忌证。

（二）运动负荷测定

运动负荷测定是指检测与评定锻炼者对运动负荷的承受能力，以检测锻炼者的心肺功能为主。测试指标主要有心率、血压和肺活量等，其中，在测试心率与血压时，应分别测试锻炼者在安静与运动状态下的指标。

（三）体能测试

体能测试主要是对锻炼者进行力量、耐力、速度和灵敏度等方面的身体素质检测，从而判定锻炼者的运动能力与生理机能状况。

（四）制订运动处方

1．运动目的

运动目的，即通过有目的的锻炼所要达到的效果，通常包括健身、娱乐、减肥和治疗等。

2．运动项目

为锻炼者选择适宜的运动项目关系到其锻炼的有效性与持久性。选择运动项目时，不仅要考虑运动的目的和条件，还要结合锻炼者的兴趣爱好等。运动项目大致分为以下三种类型：① 有氧耐力性运动，如步行、慢跑、走跑交替、自行车、有氧舞蹈、健美操和不剧烈的球类运动等；② 抗阻力性力量运动，如利用哑铃、杠铃、弹簧和橡皮筋等工具进行的负重训练或阻抗训练；③ 伸展柔韧性运动，如慢节奏健美操、医疗体操和瑜伽等。

3．运动强度

运动强度是指运动的剧烈程度。运动强度是衡量运动量的重要指标之一，可用运动心率来表示。通常情况下，人在运动时的心率在 120 次/分钟以下为低运动强度，在 120～150 次/分钟为中运动强度，在 150～180 次/分钟或 180 次/分钟以上为高运动强度。衡量运动强度的简单办法是测量锻炼者在运动后 10 s 内的脉搏次数，然后用该数值乘以 6，其运算结果就是锻炼者的运动心率，即运动强度。

体育专业人员通常用靶心率来表示能使锻炼者获得最佳锻炼效果并能确保其安全的运动心率。靶心率又称“运动中适宜心率”，即锻炼者在运动过程中应保持的心率。对于青年人来说，靶心率的计算公式：靶心率=（220−年龄）×85%。例如，一名 20 岁的锻炼者，其靶心率应为 170 次/分钟。

4．运动时间

运动时间是指一次锻炼的持续时间。运动时间与运动强度紧密相关，若运动强度大，则运动时间应稍短；若运动强度小，则运动时间应稍长。一般来说，有氧运动的持续时间在 30 min 左右就可以达到较好的锻炼效果。

5．运动频度

运动频度是指每周的锻炼次数。研究表明，一周运动三次以上，运动效果才会明显。

减肥运动处方示例如表 2-1 所示。

表 2-1 减肥运动处方示例

姓名：×××	性别：女	年龄：20
职业：学生	体育爱好：羽毛球	
健康检查：身高为 155 cm，体重为 60 kg，体脂率较高，无病史。		
运动负荷测定：安静脉搏为 79 次/分钟，血压为 75/115 mmHg（1 mmHg=0.13 kPa），肺活量为 2 800 mL。		
体能测定：1 min 内能做 25 个仰卧起坐，4 min 跑完 800 m。		
体质评定：健康状况较好，体脂率较高，心肺功能稍差。		
运动目的：减肥（体重减轻 3～5 kg）与健身。		
运动项目：羽毛球、健身跑、健美操等。		
运动强度：运动心率保持在 140～170 次/分钟。		
运动时间：每次 30～60 min。		
运动频度：每周 3～5 次，共 12 周。		
注意事项：适当控制饮食，减少糖、油脂的摄入，可食用一定量的蔬菜、水果，生病时应停止运动。		
复查日期：		
医生或健康指导教师签名：		年 月 日

第三节 运动损伤的预防与处理

一、运动损伤的预防

运动损伤是指在体育运动中发生的身体损伤。其多数由局部组织承受过大的运动应力负荷引起，少数由意外碰撞、跌倒等引起。运动损伤分为急性损伤和慢性损伤。急性损伤包括骨折、脱位、韧带或肌肉断裂等。慢性损伤包括肌肉劳损、关节软骨损伤、疲劳性骨折等。

预防运动损伤，应做到以下几点。

（1）增强运动安全意识。克服麻痹思想，增强预防运动损伤的意识。

（2）认真做好准备活动。在运动前进行热身运动，对可能发生运动损伤的关节与易伤部位及时采取预防措施。

（3）合理安排运动量。运动时，应防止局部组织负荷过重。

（4）加强保护意识。学会各项运动中的安全保护措施，掌握自我保护和相互保护的操作技巧。例如，摔倒时应立即屈肘、低头、团身滚动；由高处跳下时用前脚掌着地，同时屈膝缓冲等。

（5）加强医务监督和自我监督。按要求进行身体机能检查，以预防为主，积极采取相应的防治措施。

二、运动损伤的处理

（一）出血

出血是运动损伤中较为常见的一种情况，可分为外出血与内出血两类。其中，外出血分为动脉出血、静脉出血和毛细血管出血三种，根据出血的颜色与出血的情形进行区分：动脉出血表现为血液喷射而出，血色鲜红；静脉出血表现为血液漫涌而出，血色暗红；毛细血管出血则表现为血液缓慢渗出。

成人的血液总量一般为 4 000～5 000 mL。如果出血量达到全身总血量的 20%，人就会出现面色苍白、头晕乏力、口渴等症状；若出血量超过全身总血量的 30%，将危及生命。因此，对于外出血的伤者，尤其是大动脉出血，必须立即止血；对疑有内脏或颅内出血的伤者，应尽快送医院救治。

止血的方法主要有冷敷法、抬高患肢法和压迫法。

冷敷法常用于急性闭合性软组织损伤。最简便的冷敷法是用冷水冲洗或用冷毛巾敷于伤处，有条件的可使用氯化烷喷射。

抬高患肢法适用于四肢出血。抬高患肢使伤处血压降低，血流量减少，可以达到减少出血的目的。

压迫法包括指压法、绷带加压包扎法和止血带法。

1．指压法

指压法是指将手指的指腹压在出血动脉近心端相应的骨面上，以阻断血液的流动来达到止血的目的。这种止血方法操作简便，止血迅速，适用于动脉出血，是一种临时性止血方法。

现对适用于身体不同部位止血的指压法介绍如下。

1）额部、颞部出血

一只手扶住伤者的头并将其固定，用另一只手的拇指在耳屏前上方一指宽处摸到颞浅动脉搏动后，将该动脉压迫在颞骨上，可止同侧额部、颞部出血。

2）眼以下面部出血

在下颌角前约 1.5 cm 处摸到颌外动脉搏动后，用拇指将该动脉压迫在下颌骨上，可止同侧眼以下面部出血。

3）肩部与上臂部出血

在锁骨上窝内 1/3 处摸到锁骨下动脉搏动后，用拇指将该血管压迫在第一肋骨上，可止同侧肩、腋下及上臂出血。

4）前臂与手部出血

将伤臂稍外展、外旋，在肱二头肌内缘中点处摸到肱动脉搏动后，用食指、中指、无名指三指将该动脉压迫在肱骨上，可止同侧前臂与手部出血。

5）大腿与小腿出血

使伤者仰卧，患腿稍外展、外旋，在腹股沟中点稍下方摸到股动脉搏动后，用双手拇指重叠（或用掌根）将该动脉压迫在耻骨上，可止同侧下肢出血。

6）足部出血

在踝关节背侧，于胫骨远端摸到胫前动脉搏动后，把该动脉压迫在胫骨上；在内踝后方，将胫后动脉压迫在胫骨上，可止足部出血。

2．绷带加压包扎法

绷带加压包扎法是指先用数层无菌敷料覆盖伤口，再用绷带加压包扎以压住出血的血管，同时抬高患肢，从而达到止血的目的。该方法适用于小动脉、小静脉和毛细血管的止血。

3．止血带法

止血带法是指用胶管或绳子（宽布条、三角巾和毛巾均可）绑扎在伤口的近心端。若是肢体动脉出血且为运送伤者方便起见，则应使用止血带。若是上肢出血，则应将止血带捆扎在上臂的上 1/3 处（切忌将其捆扎在上臂中段，以避免损伤桡神经）；若是下肢出血，则应将止血带捆扎在大腿中部。

值得注意的是，使用止血带前应先将患肢抬高，以使静脉血回流，并用软织敷料垫好局部后再捆扎止血带，以摸不到止血带远端的肢体动脉为宜。捆扎止血带后，每隔 0.5～1 h 必须放松一次，每次放松 3～5 min，然后扎上。放松止血带是为了防止组织长时间缺氧而坏死，放松止血带时可暂用指压法止血。

（二）软组织损伤

软组织是指人体的皮肤、皮下组织、肌肉、肌腱、韧带、关节囊、滑膜囊、神经和血管等。这些组织在外力作用下发生机能或结构的异常，称为软组织损伤。软组织损伤分为开放性损伤与闭合性损伤两类。前者包括擦伤与撕裂伤等，后者包括挫伤与肌肉拉伤等。

1．擦伤

擦伤是运动中最常发生的一种损伤，多发生于对抗性体育项目中及摔倒等意外情况下。

（1）主要症状：皮肤因擦破而出血或有组织液渗出，有一定的伤口。

（2）处理方法：对于小面积轻度擦伤且伤口干净者，只需涂抹一些碘附即可；对于大面积重度擦伤，应先用生理盐水清洗伤口，再涂抹碘附，覆盖无菌纱布，最后用无菌敷料包扎。

2．撕裂伤

剧烈运动或强烈撞击会造成肌肉撕裂，常见的有眉际皮肤撕裂等。

（1）主要症状：伤口周边不整齐，常常伴有周围软组织的损伤。

（2）处理方法：对于轻度伤，用碘附涂抹即可；若伤口较大，则必须止血并缝合伤口，必要时注射破伤风抗毒素，以防感染。

3．挫伤

挫伤是指由钝器造成的以皮内、皮下及软组织出血为主要表现的闭合性损伤。挫伤又分为单纯性挫伤与混合性挫伤。前者是指单纯的皮肤、皮下组织的挫伤，后者是指在皮肤、皮下组织挫伤的同时，还有其他组织器官的损伤（如腹部挫伤可能会伴有内脏器官的破裂）。

（1）主要症状：单纯性挫伤表现为局部疼痛、肿胀、瘀血、压痛和运动功能障碍。当内脏器官出现损伤时，伤者会出现头晕、面色苍白、心慌气短、出虚汗、四肢发凉等症状，甚至休克。

（2）处理方法：对于单纯性挫伤，24 h 内应冷敷或加压包扎，并抬高患肢或外敷中药，24 h 后可进行热敷、按摩和理疗。对于产生混合性挫伤并出现休克的伤者，经急救处理后应尽快送医院检查与治疗。

4．肌肉拉伤

肌肉拉伤是指肌肉在运动过程中急剧收缩或过度牵拉产生的损伤。这是常见的运动损伤之一，引体向上与仰卧起坐练习较容易引发肌肉拉伤。

（1）主要症状：肌肉拉伤后，伤处会疼痛、肿胀，用手可摸到肌肉紧张形成的条状硬块，触痛明显，且活动受到限制。肌肉严重拉伤时，伤者可听到断裂声，伤处疼痛与肿胀明显，肌肉出现收缩畸形，皮下瘀血显著，运动功能出现严重障碍。肌纤维部分断裂时，伤处可摸到凹陷；肌腹中间完全断裂时，会出现“双驼峰”畸形；肌肉一端完全断裂时，肌肉呈“球状”畸形。

（2）处理方法：对于轻度的肌肉拉伤，可即刻实施冷敷、局部加压包扎并抬高患肢，24 h 后可实施按摩或理疗。若肌肉部分完全断裂，则应在加压包扎后立即送医院做手术修复。

（三）关节韧带损伤

关节韧带损伤是指因外力异常扭转而造成的关节韧带损伤，以及关节附近其他软组织结构的损伤。在体育运动中，关节韧带损伤以腰部关节、肩关节、髌骨和踝关节的损伤最为常见。例如，跳水时，双腿后摆幅度过大导致的腰部关节扭伤；打球时，投球、扣球和发球动作不当导致的肩关节扭伤；跳高、跳远时，踏跳不合理或摔倒受到撞击导致的髌骨损伤；由高处跳下时身体失去平衡，踝关节过度内翻或外翻导致的踝关节扭伤等。

1．主要症状

关节韧带损伤一般表现为关节疼痛或压痛，在急性期会出现肿胀、皮下瘀血、关节功能障碍等情况。

2．处理方法

对于一般性关节韧带损伤，24 h 内可实施冷敷，必要时加压包扎；24 h 后应采取理疗、按摩和针灸治疗。待疼痛减轻后，伤者可进行功能性练习。对于急性腰部损伤，若伤者出现剧烈疼痛，则不可轻易将其移动，应使伤者平卧在担架上，并送至医院诊治。伤者平日应卧硬板床（或在腰部下方垫一个枕头），以使肌肉韧带处于放松状态。

（四）关节脱位

关节脱位又称“脱臼”，是指在体育运动中由外力作用致使关节失去正常的连接关系。关节脱位可分为完全性脱位与半脱位（又称“错位”）两种，以肩、肘关节脱位较为常见。严重的关节脱位会伴有关节囊损伤。

1．主要症状

发生关节脱位时，伤者会即刻产生剧烈疼痛与明显压痛，关节周围显著肿胀并伴有关节畸形、关节功能丧失，有时还会产生肌肉痉挛，严重时伤者会出现休克症状。

2．处理方法

用夹板或三角巾固定患肢并尽快将伤者送医院治疗。如施救者没有整复技术与经验，切不可随意对伤处做复位动作，以免加重伤情。

（五）骨折

骨折是指骨的完整性与连续性在外力的作用下遭到破坏的一种损伤。常见的骨折有肱骨骨折、尺（桡）骨骨折、手指骨折、小腿骨骨折和肋骨骨折等。例如，摔倒时用手臂直接撑地会引起尺骨或桡骨骨折。

1. 主要症状

骨折发生后，患处通常会出现肿胀、畸形且疼痛难忍，肢体失去正常的功能，肌肉产生痉挛。骨折情况严重时，伤者会伴有出血、神经损伤和发热，乃至休克。

2. 处理方法

暂勿随意移动骨折伤者，应先用夹板或其他代用品固定患肢，然后及时护送伤者到医院治疗。若伤者出现休克症状，则应先对其实施人工呼吸；若伤者伴有伤口出血，则应同时实行止血操作。

（六）脑震荡

脑震荡是指头部在受到外力击打后，即刻发生的短暂的脑神经功能障碍。除了外力击打外，摔倒时头部着地也是引发脑震荡的常见原因。脑震荡是最轻的一种脑损伤，伤者经治疗后大多可以痊愈。脑震荡可能与其他颅脑损伤（如颅内血肿）合并存在，应注意及时做出鉴别与诊断。

1. 主要症状

脑震荡伤者会即刻出现意识丧失、呼吸表浅、脉搏缓慢、肌肉松弛、瞳孔稍放大但左右对称等现象；清醒后常伴有头晕、头痛、恶心或呕吐、失眠、耳鸣和记忆力减退等症状。

2. 处理方法

伤者平卧，不可坐起或立起，头部冷敷并注意保暖。对于昏迷者，可用手指掐点人中、内关穴或给其嗅闻氨水；对于呼吸障碍者，可实施人工呼吸并立即送医院治疗。伤者在恢复期，要在安静的环境卧床休息，直至头痛、头晕等症状消失，切忌过早地参加体育运动与脑力劳动。

第四节 急救知识

一、急救的意义和原则

急救是对意外或突然发生的伤病事故进行的紧急的、临时性的处理，其目的是保护伤者的生命安全，避免或减轻伤者的痛苦，预防并发症，并为伤者转运和进一步治疗创造条件。

急救力求迅速、准确、有效，要求快速抢救、及时送医院处理。在急救的过程中，施救者切不可惊慌失措、顾此失彼，即使遇到危急情况，也要保持镇定，敏捷而有条不紊地开展抢救工作。急救处理后，应将伤者及时送至医院，并向医生介绍伤者的伤情及抢救经过。

发生骨折、关节脱位、严重的软组织损伤或合并其他损伤时，伤者常因出血、疼痛等发生休克，这对伤者的生命安全造成了极大的威胁。因此，在现场急救时，施救者要注意预防伤者发生休克，若伤者出现休克症状，应先进行抗休克处理。

二、现场急救方法

（一）休克与抗休克

1．休克产生的原因及症状

休克是一种细胞急性缺氧引起的危及生命的综合征。其主要表现为皮肤苍白、发冷、出汗、血压下降、口渴、软弱无力等。在运动过程中，引起休克的原因主要有以下两种。

（1）剧烈疼痛。例如，骨折感觉剧烈疼痛。剧烈疼痛通过神经反射使伤部周围的血管扩张，导致有效血容量相对减少。

（2）大出血，如腹部挫伤、肝脾破裂出血等。大出血使有效循环血量减少。

伤者在休克早期常出现烦躁不安、呻吟、表情紧张、脉搏稍快、呼吸浅而急促等症状。这些症状常常会被忽略。休克中期，伤者会出现精神萎靡、表情淡漠、面色苍白、口渴、畏寒、头晕、出冷汗、四肢发冷、脉搏无力、血压和体温下降等症状，严重者会出现昏迷。休克晚期，伤者会出现多器官功能衰竭。

2．抗休克措施

（1）一般处理。让伤者平卧，为其松解衣领，并适当给伤者饮用姜汤、盐水等，以减轻其口渴症状；若伤者头部受伤或呼吸困难，应将其头部稍微抬高，以避免颅内压增高，静脉回流受阻，以及由横膈上升造成的呼吸困难。

（2）对症处理。若伤者出现大量出血的情况，则应立即为其止血；若伤者已昏迷，则应使之平躺，密切观察伤者的生命体征并及时送医。

（二）心跳与呼吸停止的急救

溺水、严重损伤、休克、重病等会造成伤者呼吸或心搏骤停，如果不及时抢救，伤者很快就会死亡。心肺复苏术是抢救这类伤者的重要手段，其目的是帮助伤者恢复呼吸与血液循环。心肺复苏术的主要操作程序如下。

1．判断意识

拍打伤者的双肩并大声呼唤“你怎么了”，如图 2-1 所示。如果伤者没有任何反应，说明其病情危急。

2．高声呼救

高声呼救“快来人呀，有人晕倒了，赶快拨打 120，会急救的一起来救护”，如图 2-2 所示。

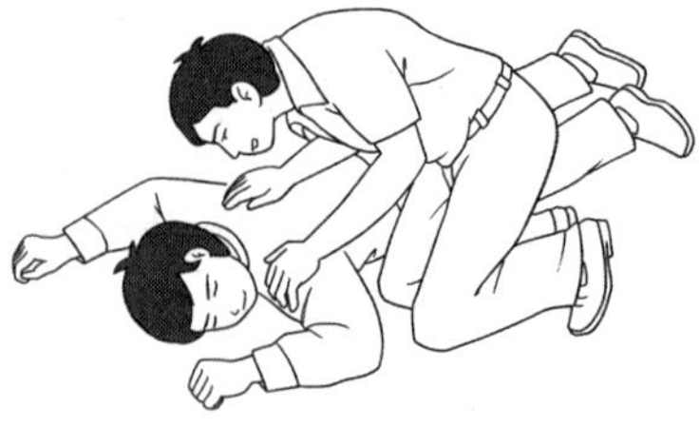

图 2-1　判断意识

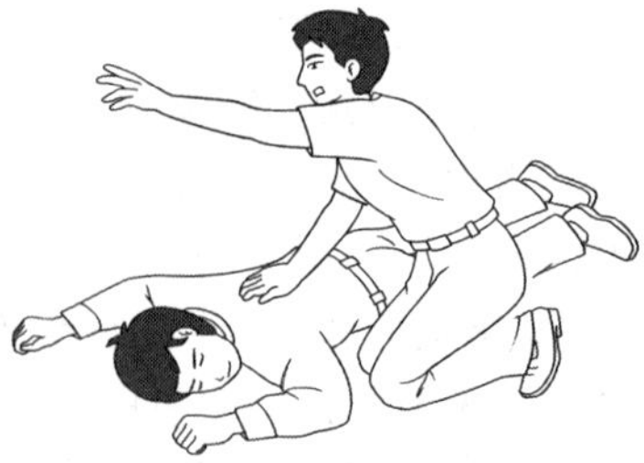

图 2-2　高声呼救

3．保持复苏体位（仰卧位）

如果伤者是以俯卧位倒在地上，要将其翻转成复苏体位，使其仰卧在坚硬的平面上（转换体位时，要将头、颈、脊柱整体移动），如图 2-3 所示。

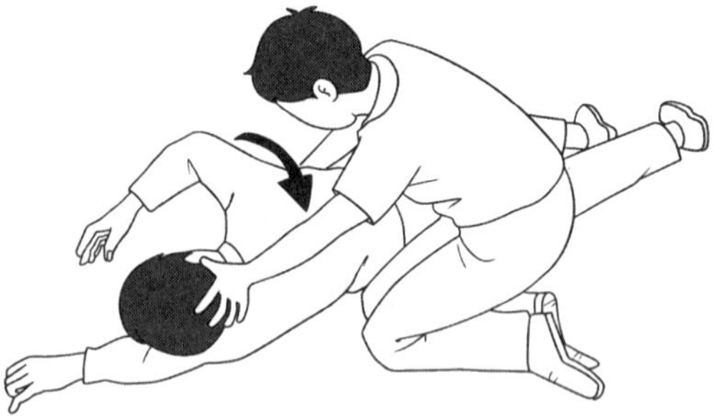

图 2-3　保持复苏体位

4．查看呼吸与颈动脉搏动

迅速清除伤者口腔异物（如口香糖、呕吐物等），将耳贴近伤者口鼻，听口鼻处有无呼吸声，并侧头注视伤者胸部约 6 s，观察胸部有无起伏。同时，用食指与中指轻摸伤者的喉结处，然后向外侧滑至颈动脉（气管与颈部肌肉之间），查看伤者颈动脉是否搏动，如图 2-4 所示。

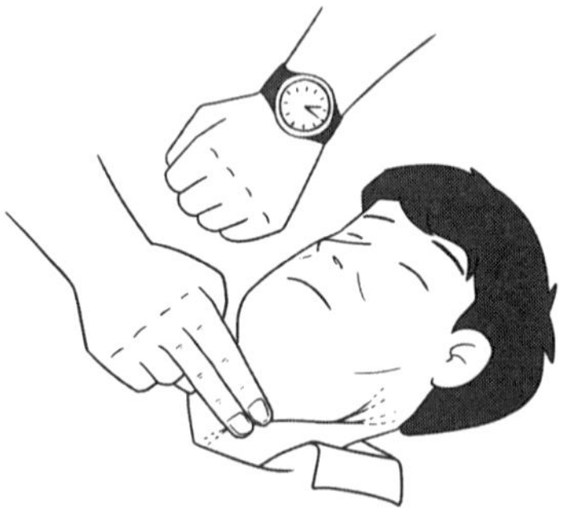

图 2-4　查看颈动脉是否搏动

5．胸外心脏按压与人工呼吸

若伤者有自主呼吸，则继续保持其呼吸道通畅。若伤者无自主呼吸与脉搏，则应迅速进行胸外心脏按压、打开呼吸道并做人工呼吸。

（1）胸外心脏按压。胸外心脏按压的目的主要是建立人工循环，恢复伤者的自主心跳。其具体方法如下：施救者跪于伤者一侧（一般为右侧），双手上下重叠，并将手掌根部放在伤者乳头连线的中点处（见图 2-5），然后翘起手指，伸直双臂（肘关节不弯曲），双肩在伤者胸骨正上方，借助施救者体重与肩背的力量通过双臂和手掌，垂直地向伤者胸骨加压，将伤者胸骨下压约 5 cm 后，松手使胸骨复原（手掌不离开胸骨），如此反复有节奏地（每分钟 100～120 次）进行按压，直至伤者恢复心跳。

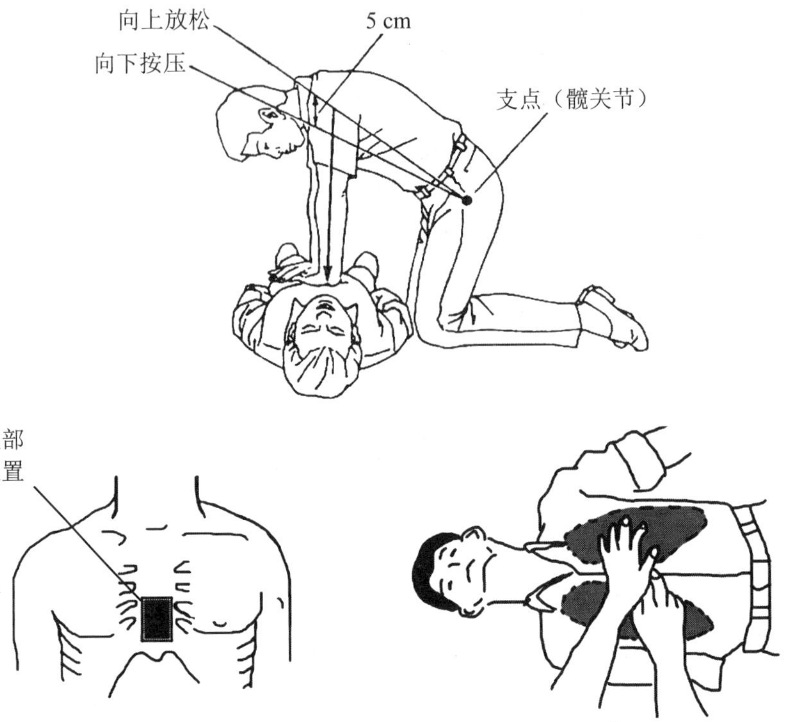

图 2-5　胸外心脏按压的方法及部位

（2）打开呼吸道。实施胸外心脏按压后，伤者可能会出现呕吐的情况，这时需要用仰头举颌法打开呼吸道。其操作方法如下：使伤者下颌角与耳垂连线垂直于地面，如图 2-6 所示，然后用双手扶住伤者头部使其偏向一侧，以利于液体状异物流出，也可以将食指或小指包上纱布或手帕，从伤者口腔中掏取异物。

（3）人工呼吸。打开伤者口腔，用嘴包住伤者的双唇匀速地吹两口气，吹气时应捏住伤者的鼻孔（以免鼻腔漏气），如图 2-7 所示，同时注意观察伤者胸部有无起伏。吹气后，放松伤者鼻子，施救者抬头并吸气，以备下一次吹气。施救者如此反复并有节奏地（每分钟 12～16 次）进行吹气，直至伤者恢复自主呼吸。

心肺复苏术

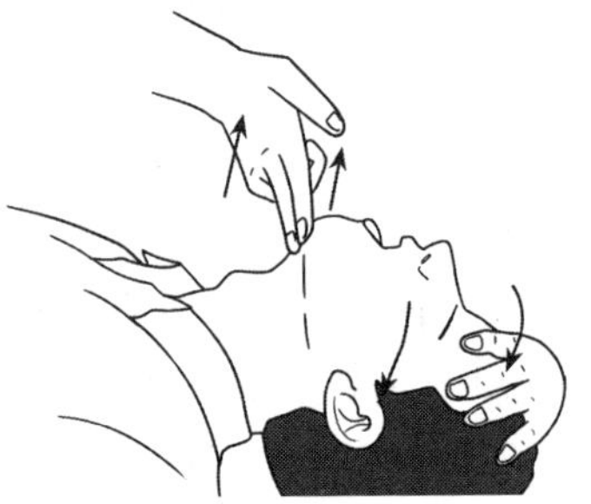

图 2-6　打开呼吸道

图 2-7　人工呼吸

（4）人工呼吸与胸外按压的协调。胸外按压与人工呼吸的比例以 30∶2 为宜，即连续胸外按压 30 次，做人工呼吸 2 次。在做完每轮吹气按压后，施救者要检查伤者是否恢复脉搏与自主呼吸，但要注意检查所用的时间不超过 5 s。

（5）判断急救是否成功。施救者对伤者实施人工呼吸与胸外按压后，若能感觉到伤者的大动脉搏动，或者发现伤者已经恢复了自主呼吸、双瞳孔由大变小、肤色（特别是唇与指甲的颜色）转红润，则表示急救成功。

另外，如果急救现场有自动体外除颤器（AED），那么在伤者心搏骤停的 4 min 内，可利用自动体外除颤器对其进行除颤与心肺复苏。

（三）溺水救援

若自己溺水或遭遇他人溺水，要保持冷静，并实施恰当的救护措施。

1. 自我救护

自我救护（见图 2-8）是指在水中遇到意外险情时进行的自我保护措施。

图 2-8　游泳运动中的自我救护

（1）若在游进中自感体力不支，则应立即采取仰卧泳姿，向岸边或有固定支撑的目标靠近，同时发出求救信号。

（2）游进中发生肌肉痉挛时，可按以下方法实施自救：对于小腿肌肉痉挛，应及时仰卧在水面上，一只手握住肌肉痉挛肢体的脚趾，同时用力将其拉向身体，另一只手按下膝盖，帮助发生肌肉痉挛的腿伸直；对于手部肌肉痉挛，应反复握拳再张开，直到肌肉痉挛消除为止；对于腹部肌肉痉挛，应迅速弯曲双腿并将其靠近胸部，双手抱膝，随即松手并伸展身体，重复以上动作直至肌肉痉挛消除。

（3）如在水中被长藤植物缠住，可采取仰卧姿势进行解脱，再从原路游出。

（4）如被水中的漩涡吸住，可采取仰卧姿势从漩涡外沿全速游出。

2. 救护他人

（1）间接救护。间接救护是指利用救生器材，对较为清醒的溺水者实施的救护。救生器材主要包括救生圈、竹竿、木板、轮胎、泡沫块、绳子等。

（2）直接救护。直接救护是指不借助任何救生器材，徒手对溺水者进行施救。施救者必须经专业训练才可以实施直接救护。在接近或寻找溺水者时，施救者要使溺水者背向自己，以避免被溺水者抱住，然后将其拖带出水面，如图 2-9 所示。

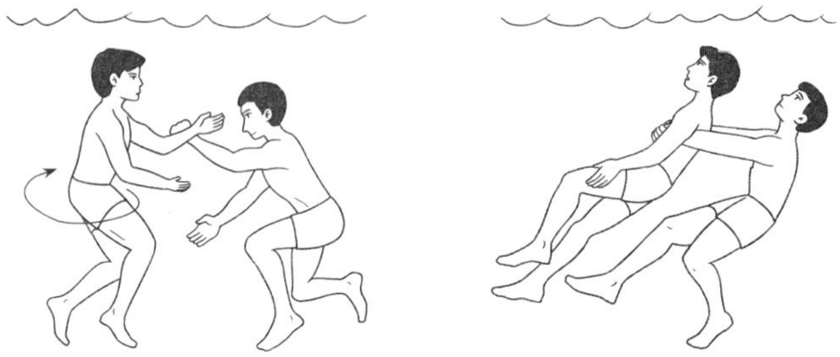

图 2-9　拖带溺水者

素质园地

科学健身

随着健康中国战略的深入实施，全民健身理念已逐渐成为一种社会主流认识。群众的参与方式已从“要我健身”的被动锻炼转化为“我要健身”的主动行为。

现如今，健身已成为人们追求文明生活方式的一种时尚。然而，在全民健身的热潮中仍存在一些认知偏差。例如，反手摸肚脐、锁骨放硬币等一系列挑战活动，引起不少人跟风模仿，这传递的是畸形审美下对身材管控的焦虑。另外，部分自媒体为了博取流量，消费人们的健身热情，传播一些非常规的健身方法，其安全性和规范性有待考证。这些不恰当的方式方法非但没有起到良好的健身效果，反而会损害人们的身体健康。

健身可贵，科学为先。如果运动强度过低，则起不到锻炼效果，属于无效健身。如果运动强度过大、运动时间过长，则可能会导致身体机能失调、免疫功能下降、运动损伤增加。因此，人们应遵守循序渐进的原则，秉持科学与理性的态度，安全健身、有效健身、精准健身。

（1）安全健身。要掌握运动技能，科学合理健身，避免运动风险。健身前，要做好相应的防护措施和热身活动；在健身过程中，要避免运动量超过身体负荷所带来的伤害；健身结束后，要及时进行拉伸和放松，缓解运动带来的疲劳。

（2）有效健身。研究表明，每周进行三次以上、每次 30 分钟以上的中等强度运动，或者每周累计完成 75 分钟的高强度运动，才算是有效健身。此外，日常生活中应尽量达到每天 6 000 至 10 000 步的身体活动量，以提高运动自觉性。

（3）精准健身。精准健身是指在职业医生或运动管理师的指导下，结合自身的年龄特点、身体机能、健身需求等，有计划、周期性地进行运动。

（资料来源：光明网，有改动）

第三章

我的大学体育

学习目标

- 了解体育课程设置的相关知识。
- 熟悉大学生体质健康评价指标及测试方法。
- 了解课外体育活动的相关知识。

素质目标

- 树立正确的体育观念。
- 在体育课堂上，体会人际交往的乐趣，增强集体归属感。

第一节 体育课程设置

大学体育课程设置通常采取课内、课外一体化，线上、线下相结合的形式。本节以衢州职业技术学院为例，介绍高职院校体育课程体系设置的一般情况。

一、课程体系设置

衢州职业技术学院开设体育公共必修课与公共选修课，以学生体育竞赛、体育社团和校园健身跑为身体锻炼的补充手段，以体质测试为学生身体健康状况的监测手段。

大学第一学期开设基础体能课，第二学期至第四学期在第一学期的基础上增设了体育选修课，开辟了学生学习体育知识的新渠道。

大学三年级学生逐步迈出校门参与定岗实践，在校时间明显缩短。因此，该校取消校园健身跑项目，开设网络体育课程。学生可以根据自己的时间安排，自主选择选修项目。

此外，该校采用课堂教学与课外体育锻炼相结合的教学模式，开发慕课、微课等网络教学课程，为学生提供网络学习平台，补充教学形式。

二、课程设置

衢州职业技术学院公共体育课的课程设置如表 3-1 所示。

表 3-1　衢州职业技术学院公共体育课的课程设置

第一学期	第二学期	第三学期	第四学期	第五学期	第六学期
24 学时	28 学时	28 学时	28 学时	28 学时	24 学时
基础体能	体育选项 1	体育选项 2	体育选项 3	体育与救护	实用体育

（1）依据《高等学校体育工作基本标准》精神，高职体育课程总学时不得低于 108 学时。该校根据学校实际情况将总学时定为 160 学时，将体育课程分为基础体能、体育选项 1、体育选项 2、体育选项 3、体育与救护和实用体育，考试合格后共得 6 学分。

（2）第一学期的体育课程为基础体能（24 学时）。该课程的教学内容以基础体能、职业体能为主，同时融入了特色体育项目。

（3）第二学期至第四学期的体育课程分别为体育选项 1（28 学时）、体育选项 2（28 学时）和体育选项 3（28 学时）。为满足学生的运动兴趣，促使学生掌握一项或两项运动技能，提高学生的身体素质，该校根据师资力量、场地场馆等因素，开设了篮球、排球、足球、健美操、武术、地掷球、羽毛球、乒乓球、气排球、攀岩等体育课程。

（4）第五学期的体育课程为体育与救护（28 学时）。该课程的教学内容以体适能、急救技能为主，旨在促使学生掌握一般急救技能。

（5）第六学期的体育课程为实用体育（24 学时）。该课程的教学形式以线上教学为主。

（6）该校还开设了体育保健课，主要针对不适合剧烈运动或有先天性运动缺陷的学生群体。参加体育保健课需要由学生本人申请，并提供相关医院证明，经二级学院审核并提交至公共体育部，最后上报教务处批准。

总的来说，该校的课程模式为“体适能训练+体育自选项目+急救技能掌握+赛事鉴赏能力提升”，即在满足学生兴趣爱好的基础上，以锻炼学生体适能为主，将职业体能训练贯穿全程，并融入了特色体育项目教学。目的是切实提高学生的身体素质，使学生的体质健康状况得到改善，为学生投身社会工作奠定基础。

三、选课管理

衢州职业技术学院公共体育课的选课管理情况如下。

（1）基础体能为必修课，以行政班为单位上课，不选课。

（2）体育选项 1、体育选项 2 和体育选项 3 为选修课，选课时间安排在第二学期第一周。

（3）体育与救护为必修课，以行政班为单位上课，不选课。

（4）实用体育为必修课，以行政班为单位上课，不选课。

（5）学生一旦选定课程，就不得随意更改。

第二节 大学生体质健康测试

学生体质健康评价是高等学校体育工作的重要环节，也是学校教育评价体系的重要组成部分。建立全面、科学的学生体质健康评价体系，可使学生自身、家长、学校、社会等各方面及时了解学生的身体健康状况，促使学生调整自己的学习和锻炼目标，并为学校和教育管理部门制订和调整体育教育政策提供科学依据。

为贯彻落实“健康第一”的指导思想，切实加强学校体育工作，促使学生积极参加体育锻炼，帮助学生养成良好的锻炼习惯，提高学生的体质健康水平，中华人民共和国教育部（以下简称“教育部”）于 2014 年 7 月颁布了《国家学生体质健康标准（2014 年修订）》（以下简称《标准》）。

下面结合《标准》，简要介绍一下学生体质健康评价的要点与方法。

一、《标准》说明

（1）《标准》是国家学校教育工作的基础性指导文件和教育质量基本标准，是评价学生综合素质、评估学校工作和衡量各地教育发展的重要依据，是《国家体育锻炼标准》在学校的具体实施，适用于全日制普通小学、初中、普通高中、中等职业学校、普通高等学校的学生。

（2）《标准》的修订坚持“健康第一”的指导思想，落实相关要求，着重提高《标准》应用的信度、效度和区分度，着重强化其教育激励、反馈调整和引导锻炼的功能，着重提高其教育监测和绩效评价的支撑能力。

（3）《标准》从身体形态、身体机能和身体素质等方面综合评定学生的体质健康水平，是促进学生体质健康发展、激励学生积极进行身体锻炼的教育手段，是国家学生发展核心素养体系和学业质量标准的重要组成部分，是学生体质健康的个体评价标准。

（4）《标准》将适用对象中的普通高等学校学生划分为大学一、二年级为一组，大学三、四年级为一组。

（5）《标准》中大学各组别的测试指标均为必测指标。其中，身体形态类中的身高、体重，身体机能类中的肺活量，以及身体素质类中的 50 m 跑、坐位体前屈为各年级学生共性指标。

（6）《标准》的学年总分由标准分与附加分之和构成，满分为 120 分。标准分由各单项指标得分与权重乘积之和组成，满分为 100 分。附加分根据实测成绩确定，即对成绩超过 100 分的加分指标进行加分，满分为 20 分；大学的加分指标为男生引体向上和 1 000 m 跑，女生 1 min 仰卧起坐和 800 m 跑，各指标加分幅度均为 10 分。

（7）《标准》根据学生学年总分评定等级：90.0 分及以上为优秀，80.0～89.9 分为良好，60.0～79.9 分为及格，59.9 分及以下为不及格。

二、大学生体质健康评价指标与分值

《标准》中对大学生体质健康的评价指标与权重做了详细说明，如表 3-2 所示。

表 3-2　大学生体质健康标准评价指标与权重

评价指标（测试项目）	权重/%
体重指数（BMI）	15
肺活量	15
50 m 跑	20
坐位体前屈	10
立定跳远	10
引体向上（男）/1 min 仰卧起坐（女）	10
1 000 m 跑（男）/800 m 跑（女）	20

表 3-3 至表 3-10 是具体的评分标准及加分标准。

表 3-3　男生/女生体重指数（BMI）单项评分表　　单位：kg/m^2

等级	单项得分	男生	女生
正常	100	17.9～23.9	17.2～23.9
低体重	80	≤17.8	≤17.1
超重		24.0～27.9	24.0～27.9
肥胖	60	≥28.0	≥28.0

表 3-4 男生/女生肺活量单项评分表 单位：mL

等级	单项得分	男生		女生	
		大一、大二	大三、大四	大一、大二	大三、大四
优秀	100	5 040	5 140	3 400	3 450
	95	4 920	5 020	3 350	3 400
	90	4 800	4 900	3 300	3 350
良好	85	4 550	4 650	3 150	3 200
	80	4 300	4 400	3 000	3 050
及格	78	4 180	4 280	2 900	2 950
	76	4 060	4 160	2 800	2 850
	74	3 940	4 040	2 700	2 750
	72	3 820	3 920	2 600	2 650
	70	3 700	3 800	2 500	2 550
	68	3 580	3 680	2 400	2 450
	66	3 460	3 560	2 300	2 350
	64	3 340	3 440	2 200	2 250
	62	3 220	3 320	2 100	2 150
	60	3 100	3 200	2 000	2 050
不及格	50	2 940	3 030	1 960	2 010
	40	2 780	2 860	1 920	1 970
	30	2 620	2 690	1 880	1 930
	20	2 460	2 520	1 840	1 890
	10	2 300	2 350	1 800	1 850

表 3-5 男生/女生 50 m 跑单项评分表 单位：s

等级	单项得分	男生		女生	
		大一、大二	大三、大四	大一、大二	大三、大四
优秀	100	6.7	6.6	7.5	7.4
	95	6.8	6.7	7.6	7.5
	90	6.9	6.8	7.7	7.6
良好	85	7.0	6.9	8.0	7.9
	80	7.1	7.0	8.3	8.2

表 3-5（续）

等级	单项得分	男生		女生	
		大一、大二	大三、大四	大一、大二	大三、大四
及格	78	7.3	7.2	8.5	8.4
	76	7.5	7.4	8.7	8.6
	74	7.7	7.6	8.9	8.8
	72	7.9	7.8	9.1	9.0
	70	8.1	8.0	9.3	9.2
	68	8.3	8.2	9.5	9.4
	66	8.5	8.4	9.7	9.6
	64	8.7	8.6	9.9	9.8
	62	8.9	8.8	10.1	10.0
	60	9.1	9.0	10.3	10.2
不及格	50	9.3	9.2	10.5	10.4
	40	9.5	9.4	10.7	10.6
	30	9.7	9.6	10.9	10.8
	20	9.9	9.8	11.1	11.0
	10	10.1	10.0	11.3	11.2

表 3-6　男生/女生坐位体前屈单项评分表　　单位：cm

等级	单项得分	男生		女生	
		大一、大二	大三、大四	大一、大二	大三、大四
优秀	100	24.9	25.1	25.8	26.3
	95	23.1	23.3	24.0	24.4
	90	21.3	21.5	22.2	22.4
良好	85	19.5	19.9	20.6	21.0
	80	17.7	18.2	19.0	19.5
及格	78	16.3	16.8	17.7	18.2
	76	14.9	15.4	16.4	16.9
	74	13.5	14.0	15.1	15.6
	72	12.1	12.6	13.8	14.3
	70	10.7	11.2	12.5	13.0
	68	9.3	9.8	11.2	11.7
	66	7.9	8.4	9.9	10.4
	64	6.5	7.0	8.6	9.1
	62	5.1	5.6	7.3	7.8
	60	3.7	4.2	6.0	6.5

表 3-6（续）

等级	单项得分	男生		女生	
		大一、大二	大三、大四	大一、大二	大三、大四
不及格	50	2.7	3.2	5.2	5.7
	40	1.7	2.2	4.4	4.9
	30	0.7	1.2	3.6	4.1
	20	-0.3	0.2	2.8	3.3
	10	-1.3	-0.8	2.0	2.5

表 3-7　男生/女生立定跳远单项评分表　单位：cm

等级	单项得分	男生		女生	
		大一、大二	大三、大四	大一、大二	大三、大四
优秀	100	273	275	207	208
	95	268	270	201	202
	90	263	265	195	196
良好	85	256	258	188	189
	80	248	250	181	182
及格	78	244	246	178	179
	76	240	242	175	176
	74	236	238	172	173
	72	232	234	169	170
	70	228	230	166	167
	68	224	226	163	164
	66	220	222	160	161
	64	216	218	157	158
	62	212	214	154	155
	60	208	210	151	152
不及格	50	203	205	146	147
	40	198	200	141	142
	30	193	195	136	137
	20	188	190	131	132
	10	183	185	126	127

表 3-8　男生 1 min 引体向上/女生 1 min 仰卧起坐单项评分表　　单位：次

等级	单项得分	男生		女生	
		大一、大二	大三、大四	大一、大二	大三、大四
优秀	100	19	20	56	57
	95	18	19	54	55
	90	17	18	52	53
良好	85	16	17	49	50
	80	15	16	46	47
及格	78			44	45
	76	14	15	42	43
	74			40	41
	72	13	14	38	39
	70			36	37
	68	12	13	34	35
	66			32	33
	64	11	12	30	31
	62			28	29
	60	10	11	26	27
不及格	50	9	10	24	25
	40	8	9	22	23
	30	7	8	20	21
	20	6	7	18	19
	10	5	6	16	17

表 3-9　男生/女生耐力跑单项评分表

等级	单项得分	男生（1 000 m）		女生（800 m）	
		大一、大二	大三、大四	大一、大二	大三、大四
优秀	100	3′17″	3′15″	3′18″	3′16″
	95	3′22″	3′20″	3′24″	3′22″
	90	3′27″	3′25″	3′30″	3′28″
良好	85	3′34″	3′32″	3′37″	3′35″
	80	3′42″	3′40″	3′44″	3′42″
及格	78	3′47″	3′45″	3′49″	3′47″
	76	3′52″	3′50″	3′54″	3′52″
	74	3′57″	3′55″	3′59″	3′57″
	72	4′02″	4′00″	4′04″	4′02″

表 3-9（续）

等级	单项得分	男生（1 000 m）		女生（800 m）	
		大一、大二	大三、大四	大一、大二	大三、大四
及格	70	4′07″	4′05″	4′09″	4′07″
	68	4′12″	4′10″	4′14″	4′12″
	66	4′17″	4′15″	4′19″	4′17″
	64	4′22″	4′20″	4′24″	4′22″
	62	4′27″	4′25″	4′29″	4′27″
	60	4′32″	4′30″	4′34″	4′32″
不及格	50	4′52″	4′50″	4′44″	4′42″
	40	5′12″	5′10″	4′54″	4′52″
	30	5′32″	5′30″	5′04″	5′02″
	20	5′52″	5′50″	5′14″	5′12″
	10	6′12″	6′10″	5′24″	5′22″

表 3-10　大学生加分指标评分表

加分	男生 1 min 引体向上/次		女生 1 min 仰卧起坐/次		男生 1 000 m 跑		女生 800 m 跑	
	大一 大二	大三 大四	大一 大二	大三 大四	大一 大二	大三 大四	大一 大二	大三 大四
10	10	10	13	13	−35″	−35″	−50″	−50″
9	9	9	12	12	−32″	−32″	−45″	−45″
8	8	8	11	11	−29″	−29″	−40″	−40″
7	7	7	10	10	−26″	−26″	−35″	−35″
6	6	6	9	9	−23″	−23″	−30″	−30″
5	5	5	8	8	−20″	−20″	−25″	−25″
4	4	4	7	7	−16″	−16″	−20″	−20″
3	3	3	6	6	−12″	−12″	−15″	−15″
2	2	2	4	4	−8″	−8″	−10″	−10″
1	1	1	2	2	−4″	−4″	−5″	−5″

注：引体向上、1 min 仰卧起坐均为高优指标，即学生成绩超过单项评分指标最高值后，以超过的次数所对应的分数进行加分；1 000 m 跑、800 m 跑均为低优指标，即学生成绩低于单项评分指标最短时长后，以减少的秒数所对应的分数进行加分。

三、测试项目

为了便于大学生进一步了解《标准》，下面简要介绍一下《标准》中主要测试项目的测试意义、所需测试器材及具体的测试方法。

（一）体重指数

体重指数是以身体体重为主的判断学生营养状况的指标。测试者首先应利用相关仪器得到被测者的身高与体重的数据，然后依据公式计算出其体重指数。

如果被测者的体重指数小于或大于同年龄段学生体重指数的最小值或最大值，说明其身体的匀称度欠佳，需要通过调整饮食结构或积极参加体育运动来增加肌肉或减少体内多余的脂肪。

1. 测试器材

测试器材为身高体重测量仪。

2. 测试方法

被测者赤足，以立正姿势站在测量仪的托盘上，上肢自然下垂，足跟并拢，足尖分开约成60°角，足跟、骶骨部及背部同时与立柱相接触，躯干自然挺直，头部直立，耳屏上缘与眼眶下缘齐平，如图3-1所示。

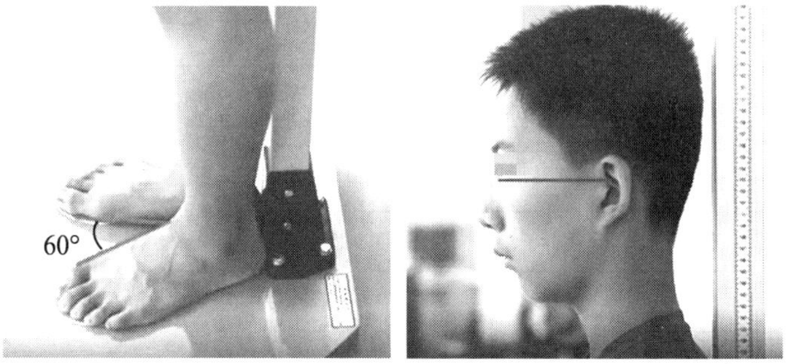

图3-1　身高体重测试

测试者站在被测者右侧，将压板轻轻沿立柱下滑，轻压于被测者头顶，然后读取身高测量结果，并将其记录下来。值得注意的是，读取测量结果时，测试者的双眼应与压板保持在同一水平面上。

身高的测量单位为cm，测量结果精确到小数点后1位，测量误差不得超过0.5 cm。体重的测量单位为kg，测量结果精确到小数点后1位，测量误差不得超过0.1 kg。

（二）肺活量

肺活量是指在不限定时长的情况下，被测者在一次尽力吸气后，再尽最大力气呼出的气体量，单位为mL。肺活量是反映人体呼吸系统机能、人体生长发育水平的重要指标之一。

1. 测试器材

测试器材为肺活量测试仪和干燥的一次性吹嘴。

2．测试方法

将肺活量测试仪放置在平稳的桌面上。被测者面对仪器站立，手持吹嘴，试吹一至两次，以检查吹嘴是否漏气。正式开始测试时，被测者应先深吸一口气，然后对准吹嘴尽力深呼气，直到不能呼气为止，如图 3-2 所示。此时，液晶屏上显示的数字即为被测者的肺活量数值。

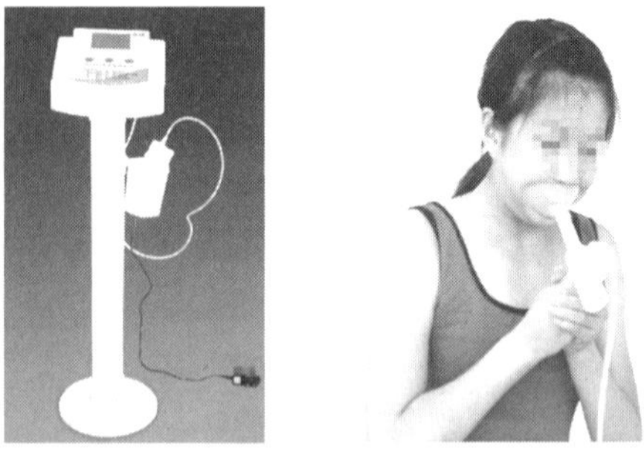

图 3-2　肺活量测试

大学生体质健康测试项目

在测试过程中，被测者以中等速度和力度吹气时效果最好，但不得二次吸气、吹气。每位被测者可做 3 次肺活量测试，每次间隔 15 s。测试者可选取其中的最大值作为被测者的测试结果，然后查表评分。

（三）1 000 m 跑（男）、800 m 跑（女）与 50 m 跑

1 000 m 跑（男）与 800 m 跑（女）是对学生的速度、耐力、协调性、灵敏度和柔韧性等要求较高的体能类测试项目。50 m 跑是一个能体现快速奔跑能力和反应能力的体育项目。

1．测试场地与器材

测试场地为 400 m、300 m 或 200 m 跑道，测试器材包括发令旗一面、秒表若干块。

2．测试方法

被测者至少两人一组参加测试。两人以站立式预备，当听到“跑”口令后起跑。发令员在发出口令的同时摆动发令旗，此时，计时员开始计时。当被测者的身体到达终点线的垂直面时，计时员停止计时，如图 3-3 所示。

图 3-3　跑步测试

1 000 m 跑（男）与 800 m 跑（女）的测量单位为 min 和 s，测试结果不计小数；50 m 跑的测量单位为 s，测试结果保留 1 位小数。

（四）立定跳远

立定跳远是测试爆发力的项目。爆发力的大小不仅取决于力量，而且取决于力量和速度的配合。

1．测试场地与器材

测试场地为沙坑，测试器材为丈量尺。

2．测试方法

被测者双脚自然分开，站立在起跳线后，脚尖不得踩线；跳跃时，双脚同时起跳，不得有垫步或连跳动作，如图 3-4 所示。立定跳远的测试结果是指起跳线后缘至被测者最近着地点后缘的垂直距离。测试时，每个被测者可试跳 3 次，测试结果取 3 次成绩中最好的一次。测试者根据最好成绩查表评分。

图 3-4　立定跳远测试

（五）引体向上（男）

引体向上主要测试上肢肌肉力量的发展水平，是衡量男性体质的重要指标和测试项目之一。

1．测试器材

测试器材为高单杠或高横杠、秒表。杠的粗细以被测者的手能握住为准。

2．测试方法

被测者面向单杠，自然站立；然后向后摆动双臂，跳起，正握杠，双手间距与肩同宽，身体呈直臂悬垂姿势。待身体停止晃动后，被测者双臂同时用力，向上引体（身体不能有任何附加动作）；当被测者的下颌超过横杠上缘时，身体还原成直臂悬垂姿势，如图 3-5 所示。与此同时，测试者记录被测者在 1 min 内完成的引体向上的次数，然后查表评分。

图 3-5　引体向上测试

（六）仰卧起坐（女）

仰卧起坐是一种比较安全的测试腹肌力量和耐力的项目。由于髋部肌肉也在仰卧起坐的过程中发挥了一定的作用，因而这项测试既能够反映腹肌的耐力，也能够反映髋部肌肉的耐力。

1．测试器材

测试器材为折叠体操垫、秒表。

2．测试方法

被测者仰卧于体操垫上，屈膝，使大腿与小腿成90°左右的角，并找同伴帮忙压住自己的踝关节，以固定下肢，两手手指交叉放于脑后；腰部发力将上体卷起，然后缓慢回落使身体复位，如图3-6所示。被测者起坐时，其两肘触及或超过双膝为完成1次动作，仰卧时，其两肩胛必须触垫。测试者记录被测者在1 min内完成的仰卧起坐的次数，然后查表评分。

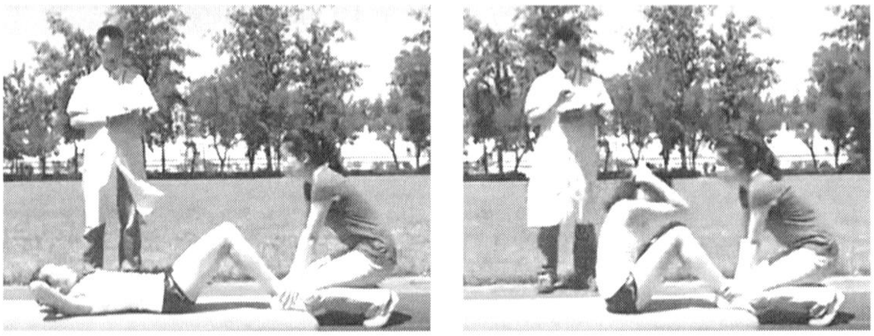

图3-6 仰卧起坐测试

（七）坐位体前屈

坐位体前屈主要测试躯干、腰、髋等关节在静止状态下可能达到的活动幅度，主要反映这些部位的关节、韧带和肌肉的伸展性和弹性，以及身体柔韧素质的发展水平。

1．测试器材

测试器材为坐位体前屈测试仪。

2．测试方法

被测者坐在平地上，双腿伸直，双脚相距10～15 cm，并平蹬测试仪纵板。测试时，被测者上体前屈，两臂伸直向前，双手并拢，并用双手的中指尖轻轻推动标尺上的游标，直到不能将其向前推动为止，如图3-7所示。

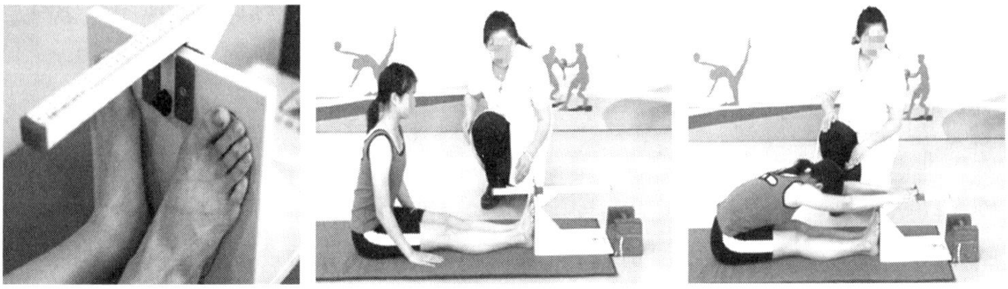

图3-7 坐位体前屈测试

坐位体前屈的测量单位为cm，测试结果精确到小数点后1位，然后查表评分。

第三节 课外体育活动

本节以衢州职业技术学院为例，介绍高职院校课外体育活动开展的一般情况。

一、校园健身跑

课外体育活动是校园体育文化的重要组成部分，校园健身跑对进一步提高学生的身体素质和健康水平尤为重要。衢州职业技术学院使用“运动世界校园”app 管理系统，要求该校学生在该 app 中选择“计分跑”模式参与跑步。

每次跑步，男生需要在规定时间内完成不少于 2 km 的跑步任务，女生需要在规定时间内完成不少于 1.5 km 的跑步任务。每天有效跑步次数为 1 次，该校学生每周至少完成 3 次有效跑步。该校学生在第一学期需要完成 36 次跑步任务，在第二学期至第四学期均需要完成 42 次跑步任务。

（1）参与对象：大学一年级、二年级学生。

（2）活动时间：周一至周日，早上跑步的时间为 5:30—7:00，晚上跑步的时间为 17:30—22:00。

（3）活动地点：衢州职业技术学院校园内。

（4）相关要求：学生课外体育活动纳入体育课程考评，若跑步次数低于规定次数，则体育课期末成绩最高分为 59 分。

二、体育比赛

（一）校内体育比赛

党的二十大报告明确提出：“广泛开展全民健身活动，加强青少年体育工作，促进群众体育和竞技体育全面发展，加快建设体育强国”，这为推动该校建设健康文化品牌，营造校园体育文化氛围，提高广大学生的身体素质等指明了前进方向，提供了根本遵循。

为积极响应党的二十大的号召，该校每年由校体育运动委员会主办校内体育比赛，各学院学生均可参加，获奖学生可以获得相应的奖励及素质拓展学分。具体比赛项目包括足球、篮球、排球、乒乓球、羽毛球、田径、健身操、地掷球、攀岩、拔河等。

（二）校外体育比赛

该校非常重视校运动队的建设工作，在 2013 年成立了三支特色项目运动队，包括地掷球校运动队、攀岩校运动队和拔河校运动队，同时还成立了田径校运动队、排球校运动队、篮球校运动队、健美操校运动队等常规校运动队。三支特色项目运动队每年都会参加浙江省和全国的比赛，并在全国赛上取得了很好的成绩。常规校运动队也参加了多场浙江省内的比赛。

学生参加校内外体育比赛获奖后，可以根据《学生技能（科技）竞赛管理办法（试行）的通知》向教务处申报相应的奖励。积极参加校外体育比赛还能获得素质拓展学分，以及课外体育锻炼次数的减免。

三、体育社团

（一）社团简介

为进一步丰富和活跃校园课余体育文化生活，不断提高学生体育素养，培养学生自立、自强、自律的品质和自我管理能力，该校推行学生课外体育社团活动模式。通过结交同一项目的活动伙伴，积极营造校园良好体育文化氛围。该校现有的体育社团如表 3-11 所示。

表 3-11　体育社团

序号	社团名称	社团规模	社团活动时间
1	篮球社	50 人	每周二、五下午
2	足球社	30 人	每周二、五下午
3	软排社	50 人	每周二下午
4	乒乓球社	50 人	每周二下午
5	羽毛球社	50 人	每周二、五下午
6	地掷球社	50 人	每周二下午
7	健美操社	40 人	每周二、五下午
8	攀岩社	50 人	每周二下午
9	体育舞蹈社	40 人	每周二、五下午
10	武术协会	40 人	每周二、五下午

体育社团采取会长负责制，会长由自荐、推荐和审核的方式产生。各体育社团每周至少开展 1 次活动。

（二）社团成员考核办法

社团成员的考核以参与率为主要考核指标，实行锻炼考勤制度，一学期累计参与锻炼次数不足 3 次者自动退出社团。

素质园地

弘扬中华体育精神

中华体育精神是中华民族在体育活动中形成的宝贵精神财富，是社会主义核心价值观在体育领域的具体体现，是中国精神的重要组成部分。中华体育精神既有各国体育精神的共同特征，更有基于我国国情的中国特色。中华民族几千年传统文化形成的民族自信心、自尊心、自豪感，以及富国强民的价值追求为体育精神赋予了爱国主义、集体主义等鲜明的文化特征，构成了中华体育精神的丰富内涵。

为国争光、无私奉献的爱国主义精神是中华体育精神的核心要义。体育作为一种文化，与爱国主义有着天然的联系。中华体育精神是爱国主义最具活力的载体和最鲜明的表现。在竞技体育中，我国体育运动员向来胸怀“祖国高于一切”的崇高信念，甘于用生命去捍卫祖国的尊严和荣誉，把奋力争先、为祖国赢得荣誉视为无上荣光。每枚金牌的背后都有着许多自强不息、无私奉献、可歌可泣的故事。运动员们把从事具体的运动项目与报效祖国的宏伟大志紧紧地联系在一起，在乒乓球里积聚能量、在泳池里劈波斩浪、在跑道上迎风绽放，咬紧牙关，默默奉献，不断实现着自己的人生价值。

科学求实、遵纪守法的实干精神是中华体育精神的标志。体育运动向来重实干，用行动说话。从 20 世纪 50 年代至今，我国培育了一批批国际乒坛的顶级运动员，靠的就是科学求实的精神。1960 年，中国登山队登上珠穆朗玛峰峰顶，实现了人类历史上第一次从北坡登上世界第一高峰，靠的也是科学求实的精神。中国运动员是遵守体育规则和国际标准的典范，在 2021 年东京奥运会赛场上，中国体育健儿积极弘扬中华体育精神，尊重规则、尊重裁判、尊重对手，不仅取得了优异的成绩，还展现了中国青年一代使命在肩、奋斗有我的精神风貌，拿到了道德的金牌、风格的金牌、干净的金牌。

团结协作、顽强拼搏的奋斗精神是中华体育精神的鲜明传统。中华民族的奋斗精神造就了中国体育不怕挫折、勇于拼搏、敢于胜利的优良传统。中国人的奋斗既是个人的奋斗，更是集体的奋斗，既注重体育运动员的独特价值，更追求团队成员间的相互团结与密切合作。在各大赛事上，我们不仅能看到体育老将们在赛场上拼尽全力，也能看到年轻小将们大放光彩。胜利最终属于执着信念、不言放弃、勇于超越的顽强拼搏者。正是因为能够团结协作、自强不息，敢于顽强拼搏、超越自我，我们才得了一个又一个胜利，在各项赛事上取大放异彩，弘扬了奥林匹克精神，弘扬了中华体育精神。

（资料来源：经济日报，有改动）

职业体能篇

第四章

体能与职业体能训练

学习目标

- 了解体能的内涵及测试方法。
- 掌握科学评价体能的方法。
- 了解职业的分类及职业体能的内涵。
- 熟悉职业体能训练的意义。

素质目标

- 体会运动的乐趣，使身心健康发展。
- 提升健康意识和科学锻炼的能力水平。

第一节 体能

一、体能的内涵

体能是指人体各个系统的机能及其在体育活动中表现出来的能力，主要包括有氧耐力、肌肉爆发力、肌肉耐力、柔韧性、身体成分等。

（一）有氧耐力

有氧耐力是国民体质测定中最重要的一项，是反映运动持久能力的指标。拥有良好有氧耐力的人，能比别人更加有效地完成日常活动，并且不容易感到疲乏、劳累。有氧耐力也是进行耐力运动（如长跑、游泳等）的基础。

（二）肌肉爆发力

肌肉爆发力是指肌肉在最短时间内收缩时所能产生的最大张力。大多数的身体活动都需要用到肌肉爆发力，肌肉爆发力强有助于预防关节扭伤、肌肉疼痛和身体疲劳。需要注意的是，不应单纯强调某些特定肌肉群爆发力的发展，否则会影响身体的结构和形态。

（三）肌肉耐力

肌肉耐力是指肌肉或肌肉群在一段时间内重复进行肌肉收缩的能力，它与肌肉爆发力密切相关。拥有良好的肌肉爆发力与耐力的人较容易维持正确的姿势，提高工作效率，而肌肉爆发力和耐力较差的人较容易产生肌肉疲劳与酸痛的现象。

（四）柔韧性

柔韧性是反映人体关节的运动能力和肌肉、韧带等的伸展能力的指标。柔韧性得到充分发展后，人体关节的活动范围将明显加大，关节的灵活性也将增强，从而使动作更加协调、准确、优美。与此同时，柔韧性的发展也会减少在体育活动中由于动作幅度加大、扭转过猛而产生的关节扭伤和肌肉拉伤。

（五）身体成分

身体成分是指组成人体质量的脂肪重量和去脂体重（瘦体重）各组成成分的比例。瘦体重是肌肉、皮肤、骨骼、器官、体液及其他非脂肪组织的总和，肌肉是其最重要的组成部分。瘦体重与体力、有氧能力、最大摄氧量、运动员的肌肉力量有密切关系。

二、科学评价体能

（一）评价有氧耐力

有氧耐力是指人体长时间进行以有氧代谢（糖和脂肪等有氧氧化）供能为主的运动

能力。最大摄氧量（VO_{2max}）是评定人体有氧耐力水平的重要指标之一。常见的测试方法如下。

1．12 min 跑

12 min 跑是测试有氧耐力较为简单的方法之一。测试方法如下：被测者首先做好充分的准备活动，然后在跑道上尽量快跑，如果在快跑过程中感到呼吸困难，就减慢速度，及时调整呼吸。与此同时，测试者负责计算被测者在 12 min 内的跑动距离。跑步结束后，测试者可根据表 4-1 所示的评价标准，确定被测者的有氧耐力等级。例如，若一名 17 岁的男生在 12 min 内跑了 2.35 km，则他的有氧耐力等级为“一般”。

心肺耐力自测

表 4-1　以 12 min 跑评价有氧耐力的参考标准

有氧耐力等级		13～19 岁被测者跑动距离/km	20～29 岁被测者跑动距离/km
男	很差	<2.08	<1.95
	较差	2.08～2.18	1.95～2.10
	一般	2.19～2.49	2.11～2.39
	较好	2.50～2.75	2.40～2.62
	良好	2.76～2.97	2.63～2.82
	优秀	≥2.98	≥2.83
女	很差	<1.60	<1.54
	较差	1.60～1.89	1.54～1.78
	一般	1.90～2.06	1.79～1.95
	较好	2.07～2.29	1.96～2.14
	良好	2.30～2.41	2.15～2.32
	优秀	≥2.42	≥2.33

2．台阶测试

台阶测试具备多个优点，如可在室内进行，不需要昂贵的器械，可以在短时间内完成，并且适合不同身体条件的人。

台阶测试的要点如下。

（1）在台阶测试中，适用于男生的台阶高度为 30 cm，适用于女生的台阶高度为 25 cm。台阶高度也可根据被测者的身高做适当的调整。

（2）被测者需要做 3 min 的上下台阶运动，并且每分钟上下台阶 30 次，在运动过程中，可以让同伴用节拍器或声音进行提示。每次上下台阶后，被测者的上体和双腿必须伸直，不能屈膝。

（3）做完上下台阶运动后，被测者应立即坐下。测试者应测量被测者在运动后的 1 min 至 1 min 30 s、2 min 至 2 min 30 s、3 min 至 3 min 30 s 等三个恢复期的心率。运动生理学的研究表明，相对于有氧耐力差的人来说，有氧耐力好的人在恢复期的心率更低。

（4）根据公式计算台阶测试评定指数。计算公式如下。

台阶测试评定指数=台阶运动持续时间（s）×100/（2×恢复期三次心率之和）

（5）参照表 4-2，确定有氧耐力等级。例如，若一名 19 岁的男生的台阶测试评定指数为 52.5，则他的有氧耐力等级为“较差”。

表 4-2 以台阶测试评价有氧耐力的参考标准

有氧耐力等级	18～25 岁年龄段男性评定指数	18～25 岁年龄段女性评定指数
差	45.0～48.5	44.6～48.5
较差	48.6～53.5	48.6～53.2
一般	53.6～62.4	53.3～62.4
较强	62.5～70.8	62.5～70.2
强	≥70.9	≥70.3

（二）评价肌肉爆发力

评价肌肉爆发力可采用一次重复最大重量测试方法，即测试被测者最多只能举起一次的重量。针对不同位置的肌肉群，具体的测试方法也有所不同。

针对上体肌肉群，可以采用负重屈肘、肩上举和仰卧推举等方法，如图 4-1 至图 4-3 所示。针对腿部肌肉群，可以采用坐姿蹬腿的方法，如图 4-4 所示。

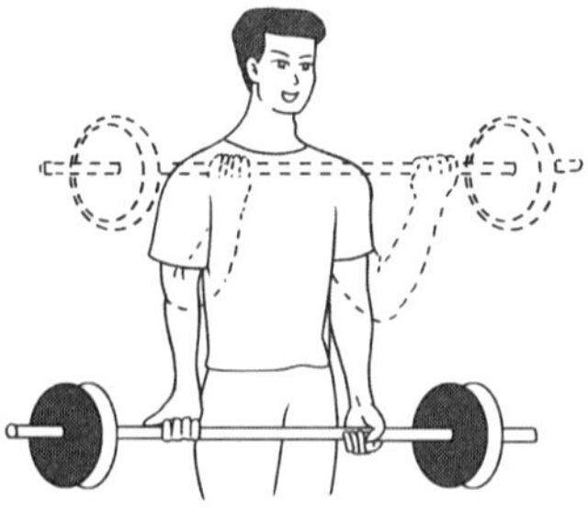

图 4-1 负重屈肘

图 4-2 肩上举

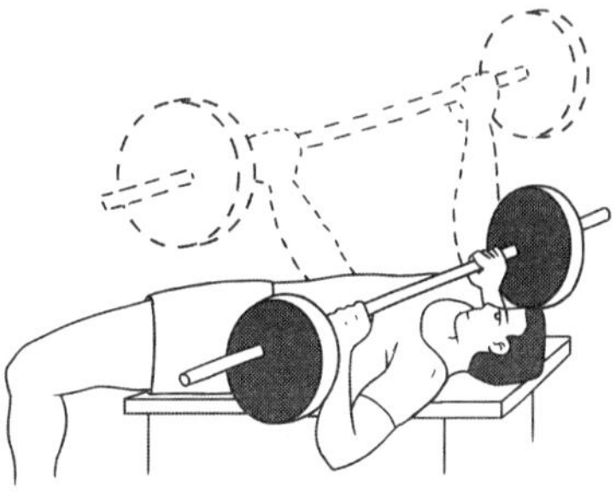

图 4-3 仰卧推举

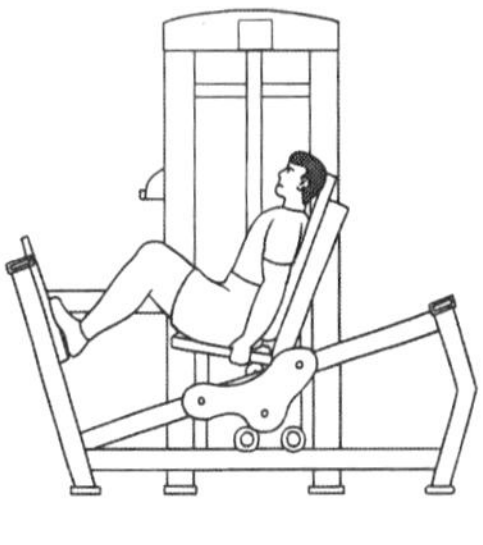

图 4-4 坐姿蹬腿

需要注意的是，由于上述测试容易导致肌肉损伤，所以被测者必须经过一至两周的力量练习，并在具备技术和力量条件的情况下进行测试。

以仰卧推举为例，其测试要点如下。

（1）被测者针对上体肌肉群做 5～10 min 的准备活动。

（2）先让被测者选择毫不费力就能举起的重量进行练习，然后逐渐增加重量，直到其只能举起一次，测试者记录该次举起的重量，此重量即为一次重复最大重量。

（3）计算肌肉爆发力分数。计算公式如下。

肌肉爆发力分数=一次重复最大重量（kg）/体重（kg）×100（分）

例如，如果一名体重为 68 kg 的男生的仰卧推举重量为 80 kg，那么他的肌肉爆发力分数为 117.6 分。

（4）参照表 4-3 确定肌肉爆发力等级。如果一个男生仰卧推举的肌肉爆发力分数为 117.6 分，那么他对应的肌肉爆发力等级为“较好”。

表 4-3　以一次重复最大重量测试评价肌肉爆发力的参考标准

测试方式		肌肉爆发力分数及等级					
		很差	较差	一般	较好	好	优秀
男	仰卧推举	<50 分	50～99 分	100～110 分	111～130 分	131～149 分	>149 分
	负重屈肘	<30 分	30～40 分	41～54 分	55～60 分	61～79 分	>79 分
	肩上举	<40 分	40～50 分	51～67 分	68～80 分	81～110 分	>110 分
	坐姿蹬腿	<160 分	160～199 分	200～209 分	210～229 分	230～239 分	>239 分
女	仰卧推举	<40 分	40～69 分	70～74 分	75～80 分	81～99 分	>99 分
	负重屈肘	<15 分	15～34 分	35～39 分	40～55 分	56～59 分	>59 分
	肩上举	<20 分	20～46 分	47～54 分	55～59 分	60～79 分	>79 分
	坐姿蹬腿	<100 分	100～130 分	131～144 分	145～174 分	175～189 分	>189 分

（三）评价肌肉耐力

评价肌肉耐力的方法有很多，最简单的是俯卧撑测试和卷腹测试。俯卧撑测试主要是测试肩部、臂部和胸部肌肉耐力，卷腹测试主要是测试腹部肌肉耐力。

1．俯卧撑测试

俯卧撑测试通常用于测试男性肌肉耐力。具体方法如下：首先，被测者双手撑地，指尖向前，身体呈俯卧姿势；然后，调整双手间距至与肩同宽，两腿向后伸直，用脚尖撑地，如图 4-5 所示；最后，屈臂使身体平直下降（肩与肘尽量保持在同一水平面上，躯干、臀部和下肢要挺直），身体下降至胸部离地 2.5～5 cm 时再撑起，还原预备姿势，如此反复进行。测试者应记录 1 min 内被测者完成俯卧撑的次数，并参照表 4-4 确定其肌肉耐力等级。

图 4-5 标准俯卧撑姿势

表 4-4 以俯卧撑测试评价肌肉耐力的参考标准（男）

年龄组	1 min 内完成俯卧撑的次数对应的肌肉耐力等级				
	差	一般	较好	好	优秀
18～20 岁	4～11 次	12～19 次	20～29 次	30～39 次	≥40 次
21～25 岁	3～9 次	10～16 次	17～25 次	26～33 次	≥34 次
26～30 岁	2～8 次	9～15 次	16～22 次	23～29 次	≥30 次

2．卷腹测试

利用卷腹测试腹部肌肉耐力，能够排除腿部肌肉的作用，同时可以避免背部承受过大的压力。做卷腹时，上体与垫子的角度不应超过 40°，肩部抬起的高度为 14～25 cm，如图 4-6 所示。

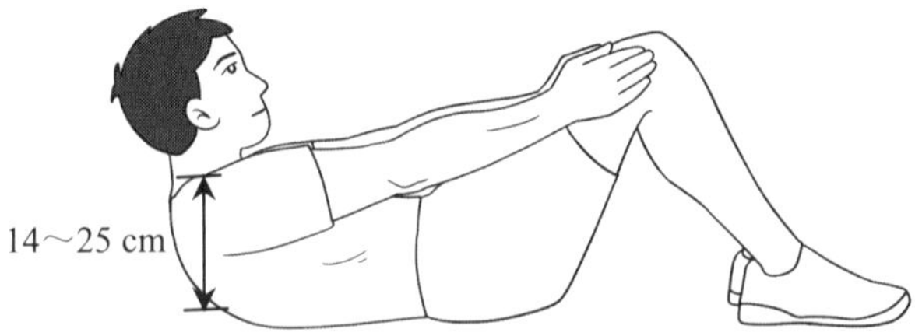

图 4-6 卷腹姿势

卷腹测试方法如下：被测者仰卧于垫子上，屈膝使下肢成 90°角，双脚稍分开，双臂伸直，用指尖去触摸膝盖，摸到后还原成仰卧姿势，如此反复进行。测试者应记录被测者最终完成卷腹的次数，并参照表 4-5 确定其腹部肌肉耐力的等级。在测试过程中，两次卷腹动作的间隔时间不应超过 10 s，否则停止记录次数。

表 4-5 以卷腹测试评价肌肉耐力的参考标准

组别	完成卷腹的次数对应的肌肉耐力等级				
	差	一般	较好	好	优秀
男	≤29 次	30～44 次	45～59 次	60～74 次	≥75 次
女	≤24 次	25～39 次	40～49 次	50～59 次	≥60 次

（四）评价柔韧性

柔韧性测试的方法有坐位体前屈、肩部柔韧性测试等。本书将会在后面的章节中对坐位体前屈进行详细介绍，在此只介绍肩部柔韧性测试。

肩部柔韧性测试主要测试肩关节的活动范围，具体测试方法如下：被测者自然站立，举起左臂，左前臂向体后伸展，同时用右手从体后去触及左手，尽可能地使双手手指重叠，如图 4-7 所示。之后交换双手位置，再重复一次上述动作。双手手指所重叠的长度即为肩部柔韧性测试的得分，测试者可参照表 4-6 确定被测者肩部柔韧性等级。

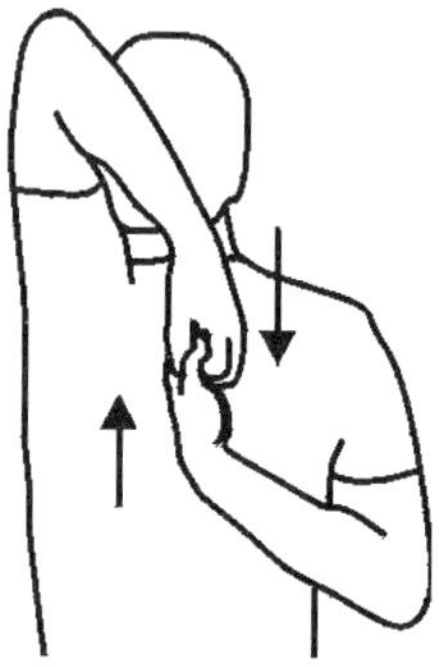

图 4-7　肩部柔韧性测试

表 4-6　肩部柔韧性的评价标准

柔韧性等级	左手在上时双手手指重叠的长度/cm	右手在上时双手手指重叠的长度/cm
很差	<0	<0
一般	0～2.5	0～2.5
较好	2.6～5	2.6～5
好	5.1～7.5	5.1～7.5
优秀	7.6～10	7.6～10

（五）评价身体成分

评价身体成分较为简单的方法是计算体重指数（body mass index, BMI）。其计算公式如下。

$$体重指数=体重（kg）/身高^2（m^2）$$

成人体重指数的正常范围为 17.9～23.9 kg/m^2，BMI 在 24.0～27.9 kg/m^2 范围内为超重，BMI≥28.0 kg/m^2 为肥胖，BMI<17.9 kg/m^2 为低体重。

第二节 职业体能训练

一、职业的分类

随着社会的发展和科技的进步，社会分工越来越精细化，每一种职业都有其特定的工作姿势、劳动环境、劳动强度等。因此，在开展职业体能训练时，需要针对职业工种的具体特点选择适合的体育项目。依据人力资源和社会保障部认定的职业分类目录，结合各职业岗位特点和工作的主要身体姿势，可将职业分为以下 3 类：① 坐姿类，如呼叫中心服务员、文秘、行政管理人员、银行柜员等；② 站姿类，如教师、收银员、礼仪人员等；③ 综合操作类，如推销员、物流人员、机械操作人员、家政服务员等。

二、职业体能的内涵

职业体能是指人在工作过程中抵抗疲劳，提高工作效率和工作质量的能力，包括重复性操作能力、背肌承受静态力的能力、其他肌肉群维持工作姿势要求的能力，以及忍耐湿热等工作环境的能力，等等。职业体能可分为与职业有关的身体素质和心理素质。本书重点强调的是与职业相关的身体素质及其训练方法。

（一）身体素质

与职业体能有关的身体素质包括力量、速度、耐力、灵敏度和柔韧性等多个方面。这些内容在第一章已介绍，这里不再赘述。

（二）心理素质

心理素质是指个体在心理过程、个性心理等方面所具有的基本特征和品质，即一个人在思想与行为上表现出来的比较稳定的心理倾向、特征和能动性。

随着生活节奏的加快及竞争的日益激烈，每个人都必须面对现实，因而也必然要承受一定的心理压力。拥有良好心理素质的人，能以平和的心态面对现实，能清楚地认识自我，能正确地评价自我。

三、职业体能训练的意义

职业体能训练是指以体育锻炼为基本手段，根据不同类型的职业对身体素质和活动能力的要求而开展的旨在提高人们的身体素质、保障人们的工作水平和社会适应能力的专门性训练。在校期间开展职业体能训练，不仅可以帮助学生发展职业劳动所需要的身体素质和体育能力，使学生树立“健康第一”的理念，提高学生的职业性体育技能，还可以帮助学生培养终身职业体育意识，使学生掌握并善于选择休闲体育项目，学会自我保健，预防职业病的发生。

素质园地

做自己健康的第一责任人

健康是促进人的全面发展的必然要求，是经济社会发展的基础条件，是民族昌盛和国家富强的重要标志，也是广大人民群众的共同追求。党的二十大报告中强调，要“推进健康中国建设”，“把保障人民健康放在优先发展的战略位置，完善人民健康促进政策”。全面贯彻党的二十大提出的健康中国建设要求，不仅需要政府及相关部门把保障人民健康作为一切工作的出发点和落脚点，也需要人民群众将提高个人健康水平作为主动要求和自觉行动。

健康既是一种权利，也是一种责任。维护自身健康是个人的首要责任，我们每一个人都是自己健康的“第一责任人”。在日常生活中，我们应该主动地学习和掌握卫生健康知识，不断提高自身健康素养，科学有效防控传染病、慢性病，具备较高的医疗急救技能等。我们还应该养成良好的生活习惯，注意合理膳食和均衡营养，积极参加体育锻炼，拥有更加强烈的自我健康管理意识。只有自身的健康水平不断提高，我们的社会活动能力和工作能力才会不断增强，才能更好地实现全面发展。

（资料来源：光明网，有改动）

第五章

各类职业体能训练

学习目标

- 掌握坐姿类职业体能训练方法和常见的职业性疾病及其预防。
- 掌握站姿类职业体能训练方法和常见的职业性疾病及其预防。
- 掌握综合操作类职业体能训练方法和常见的职业性疾病及其预防。

素质目标

- 通过体能训练，提高身体素质，改善体态。
- 坚持体育锻炼，形成终身体育的观念。

第一节 坐姿类职业体能训练

一、坐姿类职业介绍

坐姿类职业是指职员工作时以坐姿为主要姿势的职业。从事坐姿类职业的人员多以脑力劳动为主，以伏案久坐为主要的身体姿势。调查表明，从事坐姿类职业的人员每次久坐的时间可达 2 h。

二、坐姿类职业对身体的影响

人在伏案工作时，头部前倾，背部弓起并稍向前倾，胸廓得不到充分扩张。长期保持这种姿势，一方面会使颈部肌肉、背部肌肉压力过大，出现酸、胀、痛等不适；另一方面会使胸廓变形造成驼背，影响肺的通气功能。

久坐易引起人体机能下降，也容易引起机体许多功能和结构的改变，进而引发颈椎病、肩周炎、坐骨神经痛等疾病。同时，久坐会导致人体心脏部位以下的静脉回心血流受阻，不仅容易引发痔疮，还容易引发心肌梗死、高血压、冠心病等心血管疾病。

此外，对从事坐姿类职业的人员来说，电脑成为最常用的办公工具。长时间使用键盘和鼠标，手指容易因反复弯曲、伸展而疲劳，手腕容易因腕管内神经长时间受到压迫出现腕管综合征（俗称“鼠标手”）。同时，长时间盯着电脑显示器，不仅会造成眼睛干涩，还会导致视力下降。

三、坐姿类职业体能训练方法

（一）静态牵拉椅子操

预备姿势：坐于椅子上，上身保持端正，两腿并拢，两手平放于腿上。

1．第一节：头颈静拉

分解动作如下：

第 1 个 8 拍：1—4 拍，前伸下颌至最大幅度，保持不动；5—8 拍，还原，放松。

第 2 个 8 拍：1—4 拍，上抬下颌至最大幅度，保持不动；5—8 拍，还原，放松。

第 3 个 8 拍：1—4 拍，头颈左转至最大幅度，保持不动；5—8 拍，还原，放松。

第 4 个 8 拍：与第 3 个 8 拍相仿，动作方向相反。

静态牵拉椅子操
第一节至第二节

2．第二节：耸肩

分解动作如下：

第 1 个 8 拍：1—4 拍，双手叉腰，向前耸肩至最大幅度，保持不动；5—8 拍，还原，放松。

第 2 个 8 拍：与第 1 个 8 拍相仿，动作方向相反。

第 3 个 8 拍：右肩保持不动，1—4 拍，左肩上耸至最大幅度，保持不动；5—8 拍，还原，放松。

第 4 个 8 拍：与第 3 个 8 拍相仿，动作方向相反。

3．第三节：坐姿卷展腹

分解动作如下：

第 1 个 8 拍：坐于椅子前沿，1—4 拍，两臂交叉于胸前，两手扶异侧上臂，双肘抬起，保持上身挺直，身体前倾至感觉腹部收紧，保持不动；5—8 拍，还原，放松。

第 2 个 8 拍：1—4 拍，两臂向前平举，保持上身挺直，身体向后靠近椅背，保持不动；5—8 拍，还原，放松。

静态牵拉椅子操
第三节至第四节

第 3 个 8 拍：同第 1 个 8 拍。

第 4 个 8 拍：同第 2 个 8 拍。

4．第四节：坐姿转腹

分解动作如下：

第 1 个 8 拍：1—4 拍，上身左转至最大幅度，同时左手握住左椅腿，右手握住左手腕，保持不动；5—8 拍，还原，放松。

第 2 个 8 拍：1—4 拍，上身右转至最大幅度，同时右手握住右椅腿，左手握住右手腕，保持不动；5—8 拍，还原，放松。

第 3 个 8 拍：同第 1 个 8 拍。

第 4 个 8 拍：同第 2 个 8 拍。

5．第五节：坐姿臂上举

静态牵拉椅子操
第五节至第六节

分解动作如下：

第 1 个 8 拍：1—4 拍，两手握拳，两臂屈肘侧平举，保持不动；5—8 拍，两臂上举至贴近耳朵，保持不动。

第 2 个 8 拍：1—4 拍，两手十指交叉，翻腕（手心向上），抬头看手，保持不动；5—8 拍，翻腕（手心向下），同时两臂屈肘侧平举，两小指抵头部后颈，保持不动。

第 3 个 8 拍：同第 1 个 8 拍。

第 4 个 8 拍：同第 2 个 8 拍。

6．第六节：坐姿臂屈伸

分解动作如下：

第 1 个 8 拍：1—4 拍，两手放在椅子前沿，两腿前伸，臀部前移离开椅子，两臂伸直支撑，保持不动；5—8 拍，臀部下移，两臂屈肘支撑，保持不动。

第 2 个 8 拍：1—2 拍，臀部上移，两臂伸直支撑；3—4 拍，臀部下移，两臂屈肘支撑。5—6 拍同 1—2 拍；7—8 拍同 3—4 拍。

第 3 个 8 拍：同第 1 个 8 拍。

第4个8拍：同第2个8拍。

7．第七节：提踵深蹲

静态牵拉椅子操
第七节至第八节

分解动作如下：

第1个8拍：站立姿势，1—4拍，两脚跟向上提起，同时两臂侧平举，手心向下，保持不动；5—8拍，还原，放松。

第2个8拍：1—4拍，屈膝深蹲，上身挺直，同时两臂前平举，手心向下，保持不动；5—8拍，还原，放松。

第3个8拍：同第1个8拍。

第4个8拍：同第2个8拍。

8．第八节：斜式俯卧撑

分解动作如下：

第1个8拍；1—4拍，两手扶椅背，斜式站立，屈肘，身体下移，使肩、肘保持在同一平面，保持不动；5—8拍，两臂伸直支撑，腰、背、下肢挺直，保持不动。

第2个8拍：1—4拍，保持俯撑姿势，右脚前脚掌撑地，同时左腿屈膝向上提起，保持不动；5—8拍，左脚落回右脚内侧，同时两臂伸直支撑。

第3个8拍：同第1个8拍。

第4个8拍：与第2个8拍相仿，动作方向相反。

（二）动态牵拉椅子操

预备姿势：坐于椅子上，上身保持端正，两腿并拢，两手平放于腿上。

1．第一节：头部屈、转、绕

分解动作如下：

第1个8拍：1—2拍，头部前屈，同时两臂环抱头颈部，两手于颈后十指交叉；3—4拍，两手扶肩，同时头部后仰；5—8拍，头部经后、左、前、右绕环一周后还原。

第2个8拍：1—2拍，左臂侧平举，手心向下，同时头部左转，右手于脑后摸左耳；3—4拍，两手平放于腿上，放松；5—6拍，右臂侧平举，手心向下，同时头部右转，左手于脑后摸右耳；7—8拍，还原，放松。

动态牵拉椅子操
第一节至第二节

第3个8拍：1—4拍同第1个8拍的1—4拍；5—8拍，头部经后、右、前、左绕环一周后还原。

第4个8拍：与第2个8拍相仿，动作方向相反。

2．第二节：肩部绕、提、沉

分解动作如下：

第1个8拍：1—4拍，两手叉腰，两肩经后向前绕环一周；5—8拍，两肩经前向后绕环一周。

第2个8拍：1拍，两肩上提；2拍，还原；3拍同1拍；4拍，还原；5拍，左肩上提；6拍，右肩上提，同时左肩还原；7拍，左肩上提，同时右肩还原；8拍，左肩还原。

第 3 个 8 拍：1—4 拍，右肩上提，同时头转向左下方，目视左肘；5—8 拍，还原，放松。

第 4 个 8 拍：与第 3 个 8 拍相仿，动作方向相反。

3．第三节：腕部推、勾、翻

分解动作如下：

第 1 个 8 拍：1—2 拍，两臂侧平举，推掌，五指并拢，指尖向上；3—4 拍，两臂上举合掌；5—6 拍，两臂侧平举，勾手；7—8 拍同 3—4 拍。

第 2 个 8 拍：1—2 拍，两臂前平举，两手反向十指交叉；3—4 拍，向内翻腕，前臂垂直于地面；5—6 拍，向外翻腕，手臂伸直与地面平行；7—8 拍，向内翻腕，手臂伸直与地面平行。

动态牵拉椅子操
第三节至第四节

第 3 个 8 拍：同第 1 个 8 拍。

第 4 个 8 拍：同第 2 个 8 拍。

4．第四节：胸部转、扩、展

分解动作如下：

第 1 个 8 拍：1—4 拍，两手十指交叉，手心向外，两臂向左下方振臂 4 次；5—8 拍，两臂向右下方振臂 4 次。

第 2 个 8 拍：1—4 拍，两臂屈肘侧平举，两手握拳，拳心向下，扩胸 4 次；5—8 拍，两臂侧平举，拳心向上，扩胸 3 次后两手平放于腿上。

第 3 个 8 拍：1—4 拍，抬头挺胸，同时两臂斜上举 45°，手心向上，向后振臂 4 次；5—8 拍，还原，放松。

第 4 个 8 拍：同第 3 个 8 拍。

5．第五节：腰部拉、立、转

动态牵拉椅子操
第五节至第六节

分解动作如下：

第 1 个 8 拍：1—2 拍，上体前屈贴于大腿，同时两手抓握椅子腿；3—4 拍，还原；5—6 拍，两腿前伸，两手摸脚尖；7—8 拍，还原。

第 2 个 8 拍：1—2 拍，两手拉椅背，上体前倾；3—4 拍，两手撑于椅子后沿，挺胸立腰；5—6 拍同 1—2 拍；7—8 拍同 3—4 拍。

第 3 个 8 拍：1—4 拍，臀部抬离椅面，同时身体左转 90°，右手叉腰，左手扶椅面，左腿在前形成左弓步，下压 3 次；5—8 拍，还原。

第 4 个 8 拍：与第 3 个 8 拍相仿，动作方向相反。

6．第六节：腹部团、挺、撑

分解动作如下：

第 1 个 8 拍：1—2 拍，屈膝，收腹，两手抱膝团身；3—4 拍，两腿向前伸直，两手撑于椅子后沿；5—6 拍，挺髋，展身呈仰撑姿势；7—8 拍，还原。

第 2 个 8 拍：同第 1 个 8 拍。

第 3 个 8 拍：1—4 拍，两腿分开，向左转腰探肩，上体前屈，头部位于左膝上方，低头含胸；5—8 拍，还原。

第 4 个 8 拍：与第 3 个 8 拍相仿，动作方向相反。

7．第七节：腿部抬、屈、伸

分解动作如下：

第 1 个 8 拍：1—2 拍，两手扶椅子后沿，两脚后跟向上提起，脚尖点地；3—4 拍，还原；5—6 拍同 1—2 拍；7—8 拍同 3—4 拍。

第 2 个 8 拍：1 拍，两腿伸直，向上抬起；2 拍，左腿收至腹前，还原；3 拍，右腿收至腹前，还原；4 拍、6 拍同 2 拍，5 拍、7 拍同 3 拍；8 拍，两脚落地。

动态牵拉椅子操
第七节至第八节

第 3 个 8 拍：1—4 拍，左腿支撑右盘腿，右手扶右脚踝，右脚踝绕环 3 次；5—8 拍，还原。

第 4 个 8 拍：与第 3 个 8 拍相仿，动作方向相反。

8．第八节：全身压、摆、按

分解动作如下：

第 1 个 8 拍：1—4 拍，面对椅背站立，上体前屈，同时两臂屈肘交叉于椅面上；5—8 拍，还原。

第 2 个 8 拍：1—4 拍，两手扶椅面，上体前屈做俯卧撑 2 次；5—8 拍，还原。

第 3 个 8 拍：1—2 拍，两手扶椅背，上体前屈，左腿伸直向后抬起；3—4 拍，还原；5—6 拍，上体前屈，右腿伸直向后抬起；7—8 拍，还原。

第 4 个 8 拍：1—4 拍，抬头挺胸，同时两臂经体侧上举至头顶，手心相对；5—8 拍，屈肘，按掌下压，还原至立正姿势。

四、相关职业性疾病及其预防

（一）颈椎病及其预防

1．颈椎病

颈椎病，也称“颈椎综合征”，是指因颈椎椎间盘发生退行性变化、颈椎骨质增生或颈椎正常生理曲线发生改变，刺激或压迫颈部脊髓、神经、血管等造成的综合性病变。主要症状为颈、肩臂、肩胛及胸前区疼痛，手臂麻木等。

2．颈椎病的预防

学习、工作时要调整好座椅的高度，尽可能使身体保持自然的端坐姿势。另外，要注意避免颈部肌肉过度劳累，时不时地做几次抬头动作或转颈动作。此外，学习、工作之余，应加强练习，增强颈肩部肌肉力量和柔韧性。

（二）肩周炎及其预防

1．肩周炎

肩周炎是指肩关节周围肌肉、肌腱、滑囊和关节囊等软组织由各种原因引起的慢性无菌性炎症，主要症状为肩部疼痛、肩关节活动受限等。调查表明，在肩关节肌肉发达、力量大的人群中，肩周炎发作的概率较低。

2．肩周炎的预防

首先，要保持正确的坐姿。其次，学习、工作之余可以间歇性地做几次耸肩动作、转肩动作、抡臂动作等，以改善局部血液循环，伸展肩部肌肉。最后，应注意加强体育锻炼，除了进行肩关节力量练习，如引体向上、俯卧撑等，还可以做一些伸展性、柔韧性练习，如吊单杠等。

（三）腕管综合征及其预防

1．腕管综合征

腕骨和屈肌支持带（即腕横韧带）在腕部构成腕管。腕管综合征是指腕管内正中神经受压所产生的神经功能障碍，主要症状为拇指、食指、中指疼痛、麻木或无力，手指、手掌僵硬，手腕疼痛。

2．腕管综合征的预防

使用鼠标时，手臂不要悬空，以减轻手腕的压力。同时，应尽量避免手腕肌肉长时间处于紧张的工作状态，每工作 1 h 就要起身活动肢体，做一些握拳、捏指等动作。另外，业余时间可进行手指、手腕的力量性练习和柔韧性练习，如握力器练习、腕力器练习、做手指操等。

（四）视疲劳综合征及其预防

1．视疲劳综合征

一般情况下，人每分钟眨眼 20～25 次。但盯着电脑显示器时，人每分钟眨眼的次数大大减少。眨眼次数减少会导致泪液分泌减少，角膜得不到滋养，整个眼球表面就会变得干涩不适，进而导致视疲劳综合征。视疲劳综合征的主要表现为眼睛干涩、酸胀、疼痛、有异物感、畏光、流泪、视力模糊等。

2．视疲劳综合征的预防

调节电脑显示器的亮度，避免光线过强对眼睛造成刺激。调整显示器与上体的距离，以 40～50 厘米为宜。同时，显示器的高度应略低于视平线，以眼睛略向下注视显示器为宜，从而减少眼表暴露，减少泪液蒸发。在繁忙的学习、工作中，应注意适时休息，建议每隔 1 h 就要起身望望远处、转动眼球、眨眨眼睛等。眼睛干涩疲劳时，也应有意识地多眨眼睛。另外，在饮食方面，平时可多吃动物肝脏、蛋、鱼、胡萝卜及菠菜等富含维生素 A 的食物。

第二节 站姿类职业体能训练

一、站姿类职业介绍

站姿类职业是指职员工作时以站姿为主要姿势的职业。站立姿势可以分为立正式站立和任意式站立：立正式站立是一种强度极高的静力性站姿；而任意式站立，因在一定程度上可以活动身体某些部位，并有机会在较小范围内做一些移动性活动，所以相对于立正式站立而言，其静力负荷的强度较低。

二、站姿类职业对身体的影响

人在自然站立时，头部、躯干、上肢的重量经过腰椎向下传导，需要腰部肌肉发力才能维持腰椎的正常生理前凸。久站会加重腰部肌肉的负荷，造成腰痛。此外，久站会使下肢血液循环不畅，导致下肢肿胀，甚至静脉曲张。

三、站姿类职业体能训练方法

（一）力量练习

1．上半身力量练习：分腿俯卧撑

上半身力量练习

俯卧撑的练习方法在第四章已介绍，这里不再赘述。

注意事项如下：

（1）做好预备姿势。两手撑地，手指向前，两手间距与肩同宽或比肩稍宽，两臂伸直，下巴微收，头部与颈部放松，两眼平视前方，腰部放松，两腿伸直，两脚间距比肩稍宽，使头部、背部、腰部和臀部形成一条直线。

（2）始终收紧腹部。如果不收紧腹部，腰部会塌下去，锻炼效果会大打折扣。

（3）肩部要保持后收。当撑至最高点时，适当弯曲肘部，这样就能始终保持肩关节处于后收状态。

（4）注意配合呼吸。身体下落时吸气，用手撑起时呼气，不要憋气。

2．下半身力量练习：提膝击掌

动作要领（以提右膝为例）：跨步站立，左脚在前，右脚在后，身体重心落于左脚；两臂上举贴于耳侧，两手前后重叠，手心向前；上体保持端正，借助腹部力量向上提起右膝，同时两臂经面前下落，手心击右膝；随后右腿向后蹬地，两臂上举，即完成一次提膝击掌。

下半身力量练习

（二）耐力练习

上半身耐力练习

1．上半身耐力练习：俯卧静力撑

动作要领略。保持姿势的时间为 2 min 左右，这样锻炼效果较好。

2．上半身耐力练习：仰卧静力卷腹

动作要领：坐于地面，两臂在胸前环抱，两腿并拢伸直；借助腹部力量抬起双腿，使身体呈“V”字形。保持姿势的时间为 2 min 左右，这样锻炼效果较好。

3．下半身耐力练习：跪姿抬腿画圈

动作要领（以左腿画圈为例）：双膝跪地，与髋部同宽，大腿与地面垂直；上体前倾，双手位于双肩的正下方，撑地；将身体重心移至右腿，左腿向后伸直并向上抬起；左腿借助髋部力量画圈。

下半身耐力练习

4．下半身耐力练习：原地静蹲提踵练习

动作要领：两脚左右开立至与肩同宽，上体稍前倾，身体重心落于两脚之间；下蹲使大腿与小腿成 90°角，提踵；上体保持端正，两臂由身体两侧向前、向上平举至与肩同高，手心向下。保持姿势的时间为 2 min 左右，这样锻炼效果较好。

（三）柔韧练习

1．上半身柔韧练习：眼镜蛇式伸展

动作要领：俯卧在垫子上，双腿伸直，脚背贴地；双手落于胸部两侧，指尖向前，撑起上半身；抬头，双肩向后展开，胸部向前、向上伸展。保持姿势的时间为 2 min 左右，这样锻炼效果较好。

上半身柔韧练习

2．上半身柔韧练习：猫式伸展

动作要领：双膝跪地，与髋部同宽，大腿与地面垂直；上体前倾，双手位于双肩的正下方，指尖向前，撑地；臀部向后、向下移动，上体随之向后、向下移动，尽量使胸部触垫，拉伸背部。保持姿势的时间为 2 min 左右，这样锻炼效果较好。

下半身柔韧练习

3．下半身柔韧练习：腿部侧拉伸

动作要领（以右腿拉伸为例）：右膝跪地，右脚尖点地；左脚向前跨一步，大腿与小腿成 90°角；两手落于左脚两侧，两手间距比肩稍宽，两臂伸直；右脚向臀部靠拢，上体左转，左手扶拉右脚踝，目视斜上方。

4．下半身柔韧练习：小腿竖叉动态拉伸

动作要领（以右腿拉伸为例）：右膝跪地，右脚尖点地；左脚向前跨一大步，左腿伸直；两手落于左膝两侧，两手间距比肩稍宽，两臂伸直；提起右膝使右腿伸直，然后落膝跪地，如此反复进行练习。

（四）放松练习

1．上半身放松练习：下压练习及拍打放松

动作要领：面向具有一定高度的辅助物体（如椅子、肋木等）站立，两脚间距稍比肩宽，双手搭于辅助物体上，上体前俯并做下振压肩动作，注意双臂、双腿要伸直；还原至站立姿势，双脚并拢，双手拍打上体，放松肌肉。

上半身放松练习

2．下半身放松练习：摆腿练习

下半身放松练习

动作要领（以右腿摆动为例）：面向具有一定高度的辅助物体（如椅子、肋木等）站立，双手抓握辅助物体；重心移至左脚，右腿伸直并在体前左右摆动。

3．下半身放松练习：前后踢腿练习

动作要领（以前后踢右腿为例）：面向具有一定高度的辅助物体（如椅子、肋木等）站立，双手抓握辅助物体；重心移至左脚，右腿屈膝前摆至胸前，然后向后蹬腿并尽量上提，如此反复进行练习。

四、相关职业性疾病及其预防

（一）下肢静脉曲张及其预防

1．下肢静脉曲张

下肢静脉曲张是指下肢浅表静脉扩张、伸长、弯曲成团状的现象，多由静脉血流不畅、压力增高引起。静脉曲张最开始的表现往往是下肢水肿，伴有腿的乏力困胀感，随后才慢慢出现静脉的迂曲扩张，在小腿的后侧或内侧出现紫蓝色的迂曲扩张的血管团、呈条索状的弯曲扩张的状态等。

2．下肢静脉曲张的预防

避免久站，工作间隙可坐下来休息，并抬高双腿使其高于心脏水平，以促进腿部血液循环，也可做一些蹬伸动作、下蹲练习、腿部按摩等。此外，业余时间可进行增强下肢耐力的活动，如慢跑、游泳、骑自行车等。

（二）下背疼及其预防

1．下背疼

下背疼是指背部肋骨以下的部位疼痛。长时间站立时，人体支持脊柱的肌肉僵硬、疲劳，发生功能性退化，导致下背疼痛。

2．下背疼的预防

站立时，要注意保持正确的姿势，尽量使头部、颈部、胸椎及腰椎保持端正，不要将腹部过度前挺。工作间隙可以做一些腰部放松练习，如体转动作、体前屈和后仰练习，以缓解肌肉疲劳。此外，业余时间可以进行小强度的腰部力量练习，如太极拳、游泳等，以增加腰部肌肉力量和肌肉弹性。

第三节　综合操作类职业体能训练

一、综合操作类职业介绍

综合操作类职业是指职员工作时无固定姿势的职业。从事综合操作类职业的人员通常都需要承受静力负荷与动力负荷，但工作强度不同。例如，园艺工在工作时姿势变化频率快，肌肉不易疲劳，而生产装配工在工作时需要保持一定的姿势，肌肉常处于紧张性收缩状态，肌肉易紧张、僵硬。

二、综合操作类职业对身体的影响

从事综合操作类职业的人员由于长期采用倾斜、弯曲的立位或进行负重行走作业容易使脊柱弯曲（以驼背最为常见），同时也易出现脊柱侧凸等问题。另外，很多从事综合操作类职业的人员工作时常处于半蹲、半跪状态，膝关节承受较重负荷，并且肌肉长时间处于紧张状态，容易导致附着在髌骨上缘的一些肌肉或韧带发生损伤。这些损伤都可能引起膝关节酸痛，而且当膝关节受寒时往往酸痛会加剧。

三、综合操作类职业体能训练方法

（一）发展肩背、上肢肌群力量

1．练习 1：夹肘哑铃开合平举

动作要领：两腿并拢，自然站立；两手握哑铃置于身体两侧；两前臂上举，肘关节屈至 90°，然后向身体两侧打开，还原，如此反复进行练习。练习时间为 1 min。

发展肩背肌群力量
练习 1 至练习 3

2．练习 2：身体前倾下拉

动作要领：右腿在前形成右弓步，身体自然前倾；两臂伸直上举，手心向前，然后向下、向后屈肘，停顿 1 s 左右再重复动作。练习时间为 1 min。

3．练习 3：俯撑迈腿转肩

动作要领（以迈左腿转左肩为例）：做出俯卧撑的准备姿势；向前迈左腿至左手外侧，左臂伸直向前、向上、向后、向下画圆，目视左手；左手落回左脚内侧，左腿向后回到起始位置。练习时间为 1 min。

4．练习 4：哑铃交替弯举

发展上肢肌群力量
练习 4 至练习 7

动作要领：两腿分立至与肩同宽，腰背挺直；两手握哑铃置于身体两侧，手心向前；左臂胸前屈，下落；右臂胸前屈，下落。两臂交替进行，一组 20 个，做 3 组。

5．练习 5：双手哑铃锤式弯举

动作要领：两腿分立至与肩同宽，腰背挺直；两手持哑铃置于髋部前侧，两手间距与肩同宽，手心相对；双臂胸前屈，下落。一组 20 个，做 3 组。

6．练习 6：肩部排举

动作要领：两腿分立至与肩同宽，腰背挺直；双手将体前的重物缓缓提至下颌，前臂保持水平，然后两臂缓缓落下。一组 20 个，做 3 组。

7．练习 7：坐姿（蹲姿）哑铃单边支撑弯举

动作要领（以右臂为例）：坐于椅子上，两腿间距稍比肩宽，腰背挺直，身体稍向前倾；左手放于左膝上，右手放于右腿内侧；右手握哑铃，屈肘上举至胸前，下落。一组 20 个，做 3 组。

8．练习 8：三头肌弯举

动作要领：两腿分立至与肩同宽，腰背挺直；双手握哑铃上举至头顶，双臂伸直；屈肘，双手向后、向下画弧，大臂保持不动；前臂还原至头顶。一组 20 个，做 3 组。

发展上肢肌群力量

练习 8 至练习 10

9．练习 9：夹肘俯卧撑

动作要领：双手撑地，十指向前，双手间距与肩同宽；两腿向后伸直，脚尖撑地；屈肘使身体下降，至胸部离地 2.5～5 cm 时再撑起。注意双肘及大臂尽量紧贴体侧。一组 20 个，做 3 组。

10．练习 10：夹肘前穿俯卧撑

动作要领：双手撑地，十指向前，双手间距与肩同宽；两腿向后伸直，脚尖撑地；臀部向后、向上移动，使身体呈三角形；屈肘，前臂紧贴地面，上体向下、向前移动，手臂发力撑起身体，还原至预备姿势。一组 20 个，做 3 组。

（二）发展腹、背肌群力量

发展腹、背肌群力量的练习方法包括：① 徒手或利用器械做仰卧起坐；② 利用各种器械做收腹举腿；③ 提拉重物；④ 传接球练习，即两人背靠背分腿站立，其中一人手拿实心球，两人同时向一个方向转体，将球传给对方；⑤ 屈伸练习，如肩负杠铃分腿站立做屈伸练习；⑥ 俯卧挺身练习，即俯卧于垫上，两手相握放于背后，上体向上抬起，使肚脐以上部位离开垫面；⑦ 负重转体，如肩负杠铃分腿站立，身体向左、向右扭转。

（三）发展下肢肌群力量

1．练习 1：站姿侧蹬跑

动作要领：双脚开立至比肩稍宽，脚尖向前，微微下蹲；上体挺直或稍向前倾，两臂屈肘，以肩为轴前后协调摆动；支撑腿用力向侧蹬出，蹬地后小腿向大腿靠拢，大小腿呈折叠姿势，与此同时重心侧移，原摆动腿脚尖落地缓冲。练习时间为 1 min。

2．练习 2：分腿团身跳

动作要领：双脚开立至与肩同宽，脚尖向前，微微下蹲，上体挺直或稍向前倾；双腿腾空后，屈膝，大腿靠近胸部，同时双臂伸直下落；落地时，前脚掌先着地，然后过渡到全脚掌着地，顺势屈膝收腹，以缓冲下落的力量，同时双臂屈肘置于胸前。练习时间为 1 min。

发展下肢肌群力量

练习 1 至练习 3

3．练习 3：俯撑吸腿

动作要领：身体呈俯撑姿势，左腿屈膝，大腿尽量贴近腹部，脚尖绷直；左腿还原，换右腿屈膝，两腿交替练习。练习时间为 1 min。

（四）发展全身肌群力量

可以通过练习哑铃操来发展全身肌群力量。

预备姿势：身体自然直立，两脚并拢，两手握哑铃置于身体两侧。

1．第一节：哑铃弓步上举

分解动作如下：

第 1 个 8 拍：1—2 拍，左腿向前迈一步，形成左弓步，同时两臂前平举，手心相对；3—4 拍，左臂侧平举，手心向前，右臂胸前平屈，手心向后，目视左手；5—6 拍，收回左腿，两脚并拢，同时两臂上举至头顶，两臂伸直，手心相对，抬头向上看；7—8 拍，手臂下落，还原至立正姿势。

第 2 个 8 拍：与第 1 个 8 拍相仿，动作方向相反。

第 3 个 8 拍：同第 1 个 8 拍。

第 4 个 8 拍：同第 2 个 8 拍。

哑铃操第一节至第二节

2．第二节：哑铃提拉上举

分解动作如下：

第 1 个 8 拍：1—2 拍，左脚向左迈一步，与肩同宽，同时两大臂侧提至与地面平行，肘关节屈至 90°，手心向后；3—4 拍，肘关节保持不动上举前臂，然后双臂伸直上举，手心向前；5—6 拍，双臂屈肘下落，肘关节屈至 90°，手心向前；7—8 拍，肘关节保持不动，前臂下落，手心向后，还原至立正姿势。

第 2 个 8 拍：与第 1 个 8 拍相仿，动作方向相反。

第 3 个 8 拍：同第 1 个 8 拍。

第 4 个 8 拍：同第 2 个 8 拍。

3．第三节：哑铃排拉侧举

哑铃操第三节至第四节

分解动作如下：

第 1 个 8 拍：1—4 拍，向左并步两次，同时双臂胸前平屈两次，手心向下；5—6 拍，左脚向后迈一步形成弓步，同时两臂侧平举，手心向下；7—8 拍，收手收脚，还原至立正姿势。

第 2 个 8 拍：与第 1 个 8 拍相仿，动作方向相反。

第 3 个 8 拍：同第 1 个 8 拍。

第 4 个 8 拍：同第 2 个 8 拍。

4．第四节：哑铃屈臂绕环

分解动作如下：

第 1 个 8 拍：1 拍，左脚向前迈一步，同时屈肘上举前臂，手心相对；2 拍，左脚收回，同时两手放下；3—4 拍同 1—2 拍；5—8 拍，右臂向前、向上、向后、向下画圆，然后还原至立正姿势。

第 2 个 8 拍：与第 1 个 8 拍相仿，动作方向相反。

第 3 个 8 拍：同第 1 个 8 拍。

第 4 个 8 拍：同第 2 个 8 拍。

5．第五节：哑铃平转

分解动作如下：

第 1 个 8 拍：1—2 拍，左脚向左迈一大步，同时上体前屈，两臂自然下垂，手心相对；3—4 拍，上体直立，两臂侧平举，手心向下；5—6 拍，上体左转 90°，双臂胸前平举，手心相对；7—8 拍，收手收脚，还原至立正姿势。

哑铃操第五节至第六节

第 2 个 8 拍：与第 1 个 8 拍相仿，动作方向相反。

第3个8拍：同第1个8拍。

第4个8拍：同第2个8拍。

6．第六节：哑铃拉弓上举

分解动作如下：

第1个8拍：1—2拍，左腿向左迈一大步，形成左弓步，同时左臂胸前平屈，手心向后，右臂侧平举，手心向前；3—4拍，收左腿，两腿并拢屈膝，呈半蹲姿势，同时左手收于腰间，右臂胸前屈，手心向左；5—6拍，两腿伸直，同时右臂伸直上举，然后屈肘胸前屈；7—8拍，双手放下，还原至立正姿势。

第2个8拍：与第1个8拍相仿，动作方向相反。

第3个8拍：同第1个8拍。

第4个8拍：同第2个8拍。

7．第七节：哑铃马步冲拳

分解动作如下：

第1个8拍：1—2拍，左腿向左迈一大步，形成马步，同时两臂胸前平举，手心向下；3—4拍，收左腿，两腿并拢，同时两手收于腰间，手心向上；5—8拍，左脚侧点地两次，同时左手向右前方冲拳两次，还原至立正姿势。

第2个8拍：与第1个8拍相仿，动作方向相反。

第3个8拍：同第1个8拍。

第4个8拍：同第2个8拍。

8．第八节：哑铃屈臂上冲拳

哑铃操第七节至第八节

分解动作如下：

第1个8拍：1—2拍，由左脚开始向前踏步，同时两臂前平举，手心相对；3—4拍，向前迈左脚并右脚，同时两臂屈肘胸前屈；5—6拍，两脚跟提起，同时两臂伸直上举；7—8拍，两脚跟落下，同时双臂屈肘胸前屈，然后前臂下落，还原至立正姿势。

第2个8拍：与第1个8拍相仿，动作方向相反。

第3个8拍：同第1个8拍。

第4个8拍：同第2个8拍。

四、相关职业性疾病及其预防

（一）脊柱畸形及其预防

1．脊柱畸形

正常脊柱有几个前后方向的自然弯曲，没有侧向的弯曲。自然曲度过大（过小），或出现不应有的弯曲，即为脊柱畸形。

2．脊柱畸形的预防

练习矫正体操能够有效预防脊柱畸形。矫正体操的内容主要是做和畸形方向相反的躯干运动，以便有针对性地加强肌肉的收缩能力，牵伸挛缩组织。矫正体操的准备姿势多为卧位或匍匐位，这些姿势可减轻脊柱的静力负荷，放松脊柱关节，便于脊柱活动。需要注意的是，矫正体操的动作应严格根据畸形的部位及方向来选择，如脊柱后凸者，应着重做挺胸及扩胸练习；脊柱前凸者，应着重做增强腹肌和臀肌力量、牵伸腰骶部肌肉和韧带的活动；脊柱侧凸者，应着重做节段性侧弯练习，使动作中形成的侧弯与畸形侧弯部位一致而方向相反。

此外，工作间隙可做一些放松练习，如体侧运动、体转运动、体前屈和后仰动作。业余时间应注意加强腰腹力量练习和上体柔韧性练习，如仰卧起坐、俯卧两头起、仰卧举腿练习等。

（二）网球肘及其预防

1．网球肘

网球肘（也称“肱骨外上髁炎”），指附着于肱骨外上踝的前臂伸肌群由于过度拉伸而发生的慢性损伤性肌腱炎。

2．网球肘的预防

为了预防网球肘，在平时的工作和生活中尽量避免过度使用肘部和腕部，时常按摩肘部，还可用热毛巾热敷。为防止前臂肌肉疲劳，在工作前应做好准备活动，工作后要及时放松。此外，应加强肩部、肘部、腕部和手指等部位的肌肉力量锻炼，主要是加强前臂伸肌群力量的锻炼。例如，可以做俯卧撑练习、双臂屈伸练习、握球练习等。

（三）膝关节疼痛及其预防

1．膝关节疼痛

膝关节作为身体承受重量的主要关节，长时间负重极易引起膝关节的急性损伤和慢性劳损。

2．膝关节疼痛的预防

工作时应不定时地改变体位，同时避免频繁爬楼梯、长时间走路和提重物，少做跪地、下蹲等动作，以放松关节和肌肉。工作间隙可以做一些关节活动，如弹踢小腿、向后收踢小腿、膝关节绕环等，还可以用手按摩关节和肌肉，以促进血液循环。业余时间可以做一些针对性力量练习和耐力练习，如慢跑、骑自行车等，以增强下肢肌肉的力量，加强膝关节的稳定性。此外，尽量穿着具有减震功能的鞋，少穿高跟鞋、硬底鞋，以减少关节所受压力。如有需要，可以佩戴护膝，以减轻膝关节疼痛。

（四）膝关节疼痛的产生及预防

膝关节是人体主要的负重关节之一。综合操作类职业很多从业者工作时常处于半蹲、半跪姿势状态，膝关节承受较重负荷，同时肌肉长时间处于紧张状态，在膝关节及其周围肌肉力量还不强的情况下，附着在髌骨上缘的一些筋或韧带容易受到损伤，而且容易造成软骨损伤、脂肪垫及关节束损伤等。这些损伤都可能引起膝关节酸痛，当膝关节受寒、受潮时往往酸痛加剧。

膝关节疼痛的预防疗法包括以下方面。

（1）保持健康的体型，避免过度肥胖。

（2）增强肌肉训练，增强固定关节韧带的韧性。

（3）避免频繁爬楼梯、长时间走路和提重物，少做跪地、下蹲等动作。

（4）尽量穿着具有减震功能的鞋，少穿高跟鞋、硬底鞋，以减少关节所受压力。

（5）如有需要，可以佩戴护膝，以减轻和预防疼痛。

素质园地

为幸福生活添健康底色

国务院印发的《全民健身计划（2021—2025年）》（以下简称《计划》）明确指出，全民健身是实现全民健康的重要途径和手段，是全体人民增强体魄、幸福生活的基础保障，关乎健康文明的生活方式，关乎国家和民族的未来。

去哪儿健身？这是百姓关心的问题，也是推动全民健身向更高水平发展的首要问题。对此，《计划》明确提出，“新建或改扩建2 000个以上体育公园、全民健身中心、公共体育场馆等健身场地设施，补齐5 000个以上乡镇（街道）全民健身场地器材，配建一批群众滑冰场，数字化升级改造1 000个以上公共体育场馆”，为百姓的幸福生活添健康底色。

为此，各地都在积极通过多渠道增加健身场地供给。在北京西城区，五彩缤纷的健康步道修进鳞次栉比的楼宇之间，周边居民和企业员工走出楼门就能舒活筋骨。在浙江省宁波市，高架桥下原来不起眼的闲置空间被改造利用，化身为城市中备受群众青睐的运动健身“金角银边”。

相关专业人士也提出了自己的建议。例如，首都体育学院教授李相如认为，相较于扩大增量，盘活存量更为关键，这是解决健身场地难题的突破口。可以对公共体育场馆的开放天数、平均流量进行评估监督，尝试引入第三方运营管理。国家体育总局群体司公共服务处处长认为，借助现代信息技术，打造线上与线下相结合的运动健身场景，既能够满足群众的多元化运动需求，又能够推动场馆创新运营理念，提升服务水平。

对此，浙江省嘉兴市的运动爱好者颇有感触：在当地“运动家”智慧体育社区，刷脸就能进入百姓健身房、笼式足球场等运动场所，还可以在线上查询运动设施、报名参加赛事。“只要运动场所选址佳、配置高、价格低、体验好，大家的参与热情就高。”嘉兴市体育局局长王蕾说。在嘉兴市体育局的一块数字大屏上，“运动家”智慧体育社区的实时运动人数、运动时长、年龄统计等信息一目了然。王蕾说：“用数字化赋能闭环管理，极大地提高了工作效率，有利于进一步为群众提供更为精准的健身管理服务。”

（资料来源：人民周刊网，有改动）

运动技能篇

第六章

大球运动

学习目标

- 掌握篮球运动的基本技术、基本战术、比赛场地和比赛规则。
- 掌握排球运动的基本技术、基本战术、比赛场地和比赛规则。
- 掌握足球运动的基本技术、基本战术、比赛场地和比赛规则。

素质目标

- 在大球运动中，提高团队协作能力。
- 认真学习运动知识，体会充分展示技术、战术的乐趣。

第一节 篮球运动

篮球运动是以投篮为目标，以得分多少决胜负的一项体育项目，具有集体性、对抗性和健身性的特点。经常参加篮球运动不仅可以发展参与者的力量、速度、灵敏性、弹跳力等身体素质，还可以培养参与者的集体荣誉感、严格的组织纪律性和顽强的意志品质。

一、基本技术

篮球运动的基本技术是指在篮球运动中，运动员为了攻守目的所运用的各种专门动作的总称，其主要包括脚步移动，传球、接球，运球和投篮等。

（一）脚步移动

脚步移动是指在篮球运动中，运动员为了争取时间和空间上的主动优势所运用的各种脚步动作的总称，主要包括基本站立姿势、起动、跑、急停、滑步和转身等。脚步移动是运动员在篮球比赛中能够机动、灵活地应用战术的基础。

1．基本站立姿势

基本站立姿势是脚步移动的准备姿势，以便运动员运用各种技术动作。

动作要领：两脚前后或左右开立，与肩同宽，两膝微屈，重心落于两脚之间，上体稍向前倾，两臂自然垂落于体侧，双眼注视全场情况。

2．起动

起动是指运动员在球场上由静止状态转为运动状态的起始动作，一般用于在进攻和防守中抢占有利位置的行动中。起动包括向前方起动与向侧方起动。

动作要领：从基本站立姿势开始，向左侧起动时，重心左移，上体迅速左转，左脚不动，右脚前脚掌用力蹬地并向左跨出，两臂自然摆动；向前或向右起动与向左起动的动作要领相仿，只是起动的方向不同。

3．跑

跑是篮球运动中最基本的脚步移动技术，包括侧身跑、变速跑、变向跑和后退跑等。其中，侧身跑与变速跑较为常用。

1）侧身跑

侧身跑是指运动员为了在跑动的过程中抢占位置、摆脱防守、接侧方或侧后方的传球而采取的一种跑动方法。

动作要领：在跑动过程中，两脚尖正对跑动方向，头和上体转向球的方向。

2）变速跑

变速跑是指运动员在跑动过程中改变跑的速度（加速或减速）的一种方法。

动作要领：运动员在跑动的过程中，若要加速，则应上体前倾，两脚掌连续交替向后蹬地，同时迅速摆臂；若要减速，则应挺直上体，加大步幅，用前脚掌着地，缓冲减速。

4．急停

急停是指进攻队员在快速跑动的过程中，突然制动并转成静止状态的一种技术动作。常用的急停包括跨步急停和跳步急停两种。

1）跨步急停

动作要领：停步时，一只脚向前跨出一大步，由脚跟着地过渡到全脚掌着地，同时迅速屈膝，上体后仰；另一只脚紧随着地时，脚尖内旋，身体顺势侧转，前脚掌内侧蹬地；两臂屈肘张开，保持身体平衡。

2）跳步急停

动作要领：停步时，双脚起跳，上体稍向后仰，两臂自然摆动，两脚同时平行落地，屈膝以降低身体重心，两臂屈肘张开，保持身体平衡。

5．滑步

滑步是运动员在防守时移动的主要步法。常用的滑步包括侧滑步、前滑步和后滑步三种。下面重点讲解侧滑步与前滑步的动作要领。

1）侧滑步

动作要领：以向左侧滑步为例，开始滑步前，两脚左右开立，微屈膝，两臂分别向两侧张开；向左滑步时，身体重心左移，左脚向左跨出一步，落地的同时，右脚迅速滑行跟进，即可完成一步侧滑，如图 6-1 所示，然后重复上述动作。向右滑步与向左滑步的动作要领相仿，只是滑步的方向相反。

图 6-1　向左侧滑步

2）前滑步

动作要领：开始滑步前，两脚前后开立，微屈膝，两臂前后张开；向前滑步时，身体重心前移，前脚向前跨一步，在其落地的同时，后脚迅速滑行跟进，即可完成向前滑一步，然后重复上述动作。向后滑步与向前滑步的动作要领相仿，只是滑步的方向相反。

6．转身

转身是指运动员以一只脚（中枢脚）为轴，另一只脚蹬地并向前或向后跨出，身体顺势转动，以改变身体方向的一种方法。转身包括前转身和后转身两种方式。

1）前转身

动作要领：转身时（以左脚为中枢脚），右脚前脚掌向外蹬地，同时身体重心左移，右脚经体前向左跨一步，同时，左脚前脚掌（脚跟提起）踝地，身体顺势左转，如图 6-2 所示。

图 6-2 前转身

2）后转身

后转身与前转身的动作要领相仿，不同的是，在后转身时，移动的脚应向自己身后跨步，以改变身体方向。

（二）传球、接球

传球、接球是指在篮球运动中，队员之间有目的地转移球，以便更好地配合全队进攻的一种技术。传球、接球是组织全队进攻配合的纽带，也是提高进攻质量的重要环节。

1．传球

传球包括双手胸前传球、双手头上传球、单手肩上传球、单手胸前传球和勾手传球等。下面重点讲解双手胸前传球与单手肩上传球的动作要领。

1）双手胸前传球

双手胸前传球是一种基本且常用的传球方法，适用于不同方向、不同距离的传球，其特点是传球的准确度高，便于控制球。

动作要领：双手持球时，两脚开立，两膝微屈，重心落于两脚之间，双手十指自然分开，两拇指相对呈“八”字形，指根以上部位持球两侧，掌心空出，持球于胸腹之间；传球时，双臂迅速向传球方向前伸，当手臂将要伸直时，急促抖腕，同时两拇指用力下压，食指与中指用力拨球，将球传出，如图 6-3 所示。

图 6-3 双手胸前传球

2）单手肩上传球

单手肩上传球常用于中、远距离传球，其特点是传球力量大，利于抢到后场篮板后长传快攻。

动作要领（以右手传球为例）：左脚向传球方向迈出半步，同时右臂引球至右肩上方，左肩对着传球方向，身体重心落于右脚上；右脚内侧蹬地转身，同时迅速向前挥臂，手腕前屈，食指与中指用力拨球，将球传出，如图 6-4 所示。

图 6-4　右手肩上传球

2．接球

接球是运动员获得球的动作，是抢篮板球与断球的基础。接球主要包括双手接球与单手接球两种。

1）双手接球

双手接球包括双手接头部高度的球、双手接胸部高度的球、双手接低于腰部的球和双手接地滚球等方法。下面以双手胸前接球为例介绍双手接球的动作要领。

动作要领：双眼注视来球方向，双臂向来球方向伸出，双手十指自然分开；当双手触及球时，手臂顺势引球，将球持于胸腹之间，如图 6-5 所示。

图 6-5　双手胸前接球

2）单手接球

动作要领（以右手接球为例）：双眼注视来球方向，右臂微屈并伸向来球方向，手掌呈勺形，五指自然分开；当手指触及球时，右臂顺势引球，左手立即帮助右手，双手持球于胸腹间，如图 6-6 所示。

图 6-6　右手单手接球

（三）运球

运球包括高运球、低运球、体前变向换手运球和胯下运球等。

1. 高运球

高运球是指将篮球反弹的高度控制在胸腹之间的一种运球方法，一般用于无防守的快速运球。

动作要领（以右手运球为例）：运球时，微屈膝，上体稍向前倾，目平视，以肘关节为轴，前臂自然伸屈，用右手按拍球的后上方，将球的落点控制在身体的右前方，使球的反弹高度在胸腹之间。

2. 低运球

低运球是指将篮球反弹的高度控制在膝关节以下的一种运球方法。当运球队员接近对方防守队员或对方防守队员来抢球时，运球队员为保护球或摆脱防守，常采用低运球方法。

动作要领（以右手运球为例）：运球时，抬头、目视前方，深屈膝，上体前倾，用上体、腿和左手臂保护球；同时，用右手短促地按拍球，将球的反弹高度控制在膝关节以下。

3. 体前变向换手运球

当防守队员堵截运球队员的进攻路线或运球队员接近对方防守队员时，运球队员可运用体前变向换手运球摆脱与突破对方防守队员。

动作要领（以运球队员右手运球突破对手左侧为例）：运球队员右手运球，当对方防守队员向右侧移动堵截时，运球队员应向右侧加速运球，以吸引对方防守队员偏离正常的防守位置；接着突然变向，用右手按拍球的右后上方，向左侧拍球，左、右脚先后迅速向左前方跨出，上体左转并前倾探肩，换左手按拍球的后上方，加速运球，以突破防守队员，如图 6-7 所示。

图 6-7　体前变向换手运球

4. 胯下运球

动作要领（以右手运球为例）：运球跨步急停后，两脚前后开立，左脚在前，重心落于两脚之间；右手按拍球的右上方，使球从两腿之间穿过，换左手运球，右脚向左前方跨出，即完成一次胯下运球。

（四）投篮

投篮包括原地投篮、行进间投篮、跳起投篮、补篮和扣篮等。下面主要介绍原地投篮与行进间投篮的动作要领。

1. 原地投篮

原地投篮包括双手头上投篮、双手胸前投篮、单手头上投篮和单手肩上投篮。下面以单手肩上投篮为例介绍原地投篮的动作要领。

动作要领（以右手投篮为例）：从双手持球的基本站立姿势开始，左手扶球左侧，右手持球，右臂屈肘，置球于右肩上；投篮时，两脚掌蹬地，左手离球，右臂向前上方伸直时，手腕前屈，食指与中指拨球，将球投出，如图 6-8 所示。

投篮技术

图 6-8　原地单手肩上投篮

2．行进间投篮

行进间投篮包括单手肩上投篮、单手低手投篮、双手低手投篮、反手投篮和勾手投篮等。下面以单手低手投篮为例介绍行进间投篮的动作要领。

动作要领（以右手投篮为例）：运球队员结束运球并双手持球的同时，右脚跨出第一步；左脚跨出第二步落地时，前脚掌用力蹬地向前上方起跳，右腿屈膝自然上提，右手将球引至右肩侧上方，左手离球；腾空到最高点时，右手托球，右臂向前上方伸展；接近球篮时，手腕与手指上挑，将球投出，如图 6-9 所示。

图 6-9　行进间单手低手投篮

二、基本战术

篮球运动的基本战术是篮球比赛中运动员所运用的攻守方法的总称，主要分为进攻与防守两种战术。

（一）进攻战术

进攻战术包括传切配合、掩护配合和突分配合等。

1．传切配合

传切配合包括一传一切与空切两种配合方式。一传一切是指持球队员传球给同伴后，自己立即切入篮下，接同伴回传的球进行投篮的方法。空切是指无球队员根据球的传递情况，从不同的方向接球或侧向切入篮下接球并进行投篮的配合方法。

2．掩护配合

掩护配合是指队员用自己的身体为同伴挡住对方防守队员，使同伴能够摆脱防守的一种配合方法。

3．突分配合

突分配合是指持球队员突破防守后遇到补防或吸引对手注意力后，及时将球传给同伴，使同伴获得进攻机会的一种配合方法。

（二）防守战术

防守战术包括换防配合与补防配合等。

1．换防配合

换防配合是指防守队员为了破坏对方进攻队员的掩护配合，与同伴及时呼应并交换防守对手的一种配合方法。

2．补防配合

补防配合是指当防守队员被对手突破或绕过时，邻近的其他防守队员主动放弃自己防守的对手，去补防该防守队员的对手的一种配合方法。

三、比赛场地与比赛规则

（一）比赛场地

篮球场是一块长 28 m，宽 15 m 的长方形平地，如图 6-10 所示。球场必须设置明显的界线。位于篮球场长边的界线叫边线，位于篮球场短边的界线叫端线。

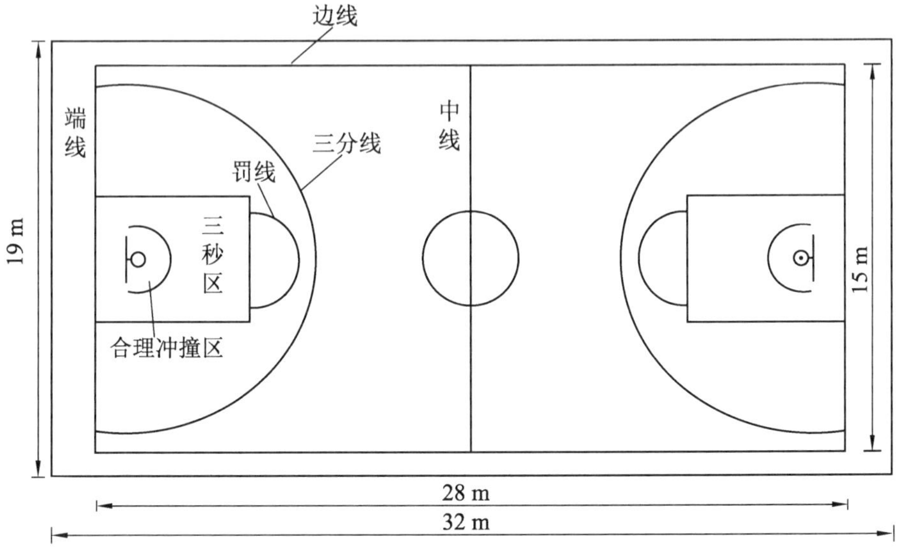

图 6-10　篮球场示意图

（二）比赛规则

1．比赛方法

篮球比赛由两支球队参加，每支球队派出 5 名队员上场比赛。比赛的目标是在对方球篮得分，并阻止对方在本方球篮得分。比赛由 4 节组成，每节 10 min。在比赛结束时，得分较多的球队是比赛的胜者。若此时两队比分相同，则举行 5 min 延长赛；若 5 min 后比分仍相同，则再次进行 5 min 延长赛，直至比出胜负为止。

2．得分方式

当球已进入球篮，对投篮的队按以下方式计算得分。

（1）一次罚球中篮计 1 分。

（2）从 2 分投篮区域中篮计 2 分。

（3）从 3 分投篮区域中篮计 3 分。

（4）在最后一次或仅有一次的罚球中，当球已触及篮圈但尚未进入球篮时，一名进攻队员或防守队员合法触及篮球，中篮计 2 分。

如果队员意外地将球投入本方球篮，中篮计 2 分，登记在对方队的场上队长名下。

3．常见违例与罚则

违例即违反规则。在篮球比赛中，队员出现以下情况视为违例。

（1）队员带球跑，故意踢球，用腿的任何部分阻挡球或用拳击球。

（2）控球队员在对方的限制区内持续停留超过 3 s。

（3）持球队员在 5 s 内没有传球、投球或运球。

（4）控球队员将球从后场推进前场超过 8 s。

（5）进攻队在场上控球时，在 24 s 内没有尝试投篮。

（6）队员故意将球投入本方球篮。

（7）队员使整个球从下方穿过球篮。

当队员在比赛的过程中出现违例时，应将球判给对方队员在最靠近发生违例的地点掷球入界，正好在篮板后面的地点除外。

4．侵人犯规与罚则

侵人犯规是指双方队员在比赛过程中的接触犯规。例如，一方队员通过伸展手、臂、肘、肩、髋、腿、膝、脚或过分弯曲身体成不正常的防守姿势以挡、拉、推、撞、绊等动作来阻止对方队员行进；一方队员对对方队员表现出粗暴的动作等都属于侵人犯规。

当队员出现侵人犯规时，应给犯规队员记一次侵人犯规并判给对方球权或罚球。当判给对方球权或罚球时，按如下规定执行。

（1）被侵犯队员未投篮，由被侵犯队员在靠近犯规地点的界线外掷界外球。

（2）被侵犯队员正在投篮，投篮成功应计得分并判给其 1 次罚球；投篮未中，在 2 分区或 3 分区投篮，则判给其 2 次或 3 次罚球。

第二节 排球运动

排球运动是指以通过变化击球路线与落点造成对方失误为目的，以得分多少决胜负的一项体育项目，具有技巧性、对抗性和集体性的特点。排球比赛无时间限制，且对抗强度较大，因此，对人的身体素质与心理素质能产生较好的锻炼作用。

一、基本技术

排球运动的基本技术是指在比赛规则允许的情况下，运动员能够运用的各种合理的击球动作和配合动作的总称，主要包括准备姿势与移动、发球、传球、垫球、扣球和拦网等。

（一）准备姿势与移动

准备姿势与移动是在排球运动中运用最多的两项基本技术。它们是发球、传球、垫球、扣球和拦网等各项技术的前提与基础，并且对各项技术动作的运用起着串联作用。

1．准备姿势

按照身体重心高低的不同，准备姿势可分为稍蹲、半蹲和低蹲三种。下面以半蹲为例介绍准备姿势的动作要领。

动作要领：两脚左右或前后开立至稍比肩宽（根据场上情况，可选择左脚在前或右脚在前），脚跟提起，膝微屈，脚尖和膝稍内扣；上体前倾，重心前移，肩超膝，膝超脚尖；两臂自然弯曲并置于腹前，目视来球。

2．移动

移动的基本步法包括并步与滑步和交叉步等。

1）并步与滑步

动作要领（以向左移动为例）：从两脚左右开立的准备姿势开始，右脚用力蹬地，左脚向左跨出一步，右脚迅速跟上变成准备姿势。

连续的并步移动称为滑步。滑步时，动作应连贯，身体重心应保持平稳。

2）交叉步

动作要领（以向右侧方移动为例）：从准备姿势开始，向右移动时，上体稍向右转，左脚从右脚前方向右交叉跨一步，然后右脚再向右侧方跨一大步，同时身体转向来球方向并变成准备姿势。

（二）发球

发球过程分为准备姿势、抛球和击球三个环节。下面分别以正面上手发球与侧面下手发球为例介绍发球的动作要领。

1．正面上手发球

正面上手发球（见图 6-11）具有发球力量大、速度快、弧度平、旋转强和落点易于控制等特点。

（1）准备姿势：面对球网站立，两脚前后自然开立，左脚在前，右脚在后两膝微屈，上体前倾，左手持球于胸前。

（2）抛球：左手将球垂直平稳地抛向右肩的前上方，抛至头上三个球左右的高度；同时右臂抬肘约与肩平，前臂后引，手掌置于头后上方；上体右转、后仰，挺胸、展腹、身体重心后移至右脚。

（3）击球：身体重心前移，收腹，同时带动右臂迅速向肩前上方挥动，在最高点伸直手臂，用全掌击球的后中部将球击出。注意在触球的刹那，手腕适当地向前推压。

图 6-11　正面上手发球

2．侧面下手发球

侧面下手发球具有发球动作简单、稳定性较高，但攻击性较弱等特点。

（1）准备姿势：右肩对网站立，两脚左右开立至与肩同宽，上体稍前倾，身体重心落于两脚间或稍偏右脚，左手持球于腹前。

（2）抛球：左手将球抛至胸前，距身体约一臂远，同时右臂摆至身体右侧后下方，上体稍右转。

（3）击球：右脚内侧蹬地，身体左转，带动右臂向前摆动，在腹前用全掌击球的下部，将球击出。击球时手臂要伸直，眼睛要看着球。

（三）传球

传球是进行排球比赛与组织战术配合的基础。传球的种类有很多，下面以正传与背传为例介绍传球的动作要领。

1．正传

正传是指正面双手传球的一种传球技术。

（1）动作要领：传球前采取稍蹲姿势，身体站稳，上体挺直，双手自然抬起，掌心向外，目视来球方向；当来球距额前上方一个球左右的位置时，双脚蹬地，伸膝，伸开双臂，张开双手，向前上方击球，将球传出，如图 6-12 所示。

（2）传球手形：当手触及球时，双手自然张开呈半球状，手腕稍向后仰，拇指、食指和中指托住球的后下部，两拇指相对呈“一”字形，双手间保持一定的距离（不超过球的直径）。

（3）传球的用力：传球时，主要是利用蹬地、伸膝、向上展体和伸臂动作，配合手指与手腕的弹力将球传出。

2．背传

背传是指将球由身体前面传向身体背后的一种传球技术。

动作要领：传球时，上体挺直或稍向后仰，两膝半屈，身体重心落于两脚之间，双手自然抬起，掌心向外，目视来球方向；迎球时，微仰头，挺胸，双脚蹬地，同时上体向上方伸展；触球时，手腕后翻，掌心向上击球的底部（手形与正传的手形相同），同时双脚蹬地、展腹、抬臂、伸肘，通过手指和手腕的弹力将球向后上方传出，如图 6-13 所示。

图 6-12　正传

图 6-13　背传

（四）垫球

垫球分为正面双手垫球、体侧垫球、跨步垫球和挡球等。下面以正面双手垫球与跨步垫球为例介绍垫球的动作要领。

1．正面双手垫球

正面双手垫球是指双手在腹前垫击来球的一种垫球方法。该垫球方法是各项垫球技术的基础。

（1）动作要领：垫球前，运动员在判断球的落点后迅速移动到该点，身体正对来球方向，并以准备姿势站好；当来球接近腹前时，双臂夹紧前伸，含胸、收肩、收腕、抬臂，将球准确地垫在小臂上，如图 6-14 所示。

排球垫球技术

（2）手形：双手四指上下相叠，掌根紧靠；两拇指平行相靠，紧压在上层手指中指的第二节上，如图 6-15 所示。

（3）击球点与垫球部位：击球点应保持在腹前约一臂处；垫球部位以腕关节以上 10 cm 左右桡骨内侧平面为宜，如图 6-16 所示。

图 6-14　正面双手垫球

图 6-15　垫球手形

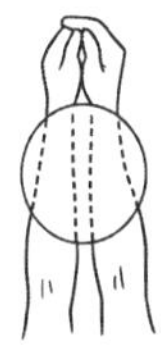

图 6-16　垫球部位

2．跨步垫球

跨步垫球是指当来球距身体仅一步左右的距离，且速度较快或位置较低，此时运动员迅速向前方或侧方跨出一步并垫球的一种垫球方法。

动作要领：垫球前，运动员首先应判断来球的落点，然后迅速向来球方向跨出一步，屈膝制动，身体重心移至跨出的脚上；双臂夹紧伸直插入球下，用两前臂击球的后下部，将球平稳地向目标方向垫出。

（五）扣球

扣球分为正面扣球、自我掩护扣球和勾手扣球等。下面以正面扣球（见图 6-17）为例介绍扣球（两步助跑右手扣球）的动作要领。

（1）准备姿势：采取稍蹲姿势，两臂自然下垂，观察来球，做好向各个方向助跑起跳的准备。

（2）助跑：助跑时，左脚先向前迈一小步（便于寻找和对正方向），接着右脚再迅速向前跨出一大步，同时两臂绕体侧向后引；左脚及时跟上右脚，踏在右脚之前，两脚尖稍向右转，屈膝制动的同时两臂由后积极向前摆动。

（3）起跳：助跑制动之后，两臂用力向上摆，同时两脚猛力蹬地向上起跳。

（4）空中击球：起跳后，挺胸，展腹，上体稍向右转，右臂向后上方抬起，身体成反弓形；挥臂时，收腹，身体左转，带动肩关节、肘关节、腕关节等向前上方做甩鞭动作；击球时，五指微张呈勺形，以掌心击球的后中部，同时屈腕、屈指向前推压，将球扣出。

（5）落地：落地时，前脚掌先着地，然后过渡到全脚掌着地，顺势屈膝，收腹，以缓冲下落的力量。

图 6-17　正面扣球

（六）拦网

拦网分为单人拦网与集体拦网。二者的个人动作要领相同，但后者更注重队员之间的协调与配合。下面以单人拦网（见图 6-18）为例介绍拦网的动作要领。

（1）准备姿势：面对球网，两脚左右开立至与肩同宽，两膝微屈，双臂在胸前屈肘，距网 30～40 cm。

（2）移动：常用的移动步法有并步、滑步和交叉步等。为了及时对正对方的进攻点，拦网队员可采用多种移动步法及时移动。

（3）起跳：原地起跳时，两膝弯曲（弯曲程度因人而异，以能够发挥最大弹跳力为原则)，身体重心降低；双脚用力蹬地，同时两臂在体侧弧形划过后用力上摆，带动身体垂直起跳。

（4）空中击球：在起跳的过程中，双手经额前向球网上沿的前上方伸出，两臂伸直且平行于球网，前臂靠近球网，两肩尽量上提；拦网时，两臂尽力过网伸向对方上空，两手自然张开，屈指、屈腕呈勺形，以便包住球；手触及球时，两手要突然紧张，手腕下压盖住球的前上方，将球拦住。

（5）落地：落地时，面对对方，屈膝缓冲，同时屈肘向下收臂。

图 6-18 单人拦网

二、基本战术

排球运动的基本战术主要包括阵容配备、进攻战术和防守战术等。

（一）阵容配备

阵容配备是指比赛时上场队员的合理组成。其目的是最大限度地发挥每一个队员的特点、作用，以及全队合理搭配力量。阵容配备主要包括“四二”配备和“五一”配备。

1．“四二”配备

“四二”配备是指上场队员中有四名进攻队员和两名二传队员的阵容。四名进攻队员中又分为两名主攻队员与两名副攻队员。同角色的两名队员应站在对角的位置上。这种配备在水平一般的球队中常被采用。

2．“五一”配备

“五一”配备是指上场队员中有五名进攻队员与一名二传队员的阵容。五名进攻队员中又分为两名主攻队员、两名副攻队员和一名接应队员。同角色的两名队员应站在对角位置。这种配备在水平较高的球队中常被采用。

（二）进攻战术

进攻是指为了使击入对方的球落地或让对方失误而采用的符合规则的方法与阵形。进攻战术主要包括“中一二”进攻战术和“边一二”进攻战术。

1．“中一二”进攻战术

“中一二”进攻战术的阵形如下：二传队员站位于 3 号，5 号队员垫球或传球给 3 号队员，3 号队员传球给 2 号队员或 4 号队员扣球进攻，如图 6-19 所示（图中实线为传球路线，虚线为队员移动路线）。

2．“边一二”进攻战术

“边一二”进攻战术的阵形如下：二传队员站位于 2 号，6 号队员垫球或传球给 2 号队员，2 号队员传球给 3 号队员或 4 号队员扣球进攻，如图 6-20 所示。

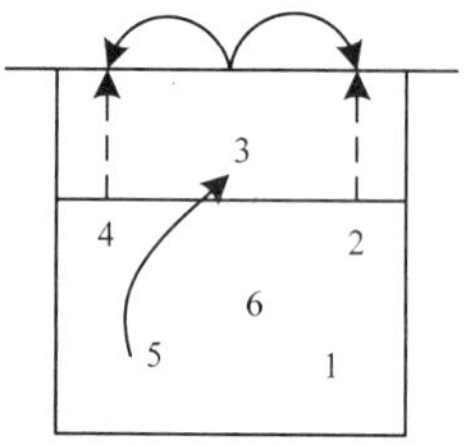

图 6-19 “中一二”进攻战术示意图

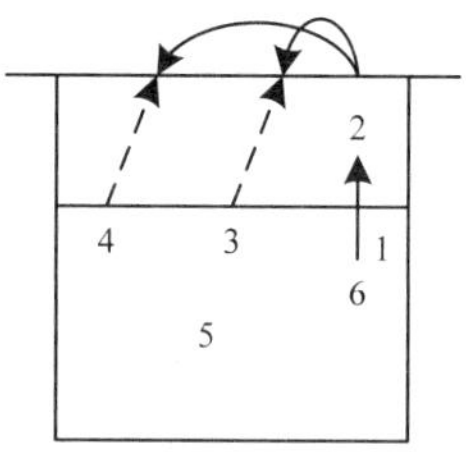

图 6-20 “边一二”进攻战术示意图

（三）防守战术

防守战术是组织进攻与反攻战术的基础，主要包括接发球防守战术与接扣球防守战术等。

1．接发球防守战术

下面以五人接发球防守战术与四人接发球防守战术为例，对接发球防守战术进行简要介绍。

（1）五人接发球防守战术。五人接发球防守战术是排球比赛中基本且常用的接发球战术。其阵形是除前排一名二传队员或后排准备插上的二传队员之外，其余五名队员都参与接发球。五名参与接发球的队员的位置应根据本方进攻战术来确定。

（2）四人接发球防守战术。四人接发球防守战术的阵形是除前排一名二传队员与后排准备插上的二传队员之外，其余四名队员都要参与接发球。其特点是可以缩短后排二传队员与扣快球队员跑动的距离，有利于提高进攻的速度。

2．接扣球防守战术

接扣球防守战术由拦网与后排防守两部分组成。其中，拦网又分为无人拦网、单人拦网、双人拦网和三人拦网等。下面以双人拦网防守战术为例，对接扣球防守战术进行简要介绍。

双人拦网防守战术主要用于对手的扣球力量较大，进攻路线变化较多时，其具体包括“边跟进”防守战术与“心跟进”防守战术。

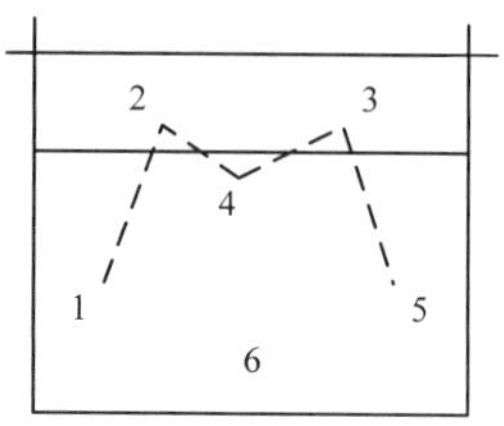

图 6-21 “M”形站位示意图

（1）“边跟进”防守战术。“边跟进”防守战术是指当队员呈“M”形站位（见图 6-21）时，2 号队员与 3 号队员网前拦网，4 号队员后退至攻防线后参与后场防守，1 号队员和 5 号队员跟进保护和防守对方吊球。其适用于对方进攻力量强，扣球多，吊球少时。

（2）“心跟进”防守战术。“心跟进”防守战术是指当队员呈“M”形站位时，2 号队员与 3 号队员网前拦网，4 号队员后退至攻防线后参与后场防守，1 号队员与 5 号队员负责后场防守，6 号队员专职跟进、保护拦网和防吊球。其适用于对方采用打吊结合的战术时。

三、比赛场地与比赛规则

（一）比赛场地

排球场由比赛区域与无障碍区域两个部分组成。其中，比赛区域为 18 m×9 m 的长方形场区，如图 6-22 所示；比赛区域边线外的无障碍区域的宽度至少为 5 m，端线外的无障碍区域的宽度至少为 6.5 m，比赛区域上空的无障碍空间的高度至少为 12.5 m（从地面量起）。

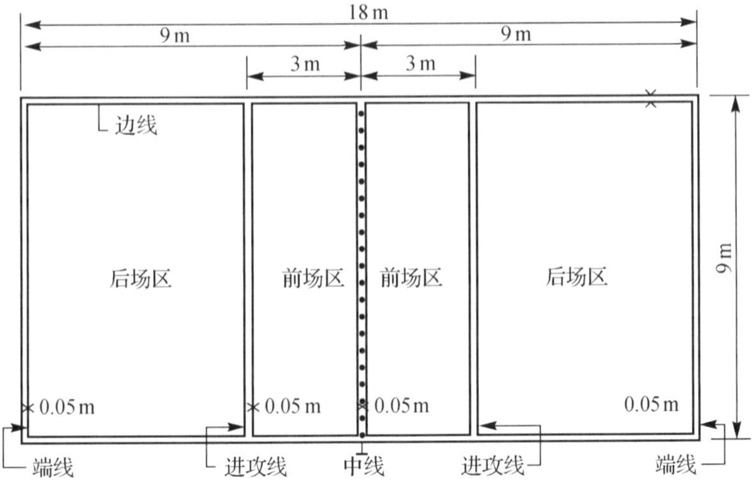

图 6-22 排球场示意图

（二）比赛规则

1. 赛制规则

排球比赛由两支球队参加，每支球队由 12 名队员组成，两队各派 6 名队员在由球网分开的场地上进行比赛。两队遵照规则，将球击过球网，使其落在对方场区的地面上，而防止球落在本方场区的地面上。每队可击球 3 次（拦网触球除外），将球击回对方场区。

比赛由发球开始，发球队员击球使其从网上飞至对方场区，比赛由此开始并连续进行，直至球落地、出界或某一队不能合法地将球击回对方场区。

排球比赛采用 5 局 3 胜制，前 4 局比赛采用 25 分制，每支球队只有赢得至少 25 分，并同时超过对方 2 分时，才胜 1 局。决胜局的比赛采用 15 分制，一队先得 8 分后，两队交换场区，按原位置顺序继续比赛，先获 15 分并领先对方 2 分者为胜。

2. 犯规与罚则

排球比赛中的犯规主要包括发球犯规、击球犯规和拦网犯规。

1）发球犯规

下列情况均属于发球犯规。

（1）发球次序错误。

（2）发球队员在击球时或击球跳起落下时，踏及场区（包括端线）或发球区以外的地面。

（3）发球队员在第一裁判员鸣哨允许发球后 8 s 内没有将球击出。

（4）发球出界。

（5）将球抛起准备发球却未击球。

2）击球犯规

下列情况均属于击球犯规。

（1）在比赛过程中，一名队员（拦网队员除外）连续两次击球，或者球连续两次触及其身体的不同部位。

（2）在比赛过程中，击球队员将球接住和（或）抛出。

（3）击球出界。

（4）一个队连续击球 4 次。

（5）队员在比赛场地内借助同伴或任何物体的支持进行击球。

3）拦网犯规

（1）拦对方的发球。

（2）拦网出界。

（3）队员从标志杆以外伸入对方空间拦网。

4）罚则

无论何种犯规，若一队犯规，则另一队得 1 分并得到发球权。

第三节 足球运动

足球运动是以射门为目标，以得分多少决定胜负的一项体育项目，具有对抗性、集体性和多变性的特点。经常参加足球运动不仅能提高参与者的身体素质，而且有利于培养其顽强拼搏的精神与团队协作意识。

一、基本技术

足球运动的基本技术是指运动员在足球比赛规则允许的情况下，运用身体的有效部位合理地完成各种动作的总称。足球运动的基本技术包括踢球、接球、头顶球、运球和抢截球等。

（一）踢球

踢球是指运动员有目的地利用脚的某个部位将球踢向预定目标的技术动作。其主要用于传球与射门。

按击球时脚触球的部位的不同，踢球可以分为脚内侧踢球、脚背正面踢球和脚背内侧踢球等。

足球踢球技巧

1．脚内侧踢球

脚内侧踢球是指用脚内侧的跖趾关节、足舟骨和跟骨所构成的三角部位击球的一种踢球方法。其特点是触球面积大，可控性强，出球平稳准确，出球力量较小，适用于短距离传球与射门。

动作要领：直线助跑，支撑脚踏在球侧约 15 cm 处，膝微屈，脚尖指向出球方向；支撑脚落地的同时，踢球腿以髋关节为轴由后向前摆动，膝、踝外展，脚跟前送，脚尖稍跷，脚掌与地面平行；踢球腿小腿加速前摆，脚形固定，用脚内侧部位击球的后中部，击球后，踢球腿随球前摆，如图 6-23 所示。

图 6-23 脚内侧踢球

2．脚背正面踢球

脚背正面踢球是指用脚背正面的楔骨与趾骨末端部位击球的一种踢球方法。其特点是踢摆幅度大，摆速快，便于发力，但出球路线缺乏变化，适用于远距离传球与大力射门。

动作要领：直线助跑，支撑脚踏在球侧约 15 cm 处，膝微屈，脚尖指向出球方向，踢球腿自然后摆，小腿后屈；支撑脚落地的同时，踢球腿以髋关节为轴带动小腿前摆；膝关节接近球体上方时，小腿加速前摆，脚背绷直，脚趾扣紧，以脚背正面击球的后中部，击球后，踢球腿顺势前摆，如图 6-24 所示。

图 6-24 脚背正面踢球

3．脚背内侧踢球

脚背内侧踢球是指用脚背内侧的楔骨与趾骨末端部位击球的一种踢球方法。其特点是踢摆幅度大、速度快，踢球力量大，助跑方向和支撑脚站位灵活，出球的方向变化较多，适用于中、远距离传球与射门。

动作要领：沿出球方向 45°角斜线助跑，支撑脚踏在球体侧后方 20～25 cm 处，膝微屈，脚尖指向出球方向，身体稍倾向支撑脚一侧，踢球腿自然后摆；支撑脚落地的同时，踢球腿以髋关节为轴带动小腿前摆；膝关节接近球体上方时，小腿加速前摆，脚尖外转，脚面绷直，脚趾扣紧，以脚背内侧击球的后中部；击球后，踢球腿顺势前摆，如图 6-25 所示。

图 6-25　脚背内侧踢球

（二）接球

接球又称“停球”，是指运动员有目的地运用身体的有效部位触球，将运行中的球接控在所需范围内的技术动作。常用的接球方法有脚内侧接球与脚底接球等。

1．脚内侧接球

脚内侧接球的特点是触球面积大，接球平稳，便于改变球的方向。具体动作要领如下。

（1）接地滚球时，身体正对来球，支撑腿微屈，接球腿屈膝外转前迎，脚内侧对准来球；脚内侧触球瞬间自然后撤，将球控制在需要的位置上，如图 6-26 所示。

（2）接反弹球时，支撑脚踏在落球点的侧前方，膝微屈，上体稍前倾，并向停球方向微转；接球腿屈膝上提，膝、踝外转，脚内侧对准球的反弹路线，当球落下反弹刚离地时，用脚内侧触压球的中上部，如图 6-27 所示。

图 6-26　脚内侧接地滚球

图 6-27　脚内侧接反弹球

2．脚底接球

脚底接球的特点是动作简单，控球稳定。

动作要领：身体正对来球，支撑腿踏在球的侧后方，膝微屈，停球腿自然屈膝上提，脚尖跷起，用前脚掌触压球的中上部，如图 6-28 所示。

（三）头顶球

头顶球是指运动员有目的地用额部将球击向预定目标的技术动作。头顶球包括前额正面顶球与前额侧面顶球。

1．前额正面顶球

前额正面顶球的特点是触球部位平坦，发力顺畅，易于控制出球方向，出球平稳有力。

动作要领：身体正对来球，两腿前后开立，膝微屈，上体后仰，身体重心置于后脚，两臂自然张开；当球运行到身体垂直部位前的瞬间，后腿用力蹬地，身体重心前移，迅速向前摆体，微收下颌，用前额正面击球的后中部，如图 6-29 所示。

图 6-28 脚底接球

图 6-29 前额正面顶球

2．前额侧面顶球

前额侧面顶球的特点是动作灵活、能变换出球方向，但触球面积小，出球力量较小。

动作要领：两脚前后开立，与来球方向同侧的脚在前，两膝微屈，身体重心置于后脚；上体与头部向出球的相反方向倾斜，两臂自然张开；当球运行到体前上方时，后脚用力蹬地，上体迅速向出球方向扭摆，屈体甩头，用前额侧面（见图 6-30）击球的后中部。

图 6-30 前额侧面示意图

（四）运球

运球是指运动员在跑动中用脚连续推拨球，使球处于自己控制范围之内的技术动作。常用的运球方法有脚内侧运球、脚背正面运球和脚背外侧运球等。

1．脚内侧运球

脚内侧运球的特点是易于控球，但其运球速度慢，适用于掩护性运球。

动作要领：运球时，支撑脚踏在球的侧前方，膝微屈，身体重心移至支撑脚，身体略转向运球方向，运球腿屈膝上提，脚尖外转，在向前迈步的过程中用脚内侧推球前进，如图 6-31 所示。

2．脚背正面运球

脚背正面运球的特点是直线推拨，运球速度快，但运球路线单一。其多用于快速运球前进时。

动作要领：运球时，身体自然放松，两臂自然摆动，上体稍向前倾，步幅不宜过大；运球脚提起时，膝微屈，脚跟提起，脚尖下指，在向前迈步的过程中用脚背正面推球前进，如图 6-32 所示。

图 6-31　脚内侧运球

图 6-32　脚背正面运球

3．脚背外侧运球

脚背外侧运球的特点是具有较强的灵活性与可变性，易于控制运球方向与提高运球速度。其多用于快速运球前进与向外改变运球方向时。

脚背外侧运球与脚背正面运球的动作要领相仿，只是在摆脚时，脚尖稍向内转，用脚背外侧推球前进，如图 6-33 所示。

图 6-33　脚背外侧运球

（五）抢截球

抢截球是指在比赛规则允许的范围内，运动员有目的地运用身体的某一部位，将对方控制下或传递中的球夺过来、踢出去或破坏掉的技术动作。常用的抢截球方法有正面抢球与侧面抢球等。

1．正面抢球

动作要领：抢球队员两脚前后开立，两膝微屈，身体重心下移，落于两脚之间；在控球队员运球脚触球且即将着地或刚刚着地时，抢球队员支撑脚用力蹬地，抢球脚以脚内侧对球，并屈膝向球跨出将球堵截；抢球队员身体重心随即移至抢球脚，支撑脚前跨将球控制住，如图 6-34 所示。

2．侧面抢球

动作要领：当与对方控球队员平行跑动时，身体重心稍向下移，靠近对手一侧的手臂紧贴身体；当对方靠近自己一侧的脚离地时，用肘关节以上部位冲撞对方相应部位，使其失去平衡，趁机将球控制在自己脚下，如图 6-35 所示。

图 6-34　正面抢球

图 6-35　侧面抢球

二、基本战术

足球运动的基本战术是指在足球比赛中，一方为了战胜对方，根据主观和客观情况所采取的个人行动与集体配合的方法。足球运动的基本战术可分为比赛阵形、进攻战术和防守战术三大部分。其中，进攻战术与防守战术又分别包括个人战术、局部战术和整体战术。

（一）比赛阵形

足球比赛阵形是指为了适应攻守战术的需要，队员在场上的位置排列与职责分工的基本形式。足球比赛阵形的序列由后向前依次为守门员、后卫、前卫和前锋。其中，守门员的职责是固定的，一般不列入比赛阵形中。因此，较为常见的比赛阵形有 4—2—4、4—3—3、3—5—2 和 4—4—2 等。例如，4—2—4 阵形为 4 名后卫、两名前卫和 4 名前锋。

（二）进攻战术

1．个人进攻战术

个人进攻战术包括：① 采取有效措施，摆脱对方防守队员；② 跑动到有利位置，接应同伴传球；③ 运球突破对方防线，寻求射门机会；等等，其目的均为进球得分。

2．局部进攻战术

局部进攻战术中常用的是“二过一”战术配合。“二过一”战术配合是指两名进攻队员在局部区域内通过连续传球与跑位，突破一名对方防守队员的配合方法。“二过一”战术配合包括斜传直插二过一、直传斜插二过一和跳墙式二过一。

斜传直插二过一是指当对方防守队员逼近正在运球的进攻队员时，进攻队员将球传给同伴，然后直插到对方防守队员身后的空当，接应同伴传球的一种战术配合，如图 6-36 所示（图中实线为传球方向，虚线为跑动方向，曲线为运球方向）。

直传斜插二过一是指进攻队员将球直传给同伴，当对方防守队员逼近控球同伴时，同伴将球传至对方防守队员身后的空当，进攻队员立即斜插入空当，接应同伴传球的一种战术配合，如图 6-37 所示。

跳墙式二过一是指当对方防守队员逼近正在运球的进攻队员时，进攻队员将球传给同伴，同伴接球后直接将球传至对方防守队员身后的空当，进攻队员快速切入空当，接应同伴传球的一种战术配合，如图 6-38 所示。

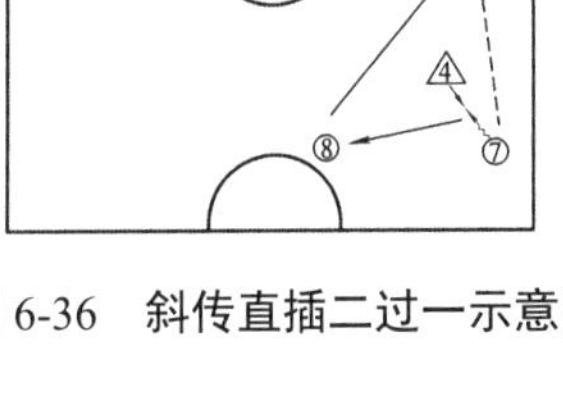

图 6-36 斜传直插二过一示意图

图 6-37 直传斜插二过一示意图

图 6-38 跳墙式二过一示意图

3．整体进攻战术

整体进攻战术主要包括边路进攻与中路进攻。

边路进攻是指在对方半场两侧区域发起的进攻。边路进攻可充分利用场地的宽度，拉开对方的防线，使对方边路场区的防守队员分散、防守变得薄弱，以便进攻队员利用对方边路的空当突破防线，再通过传中等方式，创造射门机会。

中路进攻是指在对方半场中部发起的进攻。中路进攻的特点是进攻人数多，配合点多，破门机会多，但由于对方中路防守严密，突破难度也较大。

（三）防守战术

1．个人防守战术

常用的个人防守战术有选位与盯人等。

选位是指防守队员根据位置职责与临场情况，选择适当的防守位置的一种防守战术。防守队员选位的点，一般应在本方球门中心与被防守队员之间的连线上。

盯人是指防守队员对进入本方防守区域内的对方队员实施监控，并及时封堵对方队员接球或传球的一种防守战术。

2．局部防守战术

常用的局部防守战术有保护、补位和围抢等。

保护是指当一名防守队员在防守对方队员持球进攻时，另一名防守队员在其身后选择适当位置进行协助防守的战术配合。

补位是指当一名防守队员的防守出现漏洞时，本方另一名防守队员及时上前弥补漏洞的战术配合。同伴间的相互补位可以有效地遏制与破坏对方的进攻。

围抢是指在局部区域内，多名防守队员同时围堵对方控球队员，以达到抢截或破坏对方进攻目的的战术配合。

3．整体防守战术

整体防守战术主要包括盯人防守、区域防守和混合防守等。

盯人防守是指每一名防守队员都有明确的防守对象，对手移动到哪里就紧跟着盯防到哪里的战术配合。

区域防守是指每名队员负责自己的防守区域，并在该区域内进行盯人防守的战术配合。

混合防守是指盯人防守与区域防守相结合的一种防守方法。一般情况下，对于对方中场组织队员与持球进攻队员采用盯人防守，对于其他队员采用区域防守的战术配合。

三、比赛场地与比赛规则

（一）比赛场地

足球场地通常为长方形，其长为 90～120 m（国际标准为 100～110 m），宽为 45～90 m（国际标准为 64～75 m），如图 6-39 所示。

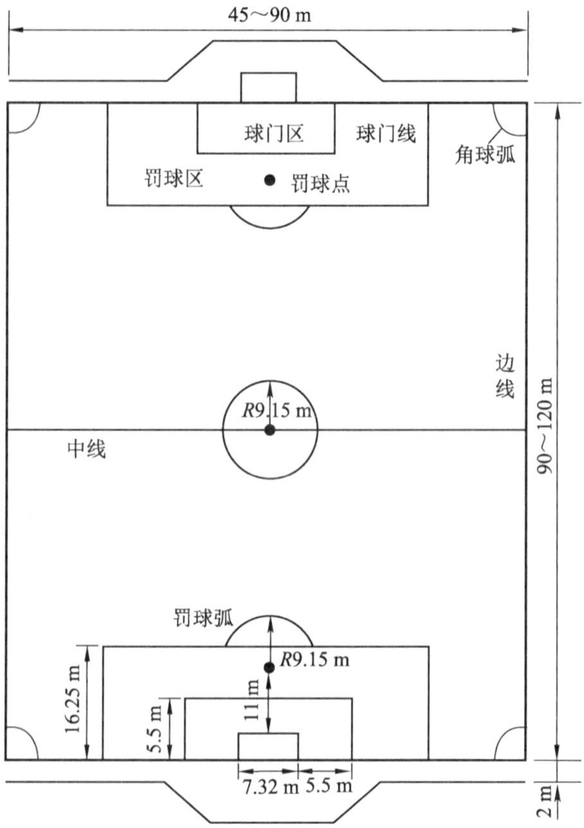

图 6-39 足球场示意图

（二）比赛规则

1. 赛制规则

一场足球比赛应有两支球队参加，每队上场队员不得多于 11 名，其中必须有一名守门员。如果任何一队少于 7 人上场，则比赛不能开始。

比赛分为两个半场，每半场 45 min。特殊情况经裁判员与双方同意另定的除外。比赛中场休息时长不得超过 15 min。

当球的整体从球门柱间及横梁下越过球门线，而此前未违反竞赛规则，即为进球得分。在比赛中，进球数较多的队为胜者。若两队进球数相等或均未进球，则比赛为平局。

2. 犯规及其罚则

1）越位犯规及其罚则

越位犯规是指处于越位位置的队员有干扰比赛、干扰对方队员和利用越位位置获得利益的行为。若队员仅处于越位位置，或在越位位置直接接到同伴的球门球、界外球或角球时，则不属于越位犯规。

越位犯规的罚则如下：裁判员应判由对方队员在越位地点踢间接任意球。如果该队员在对方球门区内越位，那么这个任意球可以在越位时所在球门区内任何地点执行。

2）不正当行为及其判罚

如果队员在比赛中出现下列情形之一，则将被判为犯规，并判由对方在犯规地点踢直接任意球。

（1）拉扯、推、踢（或企图踢）、绊摔（或企图绊摔）、打（或企图打）、跳向或冲撞对方队员。

（2）为了得到对球的控制而抢截对方队员时，触球前触及对方队员。

（3）向对方队员吐唾沫。

（4）故意手球（不包括守门员在本方罚球区内手触球）。

如果队员在比赛中出现下列情形之一，则将判给对方踢间接任意球。

（1）动作具有危险性。

（2）阻挡对方队员。

（3）阻挡对方守门员从其手中发球。

如果守门员在本方罚球区内出现下列情形之一，则将判给对方踢间接任意球。

（1）当手控制球时，在发出球之前持球超过 6 s。

（2）在发出球之后未经其他队员触及，自己再次用手触球。

（3）用手触及同队队员故意踢给他的球。

（4）用手触及同队队员直接掷入的界外球。

素质园地

顽强拼搏的女排精神

2021 年 8 月 2 日，中国女排打响了在东京奥运会上的谢幕之战，并以 3∶0 的成绩击败阿根廷队获得两连胜。比赛结束后，女排姑娘集体向教练鞠躬致谢，教练含泪拥抱了每一位女排姑娘。这一幕，让无数人动容。

在东京奥运之旅中，尽管中国女排在第 3 场小组赛结束后便提前出局，但是她们仍然认真地打好每一场比赛，在逆境中不气馁、不言败，最终用两连胜结束了赛程，捍卫了荣誉。

女排精神不是赢得冠军，而是即使知道不会赢，也会竭尽全力去拼。多年来，中国女排的成绩有高有低，但精神一直在，女排姑娘一直在拼搏，从来没有停下前进的步伐。打不死、冲不垮、压不倒，一分一分咬牙顶，一球一球顽强拼，女排姑娘凭借着“顽强拼搏、团结战斗、勇攀高峰”的精神一路过关斩将，用血性书写荣光。

（资料来源：人民日报，有改动）

第七章

小球运动

学习目标

- 掌握乒乓球运动的基本技术、基本战术、场地和比赛规则。
- 掌握羽毛球运动的基本技术、基本战术、场地和比赛规则。
- 掌握网球运动的基本技术、基本战术、场地和比赛规则。

素质目标

- 培养规则意识，明确规则的重要性。
- 在比赛中公平竞争，尊重竞争对手。

第一节 乒乓球运动

乒乓球运动所用器材简单，易于开展，运动量可大可小，参加者不受年龄、性别等限制。乒乓球在我国有良好的群众基础，深受学生的欢迎。乒乓球比赛通常设有男女单打、男女双打、男女团体和男女混双等 7 个比赛项目。

一、基本技术

（一）握拍方法

1．直握拍方法

动作要领：拇指第一指节与食指第二指节握住球拍的正面，拍柄压住虎口；中指、无名指和小指自然弯曲斜向并列于球拍背面，中指第一指节顶住球拍的后上部使球拍保持平稳，如图 7-1 所示。

2．横握拍方法

动作要领：中指、无名指和小指自然地握住拍柄，拇指在球拍正面，轻贴在中指的旁边，食指自然伸直，斜放于球拍的背面，虎口轻微贴拍，如图 7-2 所示。

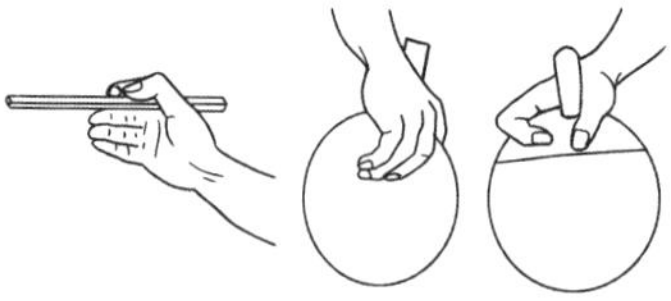

图 7-1　直握拍方法

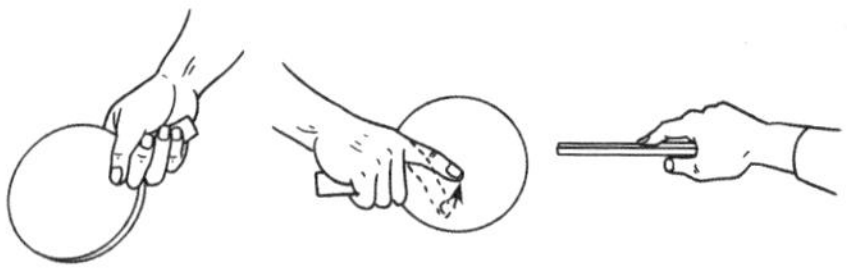

图 7-2　横握拍方法

（二）基本步法

1．单步

单步的特点是移动范围较小，身体重心较为稳定。其多在来球离身体不远的情况下使用。

动作要领：以一只脚的前脚掌为轴，另一只脚向前、后、左、右的某个方向移动一步。

2．跨步

跨步的特点是移动范围较大，身体重心起伏也大。其多在来球急、角度大的情况下使用。

动作要领：一只脚向来球方向跨出一大步，另一只脚跟着移动。

3．滑步

滑步的特点是移动范围较大，身体重心平稳，便于发力。其多在来球角度较大、球速较快时使用。

动作要领：两脚几乎同时向来球方向蹬地，离球远的脚先落地。

4．交叉步

交叉步多在来球离身体较远的情况下使用。

动作要领：离球远的脚朝来球方向跨出一大步，并从前面超过另一只脚，两脚在身前交叉，另一只脚再向来球方向移出一步。

（三）发球方法

乒乓球发球技术

1．正手平击发球

动作要领：将球抛起，拍面稍向前倾，当球下降至稍高于球网时，手臂向左前方发力，挥拍击球的中上部；击球后，球的第一落点应在球台中区，如图 7-3 所示。

2．反手发轻短球

动作要领：手臂先向后上方引拍，当球下降至比球网稍高时，前臂向前下方轻微用力送出，拍面后仰，触球中下部并向底部摩擦击球，如图 7-4 所示。

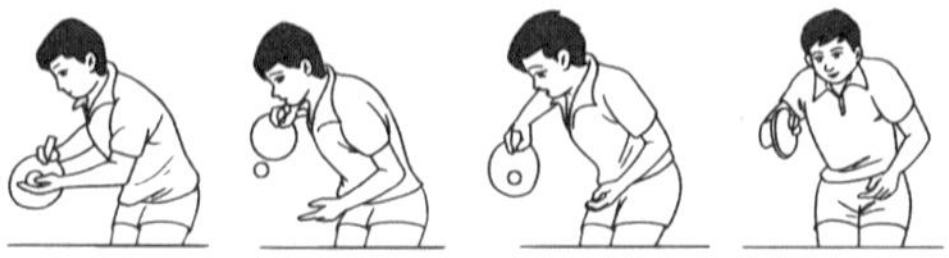

图 7-3　正手平击发球

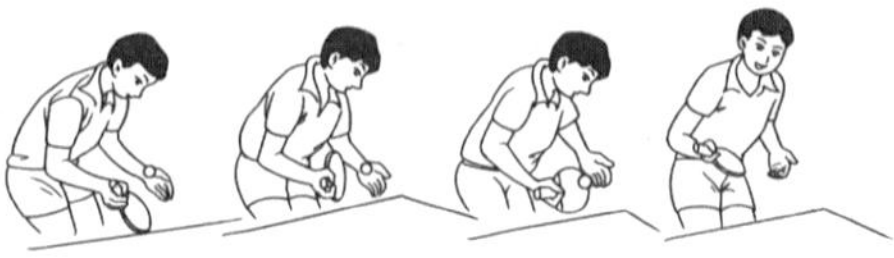

图 7-4　反手发轻短球

3．发下旋球

动作要领：执拍手的上臂带动前臂加速向前下方挥拍，前臂迅速内旋；拍面后仰较大，由球的中下部向底部摩擦击球，如图 7-5 所示。

图 7-5　发下旋球

4．高抛发球

高抛发球具有球速快、旋转强、时间差明显等特点。

动作要领：发球者先将球抛至 2～3 m 高的空中，待球下落至一定高度时，上臂外展，转腰，蹬地，用力将球击出。

（四）常用击球方法

1．推挡球

推挡球包括挡球、快推、快拨和加力推等多种方法，下面主要介绍挡球与快推的击球方法。

1）挡球

动作要领：前臂与台面平行伸向来球；球拍触球时，前臂与手腕稍向前移动，拍面接近垂直，并在来球的上升期击球的中部，如图 7-6 所示。

2）快推

动作要领：引拍时肘关节靠近身体右侧，前臂与台面平行；将球拍后引至左腹前，拍面垂直；击球时，前臂与手腕迅速前伸，食指用力，拇指放松使拍面稍向前倾，并在来球的上升期击球的中上部，如图 7-7 所示。

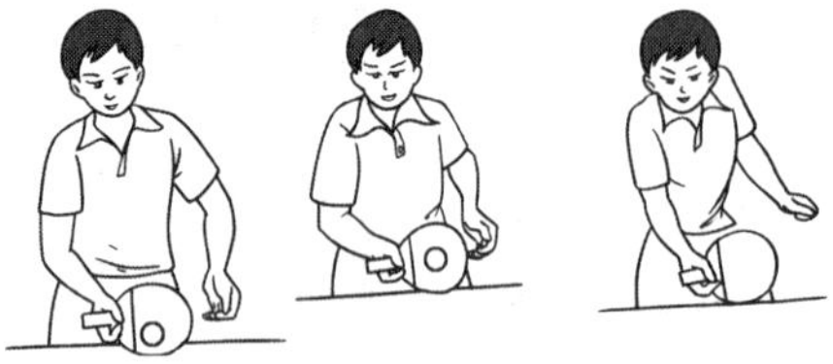

图 7-6　挡球

图 7-7　快推

2．搓球

搓球是近台还击下旋球的一种技术。

动作要领：搓球时，球拍在体前，击球时上臂前伸，拍面稍向后仰，利用上臂前伸与外旋的力量，将球拍向前下方送出，在来球的下降期摩擦球的中下部，如图 7-8 所示。

3．攻球

动作要领：当来球将落至台面时，前臂外展，将球拍后引至身体右侧稍后；当来球从台面弹起时，上臂带动前臂向左前上方快速挥动，并配合前臂内旋动作将拍向前倾，在来球的上升期击球的中上部，如图 7-9 所示。

图 7-8　搓球

图 7-9　攻球

4．弧圈球

动作要领：执拍手沉肩垂臂，引拍至身体后下方，大臂带动前臂向前上方挥拍，并逐渐加快挥拍速度；拍触球时，右脚蹬地，身体向左侧转动，迅速收缩前臂，发力要以腰、手为主，在来球的下降期击球的中部或中上部，如图 7-10 所示。

图 7-10　弧圈球

二、基本战术

（一）推攻战术

推攻战术主要运用正手攻球与反手推挡的速度和力量，并结合落点变化与节奏变化来压制和调动对方，以争取主动或直接得分。

（二）两面攻战术

两面攻战术主要运用正、反手攻球技术的速度与力量来压制对方，以争取主动和创造扣杀机会。

（三）拉攻战术

拉攻战术主要连续运用正手快拉创造进攻机会，然后采用突击与扣杀技术作为得分手段，以争取主动或直接得分。拉攻战术是快攻型打法对付削球类打法的主要战术。

（四）拉、扣、吊结合战术

拉、扣、吊结合战术是由拉攻与放短球组合而成。其是快攻型打法对付削球类打法的常用战术。

（五）搓攻战术

搓攻战术主要运用“转、低、快、变”的搓球来控制对方，以寻找战机，然后采用低突、拉攻等技术展开攻势并连续进攻。

（六）发球抢攻战术

发球抢攻战术主要运用旋转、线路、落点及速度不同的发球来增加对方回击的难度，使其出现机会球或降低回球质量，然后抢先进攻，以争取主动或直接得分。

三、场地与比赛规则

（一）场地与器材

标准的乒乓球台由两块台面组成，每块台面的长为 137 cm，宽为 152.5 cm，球台与地面的距离为 76 cm。台面颜色为海蓝色或墨绿色。球台中间球网的网长为 183 cm，网高为 15.25 cm。乒乓球拍由底板、胶皮和海绵三部分组成。乒乓球呈白色、黄色或橙色，且无光泽。

（二）比赛规则

1. 赛制规则

在单打比赛中，首先由发球员合法发球，再由接发球员合法还击，然后两者交替合法还击。在双打比赛中，首先由发球员合法发球，再由接发球员合法还击，然后由发球员的同伴合法还击，再由接发球员的同伴合法还击，此后，运动员按此次序轮流合法还击。

在一局比赛中，先得 11 分的一方为胜方；10 平后，先多得 2 分的一方为胜方；在一场比赛中，单打淘汰赛采用七局四胜制，双打淘汰赛与团体赛采用五局三胜制。

一场比赛应连续进行，但在局与局之间，任何一名运动员都有权要求不超过一分钟的休息时间。

2. 发球和击球规则

（1）发球规则：发球员将球几乎垂直地向上抛起，不得使球旋转，球的上升高度不低于 16 cm。当球从抛起的最高点下降时，方可击球，使球首先触及本方台区，然后越过或绕过球网装置，再触及对方的台区。

（2）击球规则：对方发球或还击后，本方必须击球，使球直接越过或绕过球网装置，或触及球网装置后，再触及对方台区。

3. 发球次序规则

在一局比赛中，一方运动员在连续发两个球后，就换发球。比分打到 10 平或执行轮换发球法时，每得 1 分就换发球。在双打比赛中，发球与接发球次序不变，但每名运动员每次轮发两个球。

4. 得分规则

除被判重发球的回合之外，下列情况（均是在比赛状态下）运动员得 1 分。

（1）对方运动员未能合法发球。

（2）对方运动员未能合法还击。

（3）运动员在发球或还击后，对方运动员在击球前，球触及了除球网装置以外的任何东西。

（4）对方运动员击球后，该球越过本方端线而没有触及本方台区。

（5）对方运动员阻挡。

（6）对方运动员连击。

（7）对方运动员用不符合规定的拍面击球。

（8）对方运动员或其穿戴的任何东西使球台移动。

（9）对方运动员或其穿戴的任何东西触及球网装置，包括对方运动员因抛乒乓球拍击球时乒乓球拍触网。

（10）对方运动员不执拍的手触及比赛台面。

（11）双打时，对方运动员击球次序错误。

（12）执行轮换发球法时，接发球运动员或其双打同伴，包括接发球一击，完成了 13 次合法还击。

第二节 羽毛球运动

羽毛球运动由网球运动派生而来。其简单易学，器材简单，适合男女老幼，运动量可根据个人的年龄、体质、运动水平和场地环境而定。羽毛球比赛设有男女单打、男女双打、男女团体和男女混双等 7 个比赛项目。

一、基本技术

（一）握拍方法

握拍方法有正手握拍和反手握拍两种，如图 7-11 所示（拍面与地面垂直）。

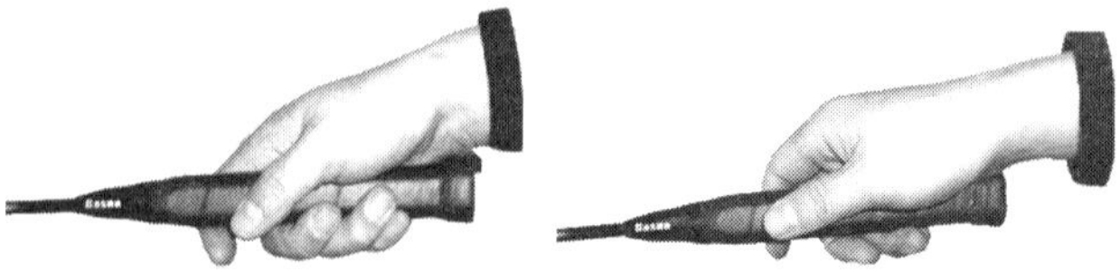

图 7-11 正手握拍法与反手握拍法

1．正手握拍法

动作要领：虎口对着拍柄窄面的小棱边，拇指与食指贴在拍柄的两个宽面上，食指与中指稍分开，中指、无名指和小指并拢握住拍柄。

2．反手握拍法

动作要领：在正手握拍的基础上，拇指与食指稍向外转。

（二）基本步法

1．上网步法

上网步法是完成上网搓球、推球、钩球、扑球及挑球的步法。其主要包括蹬跨步、两步蹬跨步、垫步加蹬跨步和交叉步加蹬跨步等，如图 7-12 所示。

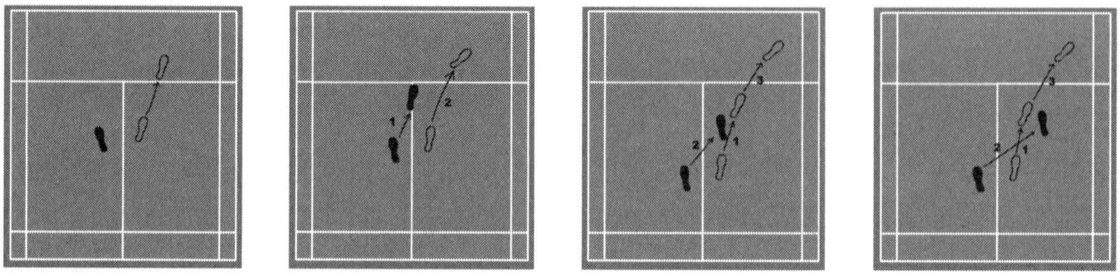

蹬跨步　　两步蹬跨步　　垫步加蹬跨步　　交叉步加蹬跨步

图 7-12 上网步法

2．后退步法

后退步法是指从中心位置后退到底线的步法。其主要包括侧身后退一步步法、侧身并步后退步法和交叉步后退步法等，如图 7-13 所示。后退步法一般用于后退回击高球、吊球、杀球、后场抽球等。

3．两侧移动步法

两侧移动步法是指从中心位置向左、右两侧边线移动的步法。其主要包括向右侧蹬跨步、向右并步加蹬跨步、向左蹬转跨步和向左垫步加蹬转跨步，如图 7-14 所示。两侧移动步法一般用于中场接球、扣杀球或起跳突击等。

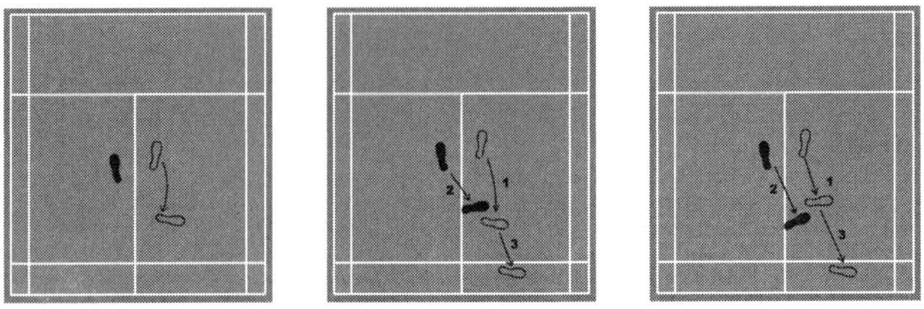

侧身后退一步步法　　侧身并步后退步法　　交叉步后退步法

图 7-13　后退步法

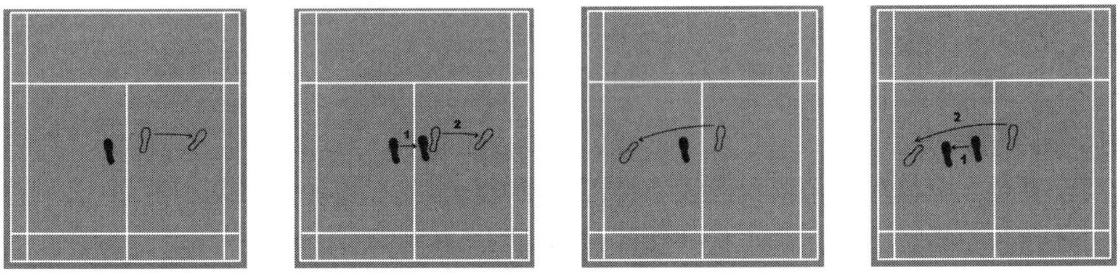

向右侧蹬跨步　　向右并步加蹬跨步　　向左蹬转跨步　　向左垫步加蹬转跨步

图 7-14　两侧移动步法

（三）发球方法

1．正手发高远球

发高远球是指把球发得又高又远，球的飞出方向与地面的夹角大于 45°的一种发球方法。

动作要领：当球落到右臂向前下方伸直能够接触到球的刹那，紧握球拍，并利用手腕屈收的力量向前上方发力击球，然后顺势向左上方挥动缓冲，如图 7-15 所示。

2．正手发平高球

正手发平高球与正手发高远球的动作要领相仿，只是在击球的一刹那，前臂加速带动手腕向前上方挥动，拍面要向前上方倾斜。平高球与高远球的运动轨迹如图 7-16 所示。

图 7-15　正手发高远球

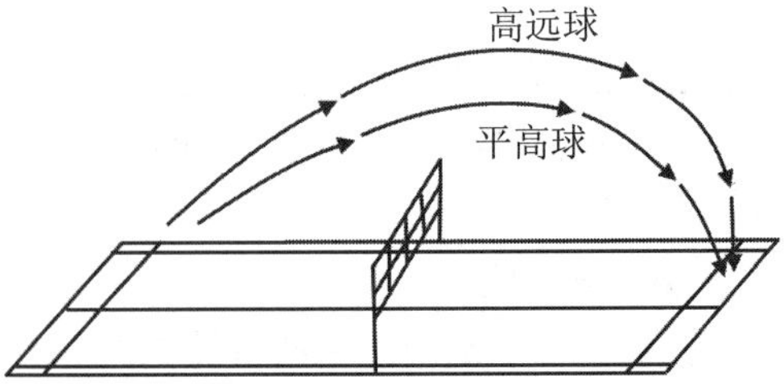

图 7-16　平高球与高远球运动轨迹示意图

3．正、反手发网前球

网前球是指球刚好越网而过，落在发球线附近的球。正手发网前球时，上臂动作幅度要小，主要靠前臂带动手腕向前切送，如图 7-17 所示；反手发网前球时，球拍触球时的拍面应呈切削状，手腕柔和发力，由后向前推送击球，如图 7-18 所示。

图 7-17　正手发网前球

图 7-18　反手发网前球

（四）击球方法

1．正手击高远球

击高远球是指以较高的弧线把球击到对方底线附近的一种击球方法。

正手击高远球的动作要领：球落至额前上方击球点时，上臂往右上方抬起，前臂自然后摆，手腕尽量后伸。前臂急速内旋，向前上方挥动，手腕发力击球的后部，如图 7-19 所示。

2．正手击平高球

正手击平高球与正手击高远球的动作要领相仿，只是在击球的一刹那，手腕是向前用力而不是向前上方用力。

3．正手吊球

吊球是指在中、后场对对方击来的高球运用劈切、拦截的技术动作，使球坠落在对方前场的一种击球方法。

正手吊球的动作要领：球下落到接近击球点高度时，右腿开始蹲伸，身体由右向左转动。腰腹协调用力，上臂带动前臂，利用伸肘关节、前臂内旋和屈腕的力量，向前下方轻击来球，如图 7-20 所示。

图 7-19　正手击高远球

图 7-20　正手吊球

4．正手挑球

挑球是指把对方击来的吊球或网前球挑高，回击到对方后场去的一种击球方法。

正手挑球的动作要领：来球时球拍后引，以肘关节为轴，屈臂内旋，握紧球拍，用食指及手腕的力量将球向前上方击出，如图 7-21 所示。

图 7-21　正手挑球

5．正手扣杀球

扣杀球是指把对方击来的高球全力向下扣压的一种击球方法。

正手扣杀球的动作要领：快速后退，向上引拍。在球开始下落时靠脚尖蹬地的力量起跳，击球时，充分利用腰腹力量，以大小臂带动手腕快速下扣，如图 7-22 所示。

羽毛球高远球和扣杀球演示

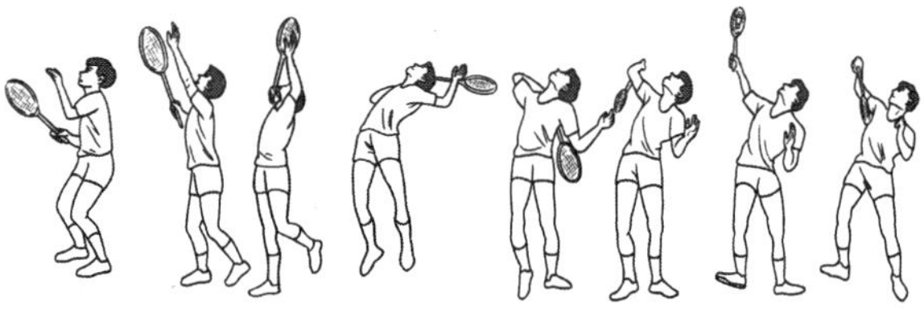

图 7-22　正手扣杀球

二、基本战术

（一）发球抢攻战术

发球抢攻战术是指从发球的第一拍起，争取控制对方，以攻杀得分的一种战术。这种战术一般为发网前低球结合平快球、平高球，争取第三拍主动进攻。

（二）攻后场战术

攻后场战术是指通过击高球、重复压对方的底线两角，造成对方被动，然后寻找机会进攻的一种战术。

（三）攻前场战术

攻前场战术是指先将对方吸引到网前，再攻击其后场的一种战术。需要注意的是，采用此战术的前提是自身要有较好的网前击球技术。

（四）杀上网战术

杀上网战术是指先在后场以杀球配合吊球把球下压，将落点控制在场地两边，致使对方被动回球的一种战术。

三、场地与比赛规则

（一）场地

羽毛球运动的场地长度均为 13.4 m，单打场地的宽度为 5.18 m，双打场地的宽度为

6.1 m。球场四周 2 m 以内、上空 9 m 以内不得有任何障碍物，如图 7-23 所示。

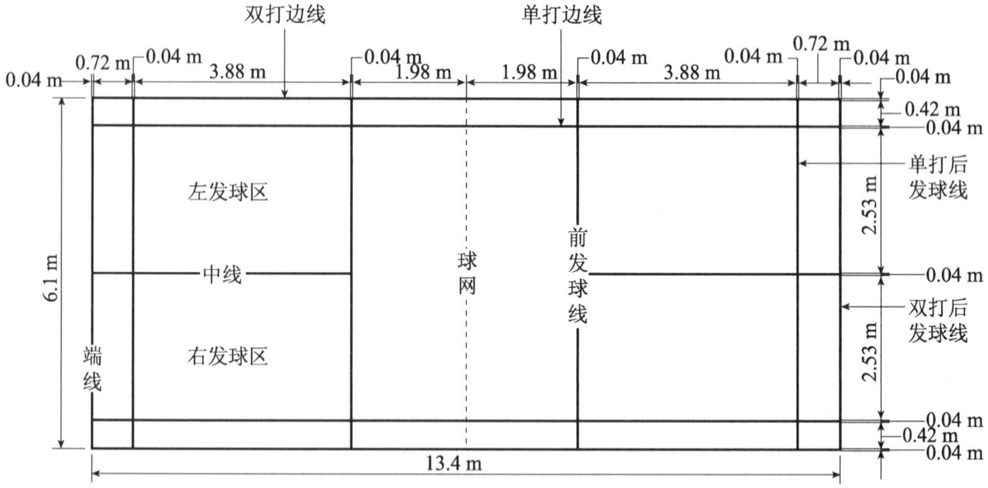

图 7-23　羽毛球运动场地示意图

（二）比赛规则

1．发球、接发球和场区选择

比赛开始时，双方应掷挑边器，获胜方选择先发球或先接发球，并选择场区。

在单打比赛中，当发球方的分数为 0 或偶数时，双方运动员均应在各自的右发球区发球或接发球；当发球方的分数为奇数时，双方运动员均应在各自的左发球区发球或接发球。在一个回合中，球应由发球方与接发球方交替从各自所在场地一边的任意位置击出，直至其成为死球为止。

在双打比赛中，当发球方的分数为 0 或偶数时，发球方应从右发球区发球；当发球方的分数为奇数时，发球方应从左发球区发球。接发球方上一回合最后一次发球的运动员应在原发球区接发球。其同伴接发球的站位则与其相反。接发球员应是站在发球员斜对角发球区的运动员。发球方每得一分后，原发球员变换发球区再发球。

每局比赛的发球权必须按如下顺序传递：首先是发球员从右发球区发球，其次是首先接发球员的同伴从左发球区发球，再次是首先发球员的同伴，从次是首先接发球员，最后是首先发球员发球，如此传递。一局胜方的任意运动员可在下一局先发球；一局负方的任意运动员可在下一局先接发球。

2．计分方法

除非另有规定，一场比赛应以三局两胜定胜负，率先得到 21 分的一方赢得当局比赛。每回合中，取胜的一方得 1 分。如果双方比分打成 20∶20，那么获胜一方需要超过对手 2 分才算取胜；如果双方比分打成 29∶29，那么率先得到 30 分的一方取胜。首局获胜的一方在接下来的一局比赛中率先发球。

第三节 网球运动

网球运动是一项优美而剧烈的运动，能够充分展示个性，放松身心。网球比赛项目包括男子单打、女子单打、男子双打、女子双打、混合双打、男子团体和女子团体等。全英草地网球锦标赛（温布尔登草地网球锦标赛）、美国网球公开赛、法国网球公开赛和澳大利亚网球公开赛是网球运动的四大赛事。

一、基本技术

（一）握拍方法

网球运动中常见的握拍方法有三种，即东方式、西方式和大陆式。为了使学生能够更加直观地理解握拍的方法，这里用拍柄的平面图展示握拍时虎口的位置（此时拍面垂直于地面），如图 7-24 所示。

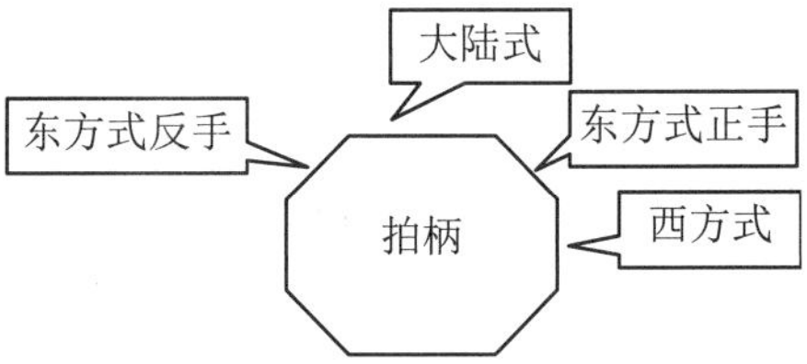

图 7-24　握拍方法示意图

1．东方式

东方式握拍法俗称“握手式握拍法”，包括东方式正手握拍与东方式反手握拍。正手握拍时，拇指与食指呈“V”字形，虎口处在球拍的右上斜面；反手握拍是在正手握拍的基础上，虎口沿逆时针方向移动两个平面，如图 7-25 所示。

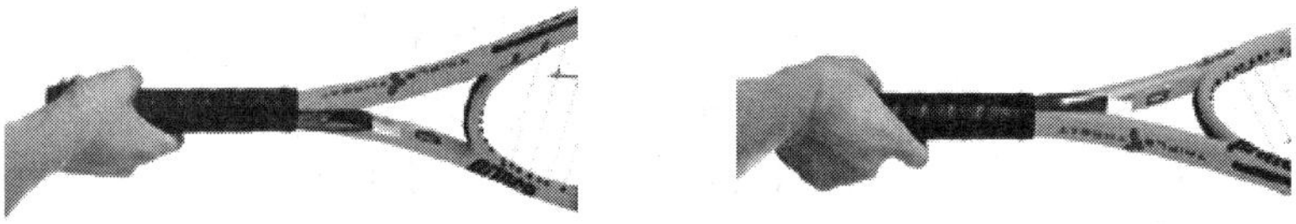

正手握拍　　反手握拍

图 7-25　东方式握拍方法

2．西方式

西方式握拍法俗称“一把抓”，是虎口处于拍柄右平面的握拍方法，如图 7-26 所示。

3．大陆式

大陆式握拍法俗称“握锤式”，是虎口处于拍柄上平面的握拍方法，如图 7-27 所示。

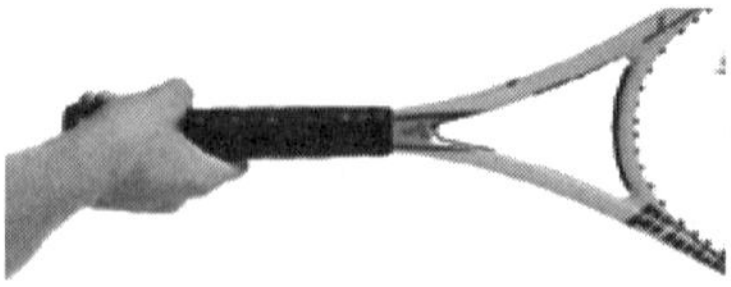

图 7-26　西方式握拍方法

图 7-27　大陆式握拍方法

（二）站位姿势

1. 准备姿势

正手握拍时的准备姿势如下：面对球网，双脚自然分开，两膝微屈，身体略向前倾，重心落在两脚的前脚掌上。右手握拍，左手轻托拍颈，两肘微屈，将球拍自然地放在身前，拍面垂直于地面，拍头指向对方，双眼注视来球方向，做好击球准备，如图 7-28 所示。

2. 挥拍动作

挥拍动作不是单纯地挥动球拍，而是一个从准备姿势开始的连续、完整的动作。挥拍动作由以下六个部分组成。

准备姿势：手臂、肩部等都要放松，如过于紧张，将无法顺利做出挥拍动作。

后摆：后摆动作是指挥拍击球之前的向后挥摆球拍的动作，分为从上向下、直线和从下向上三种后摆方式。做后摆动作的同时，身体应配合转动，如图 7-29 所示。后摆动作应为挥拍动作留有充分的余地，最好在来球刚过网时进行。

前挥：眼睛要盯住球，挥拍时，臂部要尽量伸展，且不要仰头，如图 7-30 所示。

图 7-28　准备姿势

图 7-29　后摆

图 7-30　前挥

击球：手腕固定，以保持拍面稳定，但握拍要放松，待击球的一瞬间再猛力握拍，如图 7-31 所示。

随挥：动作幅度要大，且自然地停止用力，如图 7-32 所示。

回到准备姿势：随挥后的手臂平缓地收回到身体的中心，做好再次击球的准备。

3. 步法

封闭式：以右脚为轴，向右转体、转肩，使左肩对网，身体呈闭锁姿势，如图 7-33 所示。

开放式：以右脚为轴，向右转体、转肩，左脚向右前方跨出，与端线约成 45°角，使左肩对网，身体呈开放姿势，如图 7-34 所示。

半开放式：两脚的连线几乎与端线垂直。半开放式步法有利于减轻上肢的压力，如图 7-35 所示。

图 7-31　击球

图 7-32　随挥

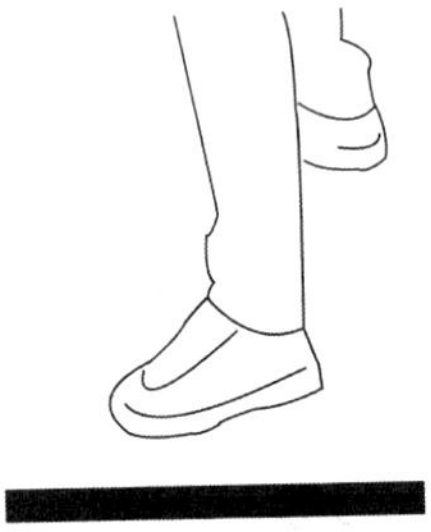

图 7-33　封闭式

图 7-34　开放式

图 7-35　半开放式

（三）常见发球方法

发球时多采用大陆式或东方式握拍方法，发球方法一般有平击发球、切削发球和旋转发球三种。

1. 平击发球

击球点应在右眼的前上方，拍面中心平直对准球，击球的后中上部，身体充分向上向前伸展，以获得最高击球点，提高发球命中率。

2. 切削发球

发球时，把球抛向右侧斜上方，球拍快速从球的右上方往左下方切削击球。

3. 旋转发球

发球时，把球抛向头后偏左的位置，击球时，身体后仰呈弓形，球拍快速从左向右上方挥动，从下向上擦击球的背面，并将其向右带出，使球向右侧上旋。

（四）常见击球方法

1. 正、反拍击球

（1）正拍击球。来球时，向右侧转体，同时带拍后引。右脚向右转，与端线平行，左脚向右前方 45°方向迈出。来球在体前 1 m 左右时，以肩为轴，借助转腰、转髋及蹬腿的力量，挥动手臂，以拍面的中心击球的中部，如图 7-36 所示。

图 7-36　正拍击球

（2）反拍击球。来球时，向左侧转体，同时带拍后引。左脚向左转，与端线平行，右脚向左前方 45°方向迈出，握拍手腕回勾，肘关节弯曲并贴近身体。击球时，转腰回身，重心前移，肘关节外展，由下向上挥拍至身体左前方，如图 7-37 所示。

图 7-37　反拍击球

2．截击球

截击球又称“拦网”，是指来球在落地之前被凌空击回。打截击球时，后引拍动作幅度不宜过大，击球点保持在身体前方约一臂处。击球时，手腕固定，紧握球拍，拍面不要转动。

3．高压球

高压球是指在头部上空用扣杀动作还击来球的方法。打高压球的握拍和击球方法与发球时的动作相似，稍有不同的是，由于对方击过来的球的下落速度比发球时的要快，所以要以幅度较小的身体动作，以及较短且直接的后摆动作来完成击球动作。

4．挑高球

挑高球是使球高高地飞越球网，并落入对方后场区域。当对方上网时，可用挑高球迫使对方后退，为自己赢得回到场中有利位置的时间。击挑高球时，拍面应朝上，由后下方向前上方平缓挥拍，击球的中下部。击球的动作要柔和，但手腕不能放松。

5．放小球

放小球是指将球轻轻击到对方网前。放小球时，拍面稍打开，动作柔和，击球的下部，使之产生下旋，并加以前推或上托动作，使球以适当的弧线落在对方球场近网处，一般离网不超过 1.5 m。

二、基本战术

（一）发球、接发球战术

站在右区发球时，站位应靠近中点，发直线球来迫使对方反手接球；站在左区发球时，站位可以距中点稍远，这样便于以更大斜线发到对方反拍区，同时扩大自己正拍防守的区域。

接发球时，站位应尽量在端线内 0.5 m 左右，即在对方发球区的有效范围内的角分线上，这样可以压制对方，自己上网。

（二）上网战术和底线战术

上网战术是指在发球或接发球后，冲到离网较近的位置，不等对方回击的球落地便进行空中截击或高压的一种战术。上网时，尽可能站在距离球网约 2 m 处，近网进攻威胁性大，封网角度小，防守控制面积大。

在底线击球时，要利用整个场地，使用斜线对拉打法大范围调动对手，以争取时间，寻找有利的进攻时机。击球时，以快速、准确、凶狠的攻势战胜对方。

三、场地与比赛规则

（一）场地

一个标准网球场地的占地面积不小于 36.6 m×18.3 m。在这个面积内，有效的网球运动场地呈长方形，其长度为 23.77 m，单打场地的宽度为 8.23 m，双打场地的宽度为 10.97 m，如图 7-38 所示。

（二）比赛规则

1．发球规则

发球员应站在端线后，中点与边线的假定延长线之间的区域内。每局开始时，从端线后的 A 位置开始发球，发出的球应落在对角的对方发球区的有效范围内（即右区）。当增加 1 分时，换到 B 位置发球，如图 7-39 所示。

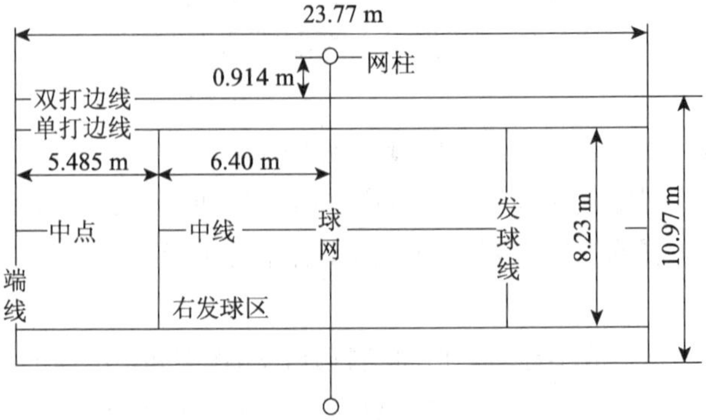

图 7-38　网球运动场地示意图

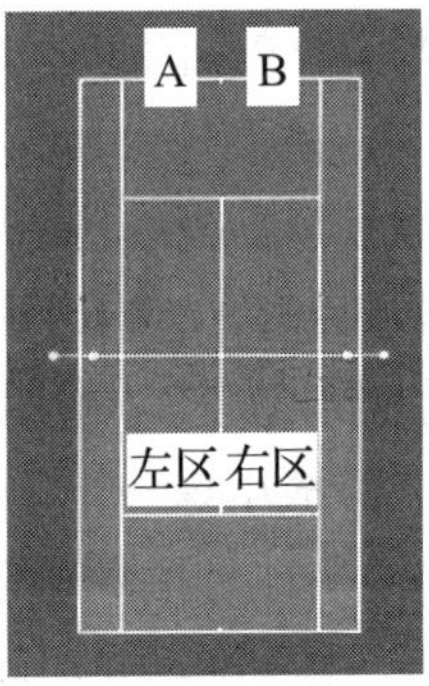

图 7-39　发球规则示意图

2. 计分方法

男子比赛一般采用五盘三胜制，女子比赛多采用三盘两胜制。

1）得 1 分

发球员发出的球落地前触及接球员的身体或穿戴物，本方得 1 分。

发生下列任意一种情况，均判对方得 1 分。

（1）在球第二次着地前，未能还击过网。

（2）还击的球触及对方场区界线以外的地面、固定物或其他物体。

（3）还击空中球失败。

（4）故意用球拍触球超过一次。

（5）运动员的身体、球拍在发球期间触及球网。

（6）过网击球。

（7）抛拍击球。

2）胜 1 局

每胜 1 球得 1 分，先胜 4 分者胜 1 局。双方各得 3 分时为平分，平分后，一方净胜 2 分为胜 1 局。

3）胜 1 盘

一方先胜 6 局为胜 1 盘。双方各胜 5 局时，一方净胜 2 局为胜 1 盘。

当一盘的比分为 6∶6 时，可以采用以下两种计分制：一种是长盘制，即一方净胜 2 局为胜 1 盘；另一种是短盘制（即抢七），先得 7 分者胜该局及本盘。

素质园地

奋斗不止的乒乓球队

2021 年，在东京奥运会上，中国乒乓球队不仅取得了 4 金 3 银的佳绩，还创造了男单四连冠、女单九连冠，以及男团、女团四连冠的新纪录。至此，中国乒乓球队在世界三大赛（奥运会、世界杯、世乒赛）上共斩获了 200 多枚金牌，以傲人的战绩继续领跑世界乒坛。

国际乒乓球联合会终身名誉主席说：“中国乒乓球队并不是‘常胜将军’。我们经历过低谷，也被人打败过，经过好多年的努力才打了‘翻身仗’。不管是输是赢，我们始终都要总结经验与教训。”

（资料来源：新华社，有改动）

第八章

形体运动

学习目标

- 了解形体美的主要表现和形体训练的基本要求。
- 掌握基本姿态训练方法和基本步法练习方法。
- 掌握健美运动的基本技术和比赛规则。
- 掌握体育舞蹈的分类、常用术语、基本技术和比赛规则。
- 掌握瑜伽的呼吸方法和瑜伽拜日式动作。
- 掌握健美操的基本动作和比赛规则。

素质目标

- 加深对形体美的理解。
- 通过形体运动，强身健体，陶冶情操。

第一节 形体训练

一、形体美的主要表现

（一）体形美

人的体形美主要表现在其身高与体重的比例协调。塑造体形美，必须遵循人体生长发育的规律，依据自身的先天条件，通过控制肌肉和脂肪，从而使身体协调、匀称。

（二）姿态美

姿态是指一个人在坐、立、行等各种基本活动中所表现出来的姿势和举止，能突出反映一个人的气质和风度。因此，姿态美也是形体美的一种表现。姿态美的形成必须通过严格的形体训练，使受训者掌握正确的姿态并纠正错误的姿态。

（三）动作美

动作美是指身体各部分在活动中呈现出来的外部形态的美，是一种具有造型性质的动态美。灵活、协调、从容、敏捷地完成动作能较好地展现身体的动态美。

（四）气质美

气质通常是指人典型而稳定的个性特点，是一个人魅力的主要来源。气质的形成与人的体质、神经活动类型等生理特征有关，也受到其家庭环境、文化教育水平和自身修养的影响。所以，一个人要想提升自身的气质，除了加强形体训练，达到体形美、姿态美和动作美，也要全面提高自身的文化素养、道德修养和美学素养。

二、形体训练的基本要求

（1）训练时要穿着有弹性的紧身服装或宽松的休闲服装，穿体操鞋、舞蹈鞋或健身鞋。

（2）训练时不能佩戴饰物，以免对自身产生伤害。

（3）形体训练要有计划、有步骤地开展，循序渐进；训练要持之以恒，力求使受训者系统地掌握形体训练的相关知识和方法。

（4）要保持训练场的整洁和安静。

（5）训练中要注意安全。在做器械练习时，要有专人指导和帮助，使用联合器械时尤其如此。

（6）在训练中和训练后要注意适当补充水分，日常生活中要注意饮食的营养均衡、合理。

（7）在训练过程中，要注意动作与呼吸的协调配合。

三、基本姿态训练

基本姿态包括立、坐、走等。通过站立、就座、行走等基本形体姿态的训练，可以使受训者呈现出良好的气质和美好的仪态，帮助受训者形成富有个性和韵味的美感。

（一）站姿

站姿作为仪态美的起点和基础，应该得到重视和有效的训练。正确的站姿要求头、颈、躯干和脚在一条垂直线上，两脚直立并拢，双肩平而放松，两臂自然垂落，挺胸，收腹，收臀，立腰，立背，颈直，下颌微收，双眼平视前方。

1．立姿控制练习

动作要求：站立时，气要上提，肩要下沉，臀部肌肉收紧；梗颈时，颈部要用力，颈椎略向后收，眼睛平视，如图 8-1 所示。

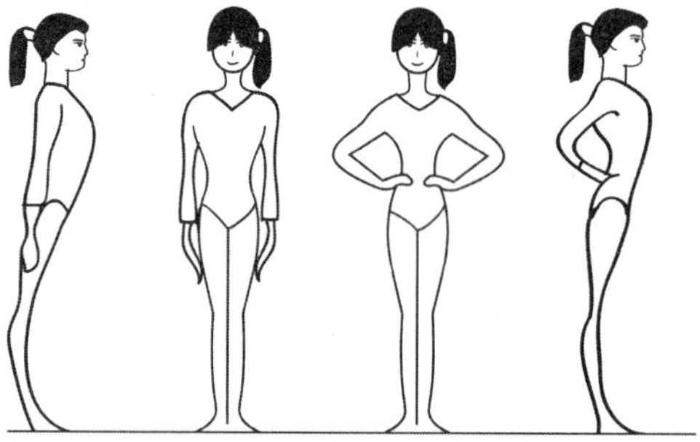

图 8-1　立姿控制练习

2．提踵站立控制练习

动作要求：双脚提踵尽量要高；重心要稳，身体不能晃动，如图 8-2 所示。

3．点地练习

动作要求：保持站立的基本姿势，重心要稳；点地时，脚尖要绷直；前后点地时，脚面向外；侧点地时，脚面向侧倾斜，如图 8-3 所示。

图 8-2　提踵站立控制练习

图 8-3　点地练习

4．移重心转体站立姿态控制练习

动作要求：保持上体挺直，前后点地时脚面向外，侧点地时脚面向侧倾斜，脚尖绷直；注意控制重心，使身体稳定，如图 8-4 所示。

图 8-4　移重心转体站立姿态控制练习

（二）坐姿

女子坐姿的腿部动作为两膝并拢，男子坐姿的腿部动作为两膝稍分开，距离略窄于肩宽。腰背要挺直，肩部放松，挺胸，收腹，脊柱与臀部成一条直线，下颌略收，目视前方。

1．端坐式坐姿（女子）

动作要求：上体挺直，双肩正平，双手自然地放在双腿或扶手上；两膝并拢，小腿垂直落于地面，如图 8-5 所示。

2．双腿斜放式坐姿（女子）

动作要求：两小腿侧向 45°垂落在地面上，注意脚尖不可跷起，如图 8-6 所示。

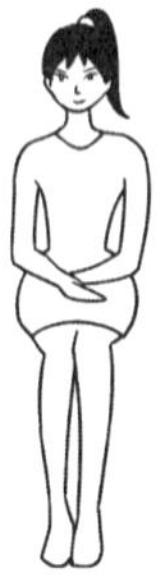

图 8-5　端坐式坐姿（女子）

图 8-6　双腿斜放式坐姿（女子）

3．双脚交叉式坐姿（女子）

动作要求：两脚于脚踝处交叉，两脚前端外侧着地；两膝间保持一定的距离，但也不宜过宽，如图 8-7 所示。

4．伸屈式坐姿（女子）

动作要求：左腿伸出，脚尖绷直，右脚前脚掌着地，左右大腿要紧靠，如图 8-8 所示。

图 8-7　双脚交叉式坐姿（女子）

图 8-8　伸屈式坐姿（女子）

（三）走姿

正确的走姿能够使男子看起来自然稳健、风度翩翩，使女子看起来轻盈自如、优美大方。正确的走姿要求如下：以标准站姿为基础，行走时，头与躯干呈直线状态，目视前方；步位正确，重心平稳，步幅基本一致，双臂自然摆动。

1．走姿分解动作练习

预备姿势：收腹挺胸，开肩梗颈，沉肩紧臀；女子两脚呈“V”字形站立，男子两脚平行呈开立式姿势站立，两脚间距离不超过肩宽；双手自然叉腰，保持站立的基本形态，目视前方，面带微笑。

动作要求：要根据行走速度控制体态；要注意身体重心的前移，蹬地要有力，如图 8-9 所示。

2．行走连续动作练习

预备姿势：同上。

动作过程：迈左脚，右脚蹬地，重心前移至左脚；迈右脚，左脚蹬地，重心前移至右脚，如图 8-10 所示。然后重复上述动作。

动作要求：始终保持上体挺直，收腹挺胸和开肩梗颈的姿势；注意重心的不断前移和身体姿态的不断变化，以形成和谐的美感。

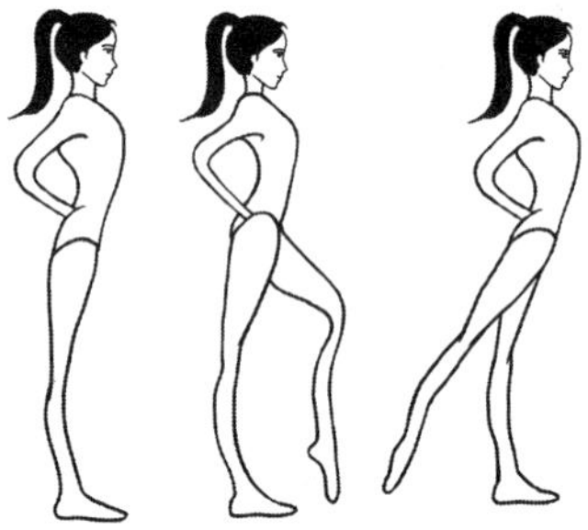

图 8-9　走姿分解动作练习

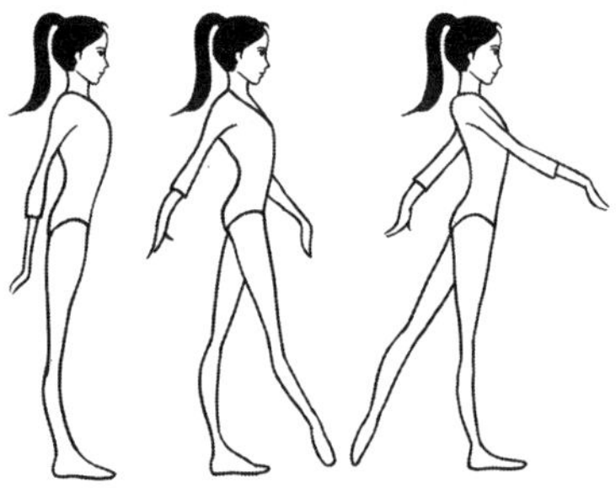

图 8-10　行走连续动作练习

3．步幅控制练习

预备姿势：同上。

动作过程：与“行走连续动作练习”相同，但要在行走时对步幅进行控制，男生的步幅为 40 cm 左右，女生的步幅为 30 cm 左右。一拍一步，反复练习。

动作要求：掌握标准的走姿并严格控制步幅；始终保持上体挺直，收腹挺胸，双眼平视，面带微笑。

4．步位控制练习

预备姿势：同上。

动作过程：与“行走连续动作练习”相同，但要在行走时对步位进行控制，男生走“两点”，女生走“一条线”，如图 8-11 所示。一拍一走，反复练习。

动作要求：行走时，脚尖向前，手臂要自然摆动；男生的步位宜是两条平行线；女生的步位宜是一条直线。

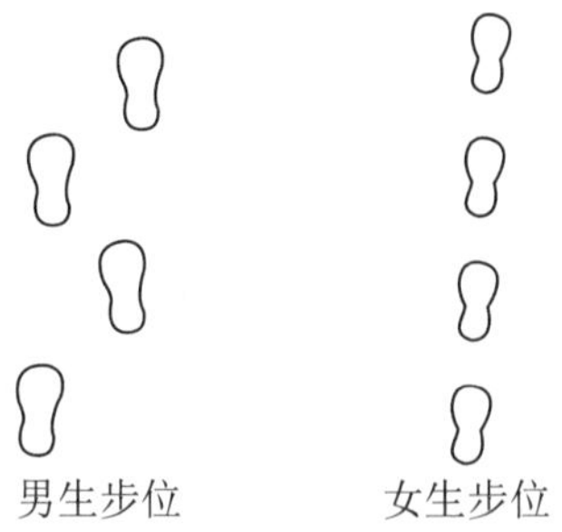

图 8-11　步位控制练习

5．步速控制练习

预备姿势：同上。

动作过程：与“行走连续动作练习”相同，但要求对步速进行控制。男生的步速为每分钟约 110 步，女生的步速为每分钟约 120 步，配合口令或音乐反复练习。

动作要求：在行走练习中，受训者可根据自身条件对步速的标准做适当的调整。

四、基本步法练习

（一）柔软步

动作过程：自然站立，左腿膝部和脚面绷直向前伸出，脚面向外，由脚尖过渡到全脚掌落地，身体重心随之前移，接着换右腿向前伸出落地，两腿依次交替踏步，两臂自然前后摆动，如图 8-12 所示。

动作要求：摆动腿向前伸出时，由脚尖过渡到全脚掌落地，重心前移，收腹立腰，双眼平视。动作要自然、柔和。

（二）足尖步

动作过程：双脚并立提踵，双手叉腰；左腿膝部和脚面绷直向前伸出（脚尖稍向外），由脚尖过渡到前脚掌落地支撑，重心前移，接着换右腿向前伸出落地，两腿依次交替踏步，如图 8-13 所示。

动作要求：身体端正，收腹，立腰，步幅均匀且不宜过大，支撑腿的脚踝充分直立。动作要自然协调，提踵要高，重心要平稳。

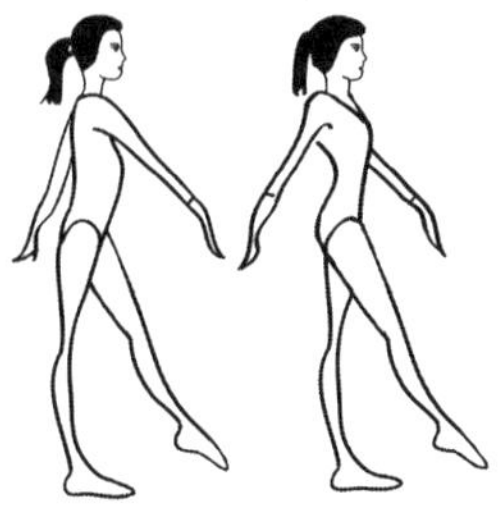

图 8-12　柔软步

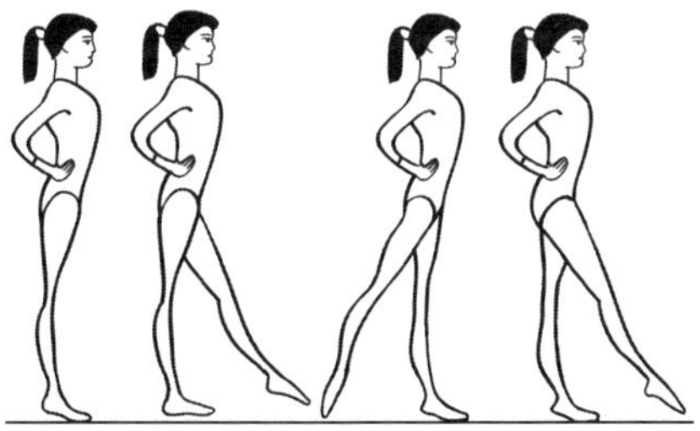

图 8-13　足尖步

（三）弹簧步

动作过程（以左脚为例）：双脚并立提踵，双手叉腰。第一拍，左脚向前一步，同时屈膝微蹲，重心移至左腿。第二拍，左腿伸直提踵，同时右腿向前下方伸，膝部与脚面绷直，如图 8-14 所示。第三至第四拍动作同第一至第二拍，只是换右脚做。

动作要求：出脚时，由脚尖过渡到全脚掌柔和落地，依次有控制地弯曲踝、膝关节，接着依次充分伸直膝、踝关节，上提身体重心，形成提踵立，上体端正，收腹立腰，步幅不宜过大。动作要柔和、连贯、有弹性，步幅要适中。

图 8-14　弹簧步

（四）滚动步

动作过程：双脚并立提踵，双臂自然下垂。第一拍，左脚柔和地由脚尖过渡到全脚掌落地，重心移至左腿；右腿屈膝，脚面绷直，向前迈出一小步并以脚尖点地，同时两臂前后自然摆动（左前右后）。第二拍，经双脚提踵立后身体重心右移，右脚全脚掌落地，左脚屈膝向前迈步，脚尖点地，同时两臂前后自然摆动（右前左后），如图 8-15 所示。

动作要求：在两脚提踵立的过程中交替转移重心，同时上体端正，收腹，立腰，髋部上提。注意膝部向前，小腿和脚背与地面垂直，动作要连贯、柔和、有弹性。

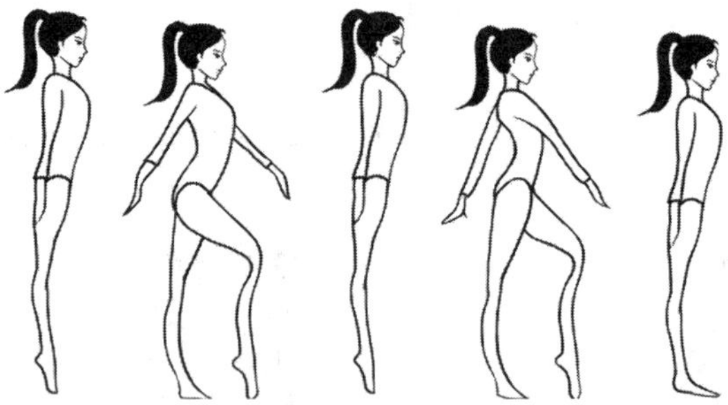

图 8-15　滚动步

（五）加洛波步（并步跳）

动作过程（以左脚向前并步跳为例）：自然站立。第一拍，左脚向前一步，重心随之前移，左腿稍屈膝，形成小弓步，接着左脚蹬地跳起，同时右脚向左脚靠拢，两脚脚跟前后重叠放置，最后恢复自然站立。第二拍，左脚继续重复上述动作，如图 8-16 所示。

动作要求：向前迈步的腿屈膝蹬地跳起，后腿向前腿并拢，双腿夹紧，膝和脚面绷直，收腹，立腰。动作要连贯，并保持身体端正。

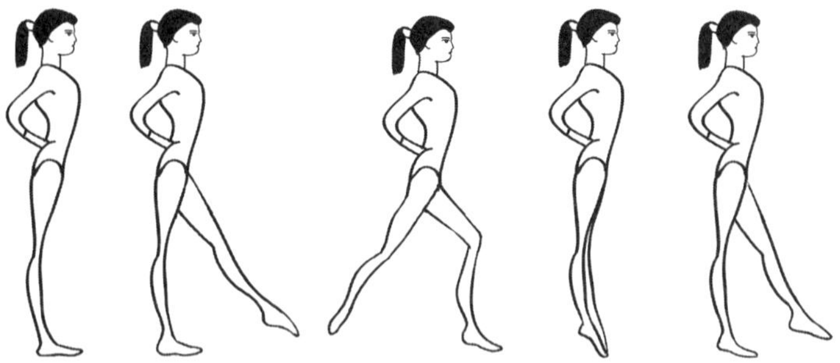

图 8-16　加洛波步

（六）踏跳步

动作过程：自然站立。第一拍，左脚向前一步。第二拍，左脚蹬地跳起，同时右腿直膝后举，脚面绷直稍向外，如图 8-17 所示。第三至第四拍动作同第一至第二拍，只是换右脚做动作，方向相反。

动作要求：踏跳时，上提身体重心，上体端正，收腹，立腰，腿的后举动作与蹬地腿的起跳动作要同时进行。注意动作节奏要准确，身体要舒展，姿态要优美。

图 8-17　踏跳步

（七）变换步

1．普通变换步

动作过程：自然站立，双手叉腰。在第一拍的上半拍，左脚向前做柔软步；在第一拍的下半拍，右脚与左脚并立。第二拍，左脚向前做柔软步，重心前移，右脚伸直后点地，如图 8-18 所示。第三至第四拍动作同第一至第二拍，只是换右脚做动作。

动作要求：做普通变换步时，收腹，立腰，上体端正，髋要正，后腿伸直点地，膝与脚面外旋。动作要连贯、协调、舒展。

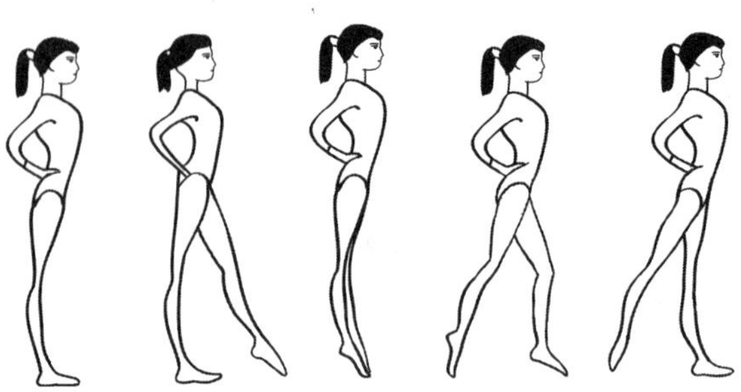

图 8-18　普通变换步

2．后举腿变换步

动作过程：前三拍动作同“普通变换步”，在第四拍时，右腿伸直后举，如图 8-19 所示。髋正，膝和脚面绷直稍向外。在动作熟练以后，可尝试支撑腿提踵立。

动作要求：收腹，立腰，保持上体端正，髋要正，后腿伸直举起。动作要舒展、连贯、协调。

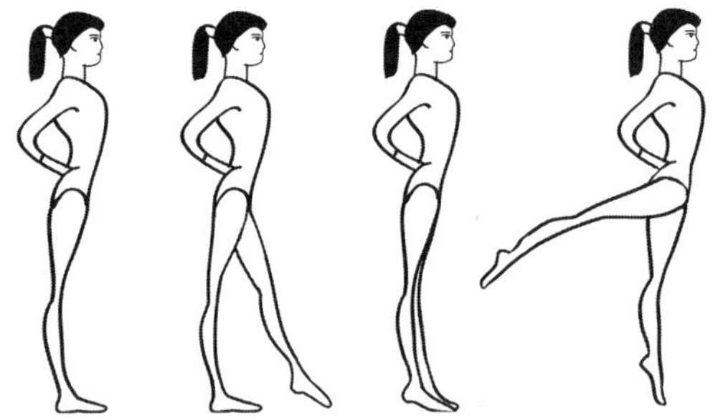

图 8-19　后举腿变换步

3．变换步跳

动作过程：动作要领与后举腿变换步相仿。自然站立，双手叉腰。第一拍，左脚向前并步跳。第二拍，左脚上步蹬地跳起，右腿在空中后举，呈后举腿姿势，如图 8-20 所示。第三至第四拍动作同第一至第二拍，只是换右脚做动作。

动作要求：支撑腿稍屈膝，蹬地向上跳起，使身体重心上升，收腹，立腰，抬头挺胸，后举腿伸直。注意空中姿态要准确，动作要协调、伸展、连贯。

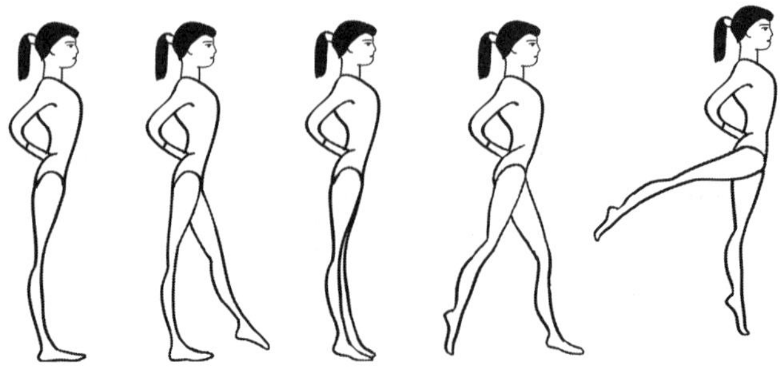

图 8-20　变换步跳

第二节 健美运动

健美运动是指采用专门的动作及方式进行肌肉锻炼，以使肌肉发达、增强体力，改善形体和陶冶情操为目的的活动。健美运动不仅包括以比赛为目的的竞技健美，也包括以减肥或改善体形、体态为目的的群众性健美活动。

健美运动既可以徒手进行，如练习各种徒手健美操、韵律操、形体操和各种自抗力（用人体自身的能力与训练动作产生对抗的力量）动作；也可配合各种各样的运动器械进行。常见的运动器械如杠铃、哑铃、壶铃等举重器械，单杠、双杠等体操器械，以及弹簧拉力器、滑轮拉力器、橡筋带和各种特制的综合力量练习器等。

一、健美运动的基本技术

健美运动中对肌肉的锻炼方式多种多样，既有动作组合练习，又有针对身体各个部位肌肉的单项练习。下面主要介绍锻炼身体各个部位肌肉的基本技术。

（一）肩部肌群锻炼

1．前平举

（1）重点锻炼部位：三角肌前束。

（2）动作过程：两脚开立至与肩同宽，挺胸收腹，双手正握哑铃或杠铃，双臂下垂于腿前；吸气，直臂持铃向上举起至稍高于肩，稍停；呼气，直臂徐徐放下还原至腿前，如图 8-21 所示。

（3）动作要求：上举和下落时全身保持直立，双臂保持直伸。

2．侧平举

（1）重点锻炼部位：三角肌中束。

（2）动作过程：两脚开立至与肩同宽，双手握哑铃，两臂下垂于身体两侧；吸气，直臂向侧上方举起至略高于肩，稍停；呼气，两臂徐徐放下还原，如图 8-22 所示。

（3）动作要求：上举和下落时全身保持直立，不要摇摆弯曲，臂部保持直伸。

3．俯立侧平举

（1）重点锻炼部位：三角肌后束和上背肌群。

（2）动作过程：两脚开立至比肩稍宽，向前屈体 90°，双手握哑铃，两臂直垂肩下；吸气，直臂从两侧平举起哑铃至与地面平行，稍停；呼气，两臂徐徐放下还原，如图 8-23 所示。

（3）动作要求：练习过程中上体不能上下摆，并保持腰背平直。

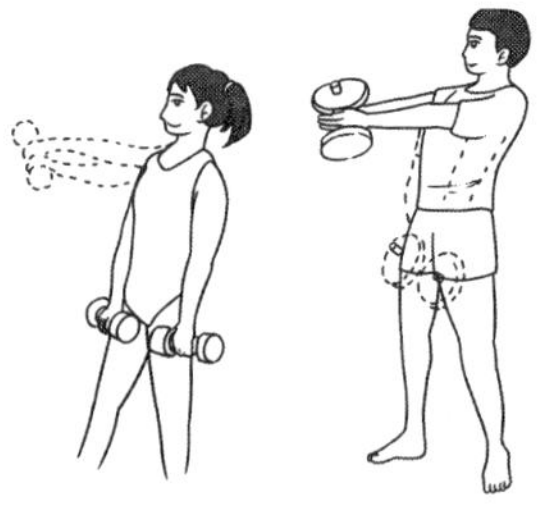

图 8-21　前平举

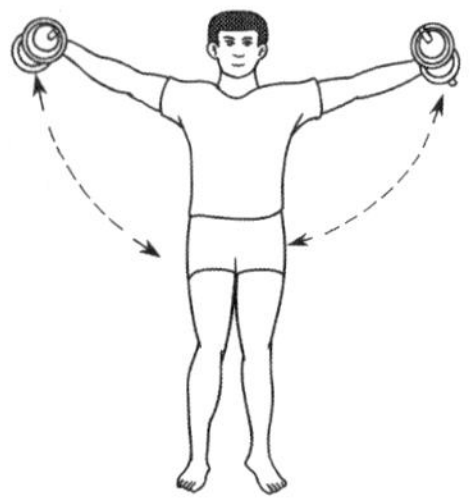

图 8-22　侧平举

图 8-23　俯立侧平举

（二）胸部肌群锻炼

1．仰卧推举

（1）重点锻炼部位：胸大肌、三角肌前束和肱三头肌。

（2）动作过程：仰卧在卧推凳上，屈臂握杠铃置其于胸部上方；吸气，将杠铃垂直上举至双臂完全伸直，稍停；呼气，双臂慢慢下落还原，如图 8-24 所示。

（3）动作要求：上举时，背部、臀部要平贴凳面，两脚用力下踏。

2．仰卧飞鸟

（1）重点锻炼部位：胸大肌外侧的中、下部肌肉群。

（2）动作过程：仰卧在卧推凳上，双手拳心相对持哑铃，双臂向上直伸至与地面垂直，两脚平踏地面；吸气，两手向两侧下落，直到不能更低时止，保持两肘微屈，稍停；呼气，两臂从两侧向上回到起始位置，如图 8-25 所示。

（3）动作要求：分臂时，背部肌肉要收紧。

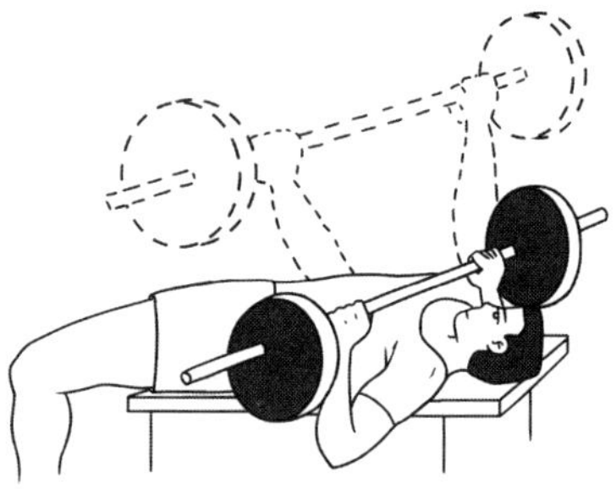

图 8-24　仰卧推举

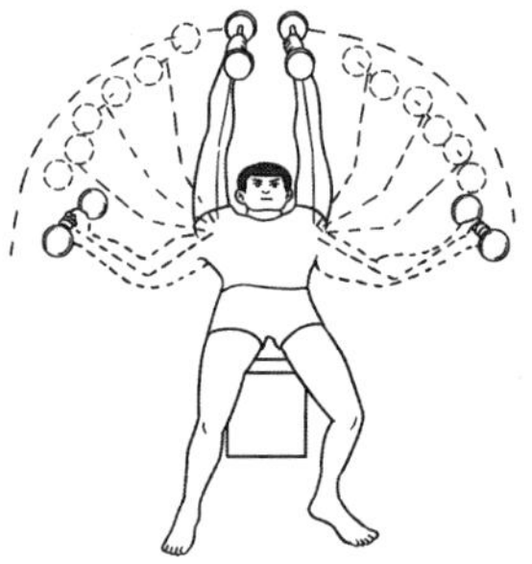

图 8-25　仰卧飞鸟

（三）背部肌群锻炼

1．杠铃俯身划船

（1）重点锻炼部位：背阔肌。

（2）动作过程：两脚开立至与肩同宽，双手正握杠铃，握距比肩稍宽，双臂完全伸直；微微屈膝，使上体前屈 45°；持杠铃在身前，稍低于膝部；收紧肩胛骨，绷紧上体，将杠铃提至上腹部，稍停；缓缓下落，回到起始位置。

（3）动作要求：提拉时，应努力避免两腿与臀部参与发力；始终保持微微屈膝，身体角度保持不变；在整个提拉过程中，保持后背绷紧；首次尝试时，应使用稍轻的杠铃缓缓提拉。

2．俯卧两头起

（1）重点锻炼部位：竖脊肌。

（2）动作过程：俯卧在垫子上，双臂向头部上方伸直，双腿伸直；吸气时，双臂和双腿同时向上抬离地面，稍停；然后慢慢呼气，放松。

（四）臂部肌群锻炼

1．站立反握弯举

（1）重点锻炼部位：肱二头肌和屈肘肌群。

（2）动作过程：两脚开立至与肩同宽，双手反握杠铃，双臂下垂；吸气，屈肘，弯起前臂到能力范围内的最高点，同时收缩肱二头肌，稍停；呼气，松展肘关节，让前臂徐徐下落至双臂完全伸直，如图 8-26 所示。

（3）动作要求：练习时上臂要紧贴体侧，不能前后移动，身体也不能前后晃动。

2．颈后臂屈伸

（1）重点锻炼部位：肱三头肌和伸肘肌群。

（2）动作过程：身体直立，双手正握或反握杠铃，双臂上举伸直；上臂不动，慢慢屈肘，使器械下降至头后，稍停；继续保持上臂不动，伸肘，臂上举还原，如图 8-27 所示。

（3）动作要求：练习时肘要高抬，两肘夹紧，不要前后移动。

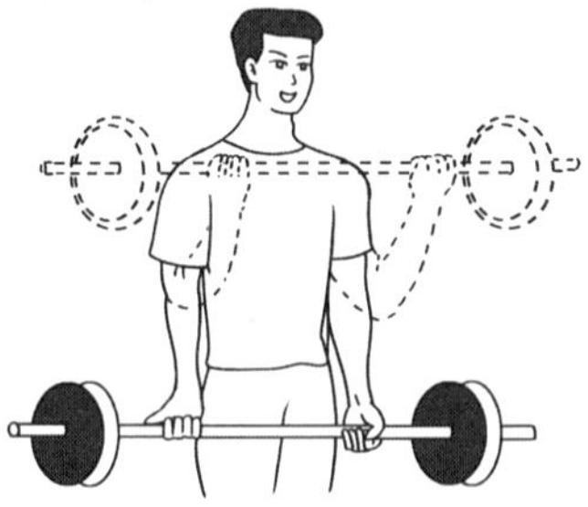

图 8-26　站立反握弯举

图 8-27　颈后臂屈伸

（五）腰腹部肌群锻炼

1．仰卧起坐

（1）重点锻炼部位：腹直肌和髂腰肌。

（2）动作过程：仰卧在垫上（或凳子、斜板上），固定双足，双手在头后交叉抱头；吸气，卷腹，上体抬起并尽量向前屈；呼气，慢慢倒体还原，如图 8-28 所示。

2．仰卧转体起坐

（1）重点锻炼部位：腹直肌和腹内外斜肌。

（2）动作过程：仰卧，双手抱头，双足固定；卷腹，抬起上体，同时身体左转或右转至肘部触及异侧腿；然后还原，如图 8-29 所示。

图 8-28　仰卧起坐

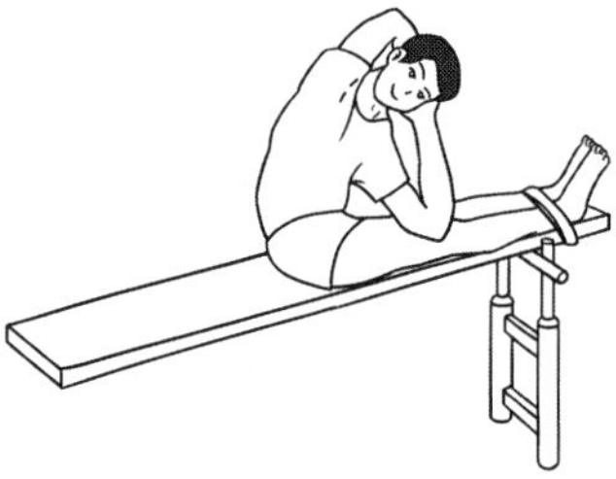

图 8-29　仰卧转体起坐

（六）腿部肌群锻炼

1．负重深蹲

（1）重点锻炼部位：股四头肌和臀大肌。

（2）动作过程：两脚开立至与肩同宽，双手宽握杠铃放于颈后肩上；呼气，慢慢下蹲至两膝完全弯曲，或至大腿与地面平行，稍停；吸气，用大腿股四头肌和臀大肌收缩的力量使身体起立还原，如图 8-30 所示。

（3）动作要求：下蹲时要挺胸，收腹，收紧腰。

2．负重提踵

（1）重点锻炼部位：腓肠肌和比目鱼肌。

（2）动作过程：双手宽握杠铃放于颈后肩上，前脚掌站在垫木（或砖头）上，脚跟露在垫木外；吸气，小腿腓肠肌用力上收，提踵，稍停；呼气，放下脚跟还原，如图 8-31 所示。

（3）动作要求：脚跟上提和下降时要注意保持身体重心稳定；下降时，要让脚跟低于垫木面。

图 8-30　负重深蹲

图 8-31　负重提踵

二、健美运动的比赛规则

（一）比赛项目

健美运动的比赛项目主要有：男子个人、女子个人、男女混合双人、女子双人（国际比赛不设）和集体造型表演（男女比例不限，每队 5～8 人）。

（二）比赛场地与器材

健美比赛在赛台上进行。赛台必须挂有背幕和配备相应的赛台装置。背幕必须为深色，其高度不得低于 6 m，宽度不得少于 15 m。赛台上可设置表演台。表演台长为 9 m，宽为 1.5 m，高为 3 m，可制成拼接式。赛台和表演台上必须铺浅色地毯。赛台光照必须均匀，且应使用暖色灯。赛台和背幕不得有重影。

后场必须配置供运动员热身活动的器材。在称量体重室和运动员的住址必须配置相同式样的标准磅秤（弹簧秤除外）。在丈量身高室和运动员的住址必须配置相同式样的标准量具。

（三）比赛时长

男子个人和集体造型的比赛时长为 60 s；女子个人的比赛时长为 90 s；男女混合双人和女子双人的比赛时长为 120 s。

其他各项比赛的时长一般在 90 s 左右，最多不超过 120 s。在比赛过程中，运动员应根据裁判长的口令开始、转换或结束动作。

（四）比赛动作

（1）男子个人项目的 7 个规定动作：① 前展肱二头肌（左右两侧）；② 前展背阔肌；③ 侧展胸部（左右不限）；④ 后展肱二头肌（左右两侧）；⑤ 后展背阔肌；⑥ 侧展肱三头肌（左右不限）；⑦ 前展腹部和腿部。

（2）女子个人项目的 5 个规定动作：① 前展肱二头肌（左右两侧）；② 侧展胸部（左右不限）；③ 后展肱二头肌（左右两侧）；④ 侧展肱三头肌（左右不限）；⑤ 前展腹部和腿部。

（3）男女混合双人项目的 5 个规定动作：与男子个人和女子个人的规定动作相同。

（4）自选动作：运动员应从前、后、左、右 4 个面来展示体形和肌肉。男子的动作数量不得少于 15 个；女子的动作数量不得少于 20 个。每个造型应有短暂的停顿。

（五）评分标准

1. 男子个人评分标准

（1）肌肉标准：评价运动员全身肌群的围度、质量和状态等。

（2）匀称标准：运动员应具有匀称的骨架、端正且比例协调的人体外观，以及美观的肌肉形态等。

（3）造型标准：造型是指运动员通过控制肌肉以展示身体各部分肌群的动作。造型评价标准具体包括：运动员的规定动作规范，造型连贯、流畅，具有艺术感，气质与音乐、动作融为一体，整套动作表现出鲜明的个性等。

（4）皮肤标准：评价运动员全身皮肤的健康情况，如皮肤光洁，肤色均匀，无斑痕。

2. 女子个人评分标准

（1）肌肉标准：肌肉发达，有围度，线条清晰。

（2）匀称标准：四肢比例协调，肌肉分布匀称。

（3）造型标准：动作规范，造型连贯、流畅。

（4）外表标准：五官端庄，发型与脸型和谐，皮肤光洁，肤色均匀。

3．男女混合双人评分标准

男女混合双人评分标准包括：运动员体形与肌肉发展水平协调；肌肉展示的姿势、节奏、幅度、体位和舞台气势等方面协调；能够准确完成规定动作，配合默契；自选动作整齐、一致。

4．集体造型评分标准

集体造型评分标准包括：队形变化连贯，队员精神振作，肌肉发达、体形匀称，表演富有创造性，造型具有整体性和艺术性。

第三节 体育舞蹈

体育舞蹈又称“国际标准舞”，是集体育、舞蹈和音乐为一体，以优美的舞姿为表现形式的一种步行式双人舞。由于体育舞蹈在强度、力度和速度方面有一定的竞技标准，所以将其划入体育类运动。

一、体育舞蹈的分类

体育舞蹈是男女为伴的竞赛项目。按照舞蹈的风格和技术结构分类，体育舞蹈可分为摩登舞和拉丁舞；按照竞赛项目分类，体育舞蹈可分为摩登舞（又称“现代舞”）、拉丁舞和团体舞（又称“队列舞”）。

摩登舞包括华尔兹、维也纳华尔兹、探戈、狐步舞和快步舞 5 个舞种。拉丁舞包括伦巴舞、恰恰舞、桑巴舞、牛仔舞和斗牛舞 5 个舞种。团体舞是拉丁舞和摩登舞的混合舞，由 8 对选手参加，将 10 种舞姿编排在一支舞中，通过群体的动作配合和队形的变化来表现舞蹈特点。

二、体育舞蹈的常用术语

（一）舞程向

舞程向是指整套舞蹈行进的方向。为了避免舞者之间相互碰撞，体育舞蹈规定在舞场起舞时应按照一定的方向行进。

（二）舞程线

舞程线是一条设想的线，是舞者沿舞程向行进的路线。舞程线的长线为 A 线，短线为 B 线。

（三）方位

方位是以舞程线为标准来确定舞者的脚所指的方向与舞池的位置关系。其用于舞者在跳舞时准确地辨别身体与舞池的相对位置和检查旋转的角度。一般以主席台的方向为方位的基点，并定为“1”点，然后按顺时针方向，每转动 45°就设置一个方位，依此方式，在舞池中设置 8 个方位，如图 8-32 所示。

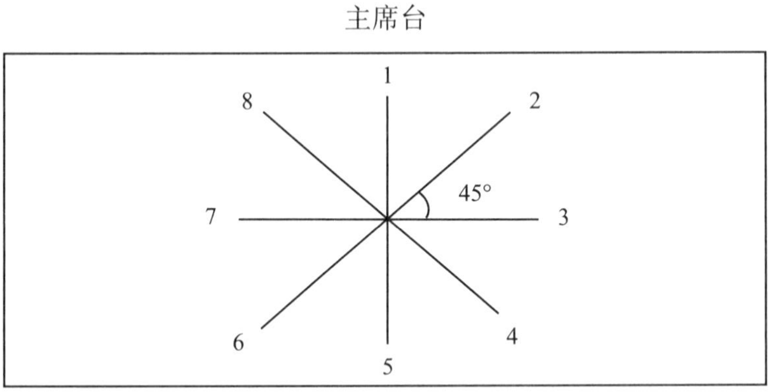

图 8-32 方位示意图

在国际体育舞蹈中，还设置了 8 条线来为舞者指示其每个舞步的行进方向，如图 8-33 所示。

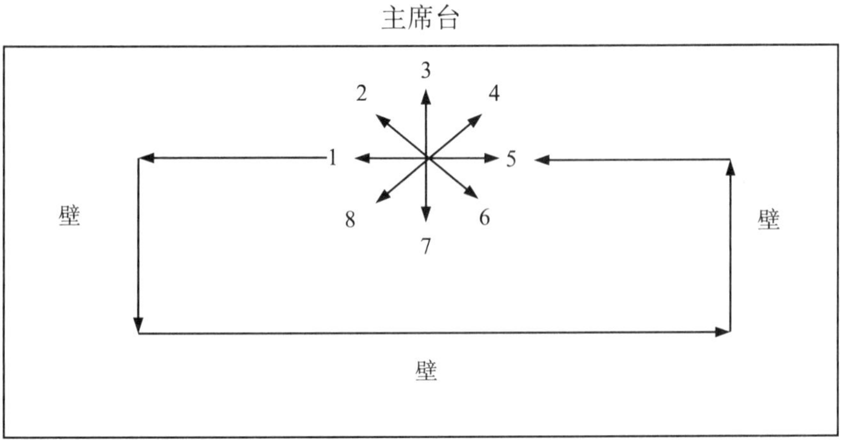

1——面对舞程线 2——面斜壁线 3——面对壁线 4——背斜中央线
5——背对舞程线 6——背斜壁线 7——面对中央线 8——面斜中央线

图 8-33 舞步的行进方向示意图

（四）角度

角度是指舞者跳舞时脚位方向变化的角度，通常以圆的切分法来表示。旋转 1 周表示 360°；1/8 周表示 45°；1/4 周表示 90°；3/8 周表示 135°；1/2 周表示 180°；5/8 周表示 225°；3/4 周表示 270°；7/8 周表示 315°。

（五）身体位置

身体位置是指舞蹈开始或结束时，舞者的身体与舞池的位置关系。身体位置的确认方法与舞步行进方向的确认方法一致。舞者可根据舞蹈编排的需要，选择或改变身体位置，以突出舞蹈的风格特点和表演效果。

（六）脚位

常见脚位包括左脚或右脚前进、左脚或右脚后退、左脚或右脚向侧、左脚或右脚斜进、左脚或右脚斜退等。

（七）转度

转度是指舞者在跳舞过程中旋转的角度。

（八）节奏

节奏是指音乐中交替出现的有规律的强弱、长短的现象。舞者按照音乐节奏的变化调整舞步，可以展现出不同舞姿的风格特点。

三、体育舞蹈的基本技术

体育舞蹈中，摩登舞与拉丁舞的风格有很大差别，各舞种的舞程向、握持姿势、动作要领等也不尽相同。本节将以摩登舞中的华尔兹和拉丁舞中的伦巴舞为例，讲解一些基本的舞步。

（一）基本腿部动作

1．常步

常步又称“散步”“走步”，分为前进步和后退步两种。前进时，舞者首先以全脚掌触地，然后转为以前脚掌触地，向前迈腿时脚跟擦地向前，脚跟着地后过渡到脚趾触地，身体重心随之移到前腿上；后退时，首先以全脚掌触地，然后转为以前脚掌触地，向后出腿时用脚尖擦地向后，脚趾着地后过渡到脚跟着地，重心随之移到后腿。

2．横步

横步有左横步和右横步之分。做左横步时，左脚以全脚掌向左侧迈一步，距离约与肩同宽，右脚用前脚掌向左脚靠拢，身体重心移到靠拢过来的右腿上；做右横步时，动作要领相仿，只是方向相反。

3．并步

并步分为向前并步、向后并步和侧方并步 3 种。以向前并步为例，左脚向前迈一步，身体重心随之前移，右脚用前脚掌向左脚靠拢。

4．摇摆步

摇摆步分为左右摇摆步和前后摇摆步两种。做前后摇摆步时，左脚向前迈一步，身体重心前移，然后重心后移，重心再向前移，之后再向后移，形成前后摇摆状；左右摇摆步与前后摇摆步的动作要领相仿，不同的是身体重心变为向左和向右移动。

（二）移动

移动时要保持脚、身体与重心的一致性，只动脚不动身体或只动身体不动脚都是不正确的。转换重心时要稳，不能有颠簸的感觉，应保持肩部和脊柱的稳定，身体挺直但不僵硬；尽量用前脚掌支撑身体重量；髋部不要扭动，向侧方移动时将髋部的倾斜程度降到最低。

脚在移动过程中要保持脚尖轻轻地与地面接触，脚趾不要用力在地面上拖，而是要轻盈地划过地面。

（三）摩登舞的握持姿势

1．闭式握持姿势

在摩登舞中，以闭式握持姿势（见图 8-34）最为常见，其动作要领如下。

（1）男女舞伴相对站立，双腿并拢，两膝自然放松。男士与女士的两脚相距 10～15 cm，右脚尖对准对方两脚中间。

（2）双方身体均稍前倾。男士的身体重心在右脚，挺胸立腰沉肩，收腹微提臀，髋部向左微转约 15°；女士的身体重心在左脚，收腹提臀，紧腰沉肩，胸肋以下至大腿根部的左腹与对方接触。

（3）男士头部端正；女士头部向左转约 45°，含颌，颈部尽量向上拉，胸部伸展。

（4）男士双臂侧平举，两肘保持水平，左臂弯曲约 90°，左肘比肩低 5～10 cm，左手高度与女士右耳齐平，右臂弯曲 70°～80°；女士双臂侧平举，两肘保持水平，右臂弯曲约 150°，左臂轻贴在男士的右臂上。

（5）男士的左手虎口与女士的右手虎口相交，握于女士的小指下方，掌心空出；女士的左手虎口张开，放在男士的右上臂三角肌下部，拇指在内侧，其他四指在外侧，腕部和小臂放平，不得凸起。

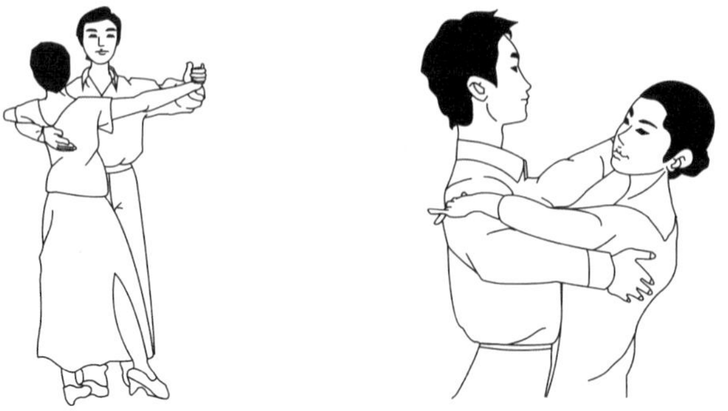

图 8-34　闭式握持姿势

2．开式（散式）握持姿势

在闭式握持姿势的基础上，男女舞伴的上体均向外打开呈“V”字形，腰部与髋部不分离，两人的目光通过相握的手望向远处。

（四）华尔兹的基本舞步

华尔兹舞蹈动作典雅大方，具有起伏、倾斜、摆荡和旋转等特点。华尔兹舞曲旋律优美，节奏为3/4拍，每分钟28～30小节。每小节3拍为一组舞步，每拍一步，三步一起伏循环。

华尔兹是摩登舞中最基础，也是最难跳的一种舞。下面主要介绍前进、并脚换位，1/4左转连接1/4右转，叉形步，侧行追步等基础步法。

1．前进、并脚换位

前进、并脚换位包括左足前进、并脚换位动作（见图8-35）和右足前进、并脚换位动作。其动作要领如表8-1和表8-2所示。

（a）　（b）　（c）　（d）

图8-35　左足前进、并脚换位

表8-1　男士动作步骤

图例	节奏	要领	脚法	方位	升降	转度	倾斜
图8-35（a）	1	左脚向正前方进一步，右腿屈膝	跟掌	面向舞程线	降、升	不转	
图8-35（b）	2	右脚经左脚横步	掌	面向舞程线	继续升	不转	左
图8-35（c）—（d）	3	左脚并于右脚，双腿屈膝	掌	面向舞程线	升最高，结尾降最低	不转	左

表8-2　女士动作步骤

图例	节奏	要领	脚法	方位	升降	转度	倾斜
图8-35（a）	1	右脚向正后方退步	掌跟	背向舞程线	降、升	不转	
图8-35（b）	2	左脚经右脚横步	掌	背向舞程线	继续升	不转	右
图8-35（c）—（d）	3	右脚并于左脚	掌	背向舞程线	升最高，结尾降最低	不转	右

右足前进、并脚换位与左足前进、并脚换位的动作要领相仿，只是方向相反。

2. 1/4 左转连接 1/4 右转

1/4 左转连接 1/4 右转动作如图 8-36 所示。其动作要领如表 8-3 和表 8-4 所示。

（a） （b） （c） （d） （e） （f）

图 8-36 1/4 左转连接 1/4 右转

表 8-3 男士动作步骤

图例	节奏	要领	脚法	方位	升降	转度	倾斜
图 8-36（a）	1	左脚前进，右肩前送	跟掌	面斜中央线	结尾开始上升	开始左转	左
图 8-36（b）	2	右脚经左脚横步	掌	背斜壁线	继续上升	左转 1/4	左
图 8-36（c）	3	左脚并于右脚	掌跟	背斜壁线	继续上升，结尾下降		
图 8-36（d）	1	左脚后退，右肩后送	掌跟	背斜壁线	结尾开始上升	开始右转	右
图 8-36（e）	2	右脚经左脚横步	掌	面斜中央线	继续上升		右
图 8-36（f）	3	左脚并于右脚	掌跟	面斜中央线	继续上升，结尾下降	右转 1/4	

表 8-4　女士动作步骤

图例	节奏	要领	脚法	方位	升降	转度	倾斜
图 8-36（a）	1	右脚后退，左肩后送	掌跟	背斜中央线	结尾开始上升	开始左转	右
图 8-36（b）	2	左脚经右脚横步	掌	面斜壁线	继续上升	左转 1/4	右
图 8-36（c）	3	右脚并于左脚	掌跟	面斜壁线	继续上升，结尾下降		
图 8-36（d）	1	右脚前进，左肩前送	跟掌	面斜壁线	结尾开始上升	开始右转	左
图 8-36（e）	2	左脚经右脚横步	掌	背斜中央线	继续上升		左
图 8-36（f）	3	右脚并于左脚	掌跟	背斜中央线	继续上升，结尾下降	右转 1/4	

3．叉形步

叉形步动作如图 8-37 所示。其动作要领如表 8-5 和表 8-6 所示。

（a）　（b）　（c）

图 8-37　叉形步

表 8-5　男士动作步骤

图例	节奏	要领	脚法	方位	升降	转度	倾斜
图 8-37（a）	1	左脚前进	跟掌	面斜壁线	结尾开始上升	不转	
图 8-37（b）	2	右脚经左脚横步	掌	面斜壁线	继续上升	不转	左
图 8-37（c）	3	左脚在右脚后交叉	掌跟	面斜中央线	结尾下降	左转 1/4	左

表 8-6　女士动作步骤

图例	节奏	要领	脚法	方位	升降	转度	倾斜
图 8-37（a）	1	右脚后退	掌跟	背斜壁线	结尾开始上升	不转	
图 8-37（b）	2	左脚经右脚横步	掌	背斜壁线	继续上升	不转	右
图 8-37（c）	3	右脚在左脚后交叉，重心在后	掌跟	面斜中央线	结尾下降	右转 1/4	右

4. 侧行追步

侧行追步动作如图 8-38 所示。其动作要领如表 8-7 和表 8-8 所示。

（a）（b）（c）（d）

图 8-38 侧行追步

表 8-7 男士动作步骤

图例	节奏	要领	脚法	方位	升降	转度
图 8-38（a）	1	右脚前进，右肩后拉，做反身动作	跟掌	面斜壁线，沿着舞程线走	结尾开始上升	开始左转
图 8-38（b）	2（前 1/2）	左脚横步	掌	面斜壁线	继续上升	左转 1/8
图 8-38（c）	2（后 1/2）	右脚并于左脚	掌跟	面斜壁线	继续上升	左转 1/8
图 8-38（d）	3	左脚横步	掌跟	面斜壁线	保持上升、结尾下降	不转

表 8-8 女士动作步骤

图例	节奏	要领	脚法	方位	升降	转度
图 8-38（a）	1	左脚前进，左肩后拉，做反身动作	跟掌	面斜壁线，沿着舞程线走	结尾开始上升	开始右转
图 8-38（b）	2（前 1/2）	右脚横步	掌	背斜壁线	继续上升	右转 1/8
图 8-38（c）	2（后 1/2）	左脚并于右脚	掌跟	背斜壁线	继续上升	右转 1/8
图 8-38（d）	3	右脚横步	掌跟	背斜壁线	保持上升、结尾下降	不转

（五）拉丁舞的握持姿势

与摩登舞相比，拉丁舞具有欢快、活泼的特点，因而它的握持姿势没有统一、固定的模式。不同拉丁舞的握持姿势各异，并且会在起舞的过程中随着舞姿的变化而变换。以伦巴舞为例，其舞姿变化较多，因此男女舞伴的相对位置与握持姿势也较复杂，但大致可归纳为以下几种。

1．闭式握持姿势

男女舞伴相对而立，距离约 15 cm。男士的右手放在女士左侧肩胛骨处，女士的左手轻放于男士的右臂上；男士的左手轻握女士的右手，放在双眼平视高度处，如图 8-39（a）所示。

2．分式面对姿势

男女舞伴相对而立，距离约一臂长。男士的重心在左脚上，提起右脚跟；女士的重心在右脚上，绷直左脚背；男士左手轻握女士右手，保持在腰部附近；男士的右手和女士的左手向侧方展开，如图 8-39（b）所示。采用分式面对姿势时，男女舞伴要注意伸展背部，内收臀部。

（a）　（b）

图 8-39　闭式握持与分式面对姿势

3．扇形姿势

扇形姿势是伦巴舞和恰恰舞中常用的过渡动作。采用扇形姿势时，男女舞伴相距约两臂距离，左右站立成 135°角。男士的左手拉住女士的右手，男士的右臂与女士的左臂水平展开，男士的身体重心放在右腿上，女士的身体重心放在左腿上，男女舞伴非支撑脚的脚跟提起，如图 8-40 所示。

图 8-40　扇形姿势

（六）伦巴的基本舞步

伦巴舞的音乐节奏为 4/4 拍，每分钟 27～29 小节，每小节 4 拍。乐曲旋律的特点是强拍落在每小节的第4拍上。舞步从第4拍起跳，由一个慢步和两个快步组成。4拍走3步，其中慢步占两拍（第 4 拍和下一小节的第 1 拍），快步各占一拍（第 2 拍和第 3 拍）。随着脚步移动，髋部向两侧做“∞”形摆动，每小节中髋部摆动 3 次。

下面主要介绍伦巴舞的基本方步和原地左转步。

1. 基本方步

伦巴舞的基本方步动作如图 8-41 所示。其动作要领如表 8-9 和表 8-10 所示。

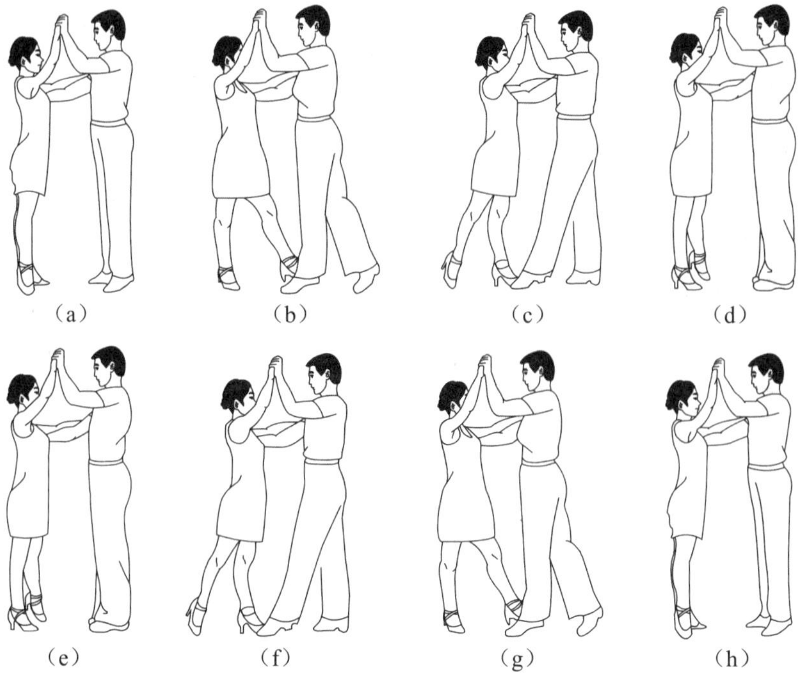

图 8-41　基本方步

表 8-9　男士动作步骤

图例	节奏	脚位
图 8-41（a）	1	重心在右脚，身体挺直，膝绷直，左脚尖内侧点地
图 8-41（b）	2	左脚向正前方迈步，重心落于左脚
图 8-41（c）	3	重心由左脚移动到右脚
图 8-41（d）	4	左脚经右脚向侧方迈步，然后重心落于左脚，膝绷直
图 8-41（e）	1	重心在左脚，身体挺直，膝绷直，右脚尖内侧点地
图 8-41（f）	2	右脚向正后方退步，重心落于右脚
图 8-41（g）	3	重心由右脚移动到左脚
图 8-41（h）	4	右脚经左脚向侧方迈步，然后重心落于右脚，膝绷直

表 8-10　女士动作步骤

图例	节奏	脚位
图 8-41（a）	1	重心在左脚，身体挺直，膝绷直，右脚尖内侧点地
图 8-41（b）	2	右脚向正后方退步，重心落于右脚
图 8-41（c）	3	重心由右脚移动到左脚
图 8-41（d）	4	右脚经左脚向侧方迈步，然后重心落于右脚，膝绷直
图 8-41（e）	1	重心在右脚，身体挺直，膝绷直，左脚尖内侧点地
图 8-41（f）	2	左脚向正前方迈步，重心落于左脚
图 8-41（g）	3	重心由左脚移动到右脚
图 8-41（h）	4	左脚经右脚向侧方迈步，然后重心落于左脚，膝绷直

2．原地左转步

原地左转步的动作如图 8-42 所示。其动作要领如表 8-11 和表 8-12 所示。

（a）　　（b）　　（c）

图 8-42　原地左转步

表 8-11　男士动作步骤

图例	节奏	脚位	转度
图 8-42（a）	1	重心落于右脚，左脚向侧方打开，脚尖外侧点地，膝绷直	
图 8-42（b）	2	左脚沿地面经右脚内侧向右侧迈步，重心落于左脚，膝绷直，然后将重心由左脚换到右脚，膝绷直	右转 1/4 成并肩站位
图 8-42（c）	3	左脚沿地面向左侧迈步，重心落于左脚，膝绷直	左转 1/4 成面对面站位

表 8-12　女士动作步骤

图例	节奏	脚位	转度
图 8-42（a）	1	重心落于左脚，右脚向侧方打开，脚尖外侧点地，膝绷直	
图 8-42（b）	2	右脚沿地面经左脚内侧向左侧迈步，重心落于右脚，膝绷直，然后将重心由右脚换到左脚，膝绷直	左转 1/4 成并肩站位
图 8-42（c）	3	右脚沿地面向右侧迈步，重心落于右脚，膝绷直	右转 1/4 成面对面站位

四、体育舞蹈的比赛规则

（一）分组

国际体育舞蹈比赛一般分为职业组和业余组两大组别。在我国，由于很多专业院校的学生也参加体育舞蹈比赛，所以在两大组别之外还会设立专业院校组。职业组又分为职业A组、职业B组和职业新星组；业余组包括少年组、青年组、壮年组和常青组等；专业院校组也按年龄分组。

（二）场地

国际体育舞蹈比赛的场地为15 m×23 m的长方形，场地要求平整、防滑、不反光，四周有界线，如图8-43所示。

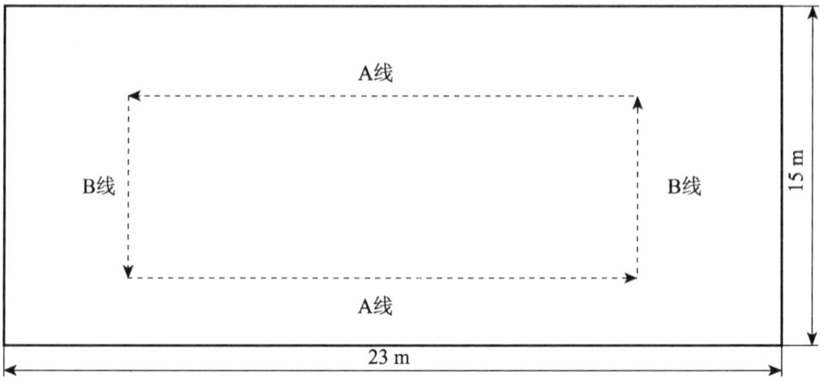

图8-43　场地示意图

（三）服装

参加摩登舞比赛时，男士应穿着燕尾服、白色衬衫、长裤和摩登鞋；女士应穿着大摆舞裙和摩登鞋，还应化妆和盘发。

参加拉丁舞比赛时，男士应穿着拉丁上衣、拉丁长裤和拉丁鞋；女士一般穿着装饰有流苏的拉丁裙，面部化浓妆。

（四）舞曲时长

舞曲的时长通常在75～120 s。每一支舞的比赛通常会提前准备5首舞曲，在比赛时随机从中选择一首作为比赛舞曲，且同一支舞的所有组别在比赛时都使用相同的舞曲。

（五）对选手的要求

（1）选手的两脚离地不能超过2 s，即不允许做托举动作。

（2）如果舞曲尚未结束而选手停止表演，则其该项舞蹈的得分列最后一位。

（3）选手不得向裁判询问评分结果。

第四节 瑜伽

瑜伽强调呼吸规则和静坐，以缓解精神紧张，达到修身养性的目的。

一、瑜伽的呼吸方法

瑜伽的呼吸方法包括胸式呼吸、腹式呼吸和完全式呼吸。练习瑜伽呼吸可以按摩内脏，刺激腺体，达到保健的目的。

（一）胸式呼吸

胸式呼吸又称“肋间肌呼吸”。锻炼者可选择以瑜伽坐姿或仰卧姿势作为预备姿势，然后进行练习。胸式呼吸的方法如下。

（1）将双手放在肋骨两侧，不要施加压力，并保持骨盆中立位。

（2）吸气，收缩腹部。在保证腹腔壁内收的前提下，感受两侧肋骨升高并向两侧推出。

（3）呼气，腹腔壁持续内收，感受两侧肋骨回落。

（4）在吸与呼的过程中始终收缩腹部，感受两侧肋骨像一架手风琴那样向两侧扩张和收缩。

（5）做 8 个八拍胸式呼吸动作，1—4 拍吸气，5—8 拍呼气。

（二）腹式呼吸

腹式呼吸又称“横膈膜呼吸”。锻炼者可选择以瑜伽坐姿或仰卧姿势作为预备姿势，然后进行练习。腹式呼吸的方法如下。

（1）将双手轻放在肚脐部位，不要施加压力。吸气时，感受气沉肺底，横膈膜下沉使腹内脏器下沉，接着小腹鼓起，双手被小腹抬起。

（2）呼气时，横膈膜缓慢复位，小腹回落。当气将呼尽时双手微向下施压，感受肚脐内收并上提，彻底呼尽肺底残留气体。

（3）做 8 个八拍腹式呼吸动作，1—4 拍吸气，5—8 拍呼气。

（三）完全式呼吸

完全式呼吸又称“胸腹式呼吸”。锻炼者可选择以瑜伽坐姿或仰卧姿势作为预备姿势，然后进行练习。完全式呼吸的方法如下。

（1）慢慢吸气，腹部鼓起，然后继续吸气至肋骨扩张，锁骨上推，肩稍耸。

（2）慢慢呼气，肩放平，锁骨下移，肋骨回落，肚脐内收上提。

（3）做 8 个八拍完全式呼吸动作，1—4 拍吸气，5—8 拍呼气。

二、瑜伽拜日式

瑜伽拜日式是一套瑜伽动作，由 12 个瑜伽姿势组成，动作顺序为祈祷式—展臂式—

前屈式—骑马式—山岳式—八体投地式—眼镜蛇式—山岳式—骑马式—前屈式—展臂式—祈祷式。其中，最后 5 个动作与开始 5 个动作的动作要领相仿，只是出现的顺序不同。

（一）祈祷式

祈祷式能使锻炼者保持精神集中和心态平和的状态。动作要领：挺身直立，双脚并拢，双手胸前合掌，目视前方，调匀呼吸，如图 8-44 所示。

（二）展臂式

展臂式不仅能伸展腹部脏器，减少腹部多余脂肪，改善消化系统的功能，还能锻炼手臂肌肉和肩部肌肉，刺激脊神经。动作要领：双手向上举过头顶，手臂伸直，上体朝后仰，如图 8-45 所示。

图 8-44　祈祷式

图 8-45　展臂式

（三）前屈式

前屈式不仅能减少腹部多余脂肪，改善消化系统的功能，有助于缓解便秘，还能刺激脊神经。动作要领：上体向前屈，双手触地；双膝保持伸直，尽量用前额抵住双腿，如图 8-46 所示。

（四）骑马式

骑马式能按摩腹部器官，锻炼腿部肌肉。动作要领：左脚保持不动，屈左腿，同时右脚尽量向后伸，脚背着地；两臂伸直，双手置于左脚两侧；身体重量由双手、左脚、右膝和右脚趾来支撑；头向后仰起，背呈弓形，向上凝视，如图 8-47 所示。

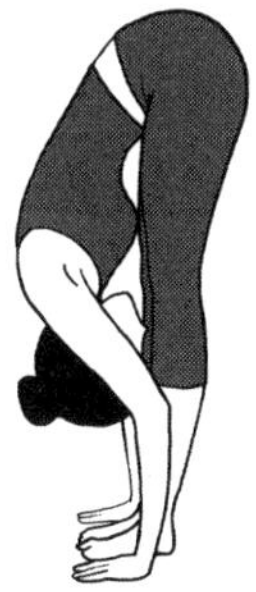
图 8-46　前屈式

图 8-47　骑马式

（五）山岳式

山岳式能锻炼手臂肌肉和腿部肌肉，刺激脊神经。动作要领：双腿并拢伸直，脚跟尽量触地；双手手臂撑地，臀部上顶，低头，使身体和地面呈三角形，如图 8-48 所示。

（六）八体投地式

八体投地式能锻炼手臂、腿部和胸部的肌肉，刺激脊神经。动作要领：屈肘，胸部向前、向下移动；身体放低，用双脚脚趾、双膝、胸部、双手和下巴触地，髋部和腹部抬离地面，如图 8-49 所示。

图 8-48　山岳式

图 8-49　八体投地式

（七）眼镜蛇式

眼镜蛇式能拉伸腹部肌肉和颈部肌肉，刺激脊神经。动作要领：两臂伸直，抬起上体，头朝后仰，尽量使髋部离开地面，如图 8-50 所示。

图 8-50　眼镜蛇式

注意：上述动作做完为完成了上半轮动作，下半轮继续做山岳式、骑马式、前屈式、展臂式和祈祷式动作，下半轮动作至骑马式时，应伸展左腿、屈右腿。

第五节　健美操

健美操是一项以有氧运动为基础，以健、力、美为特征，融体操、舞蹈、音乐为一体的体育运动。其既是健身美体、陶冶情操的大众健身方式，又是一项竞技运动。健美操以其自身固有的价值与魅力风靡全世界，深受人们的喜爱。

健美操的种类繁多，分类方法也各不相同。健美操根据练习目的划分，可分为健身健美操和竞技健美操两大类。健身健美操以健身为目的，旨在增强身体的力量和提高身体的柔韧性，从而使身体强健；竞技健美操则以竞技为目的，有特定的比赛规则和评分方法，对参与者的身体素质、技术技能和艺术表现力等有较高的要求。

一、健美操的基本动作

掌握健美操的基本动作，可以为尽快地掌握其复杂动作和成套动作打下良好的基础。

（一）手形

健美操的基本手形如图 8-51 所示。

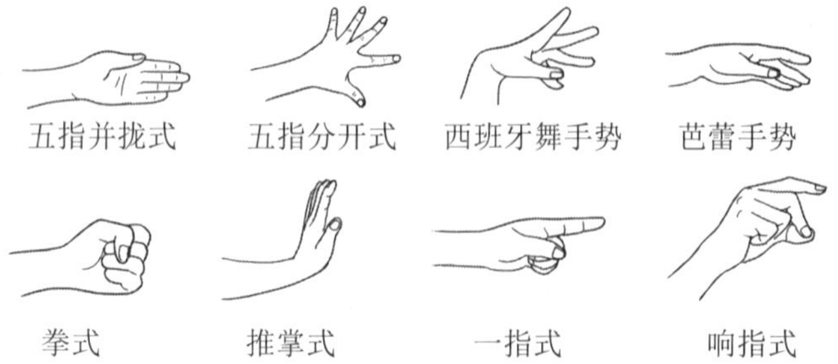

图 8-51　健美操的基本手形

（1）五指并拢式：五指伸直，并拢。

（2）五指分开式：五指用力伸直，充分张开。

（3）西班牙舞手势：手指用力伸直，从小指依次内旋，形成一个扇面。

（4）芭蕾手势：五指微屈，后三指并拢，稍内收，拇指内扣。

（5）拳式：握拳，拇指在外。

（6）推掌式：手掌用力上翘，五指自然弯曲。

（7）一指式：握拳，食指伸直或拇指伸直。

（8）响指式：拇指与中指摩擦，做打响指状，无名指、小指屈握。

（二）身体各部位基本动作

1．头、颈部动作

头、颈部动作由屈、转、绕和绕环等动作组成。

（1）屈：指头颈关节弯曲，包括前屈、后屈、左屈和右屈。

（2）转：指头颈部绕身体垂直轴转动，包括左转和右转。

（3）绕和绕环：指头以颈为轴心做弧形和圆形运动，包括向左绕、向右绕、向左绕环和向右绕环。

动作要求：做各种形式的头部和颈部动作时，速度要慢，上体端正，头部和颈部移动的方向要准确，要充分伸展颈部被动肌群。

2．肩部动作

肩部动作由提肩、沉肩、绕肩、肩绕环、振肩等动作组成。

（1）提肩：指肩胛骨向上运动，包括单肩提肩、双肩同时提肩和双肩依次提肩。

（2）沉肩：指肩胛骨向下运动，包括单肩沉肩、双肩同时沉肩和双肩依次沉肩。

（3）绕肩：指以肩关节为轴做小于 360°的弧形运动，包括单肩向前、向后绕，双肩同时或依次向前、向后绕。

（4）肩绕环：指以肩关节为轴做 360°的圆形运动，包括单肩向前、向后绕环，双肩同时向前、向后绕环和双肩依次向前、向后绕环。

（5）振肩：指上体固定，肩部急速向前或向后摆动，包括双肩同时前、后振和双肩依次前、后振。

动作要求如下。

（1）提肩时肩部应尽力向上，沉肩时肩部应尽力向下，动作有力且幅度要大。

（2）绕肩时，上体不能摆动，双臂放松，头部和颈部不能前探；绕肩动作应连贯，速度均匀，幅度大。

（3）振肩动作要快速、有力和有弹性。

3．上肢（手臂）动作

上肢（手臂）动作由举、屈、摆、绕、绕环、振、旋等动作组成。

（1）举：指以肩关节为轴，手臂的活动范围不超过 180°并停止在某一位置的动作，包括单臂和双臂的前举、后举、侧举，以及其他不同方向的举（如侧上举、侧下举等）。

（2）屈：指肘关节产生一定的弯曲角度，包括胸前屈、胸前平屈、肩侧屈、肩上侧屈、肩下侧屈、肩上前屈、腰间屈和头后屈等，如图 8-52 所示。

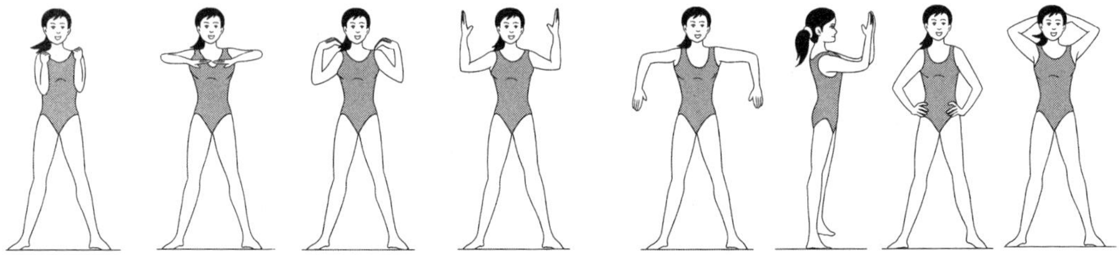

图 8-52　屈臂

（3）摆：指手臂以肩关节或肘关节为轴，向身体各个方向做钟摆式运动，包括单臂和双臂同时或依次向前、向后、向左、向右摆。图 8-53（a）所示为单臂向左、向右摆。

（4）绕：指双臂或单臂向内、向外、向前、向后做 180°～360°的弧形运动。图 8-53（b）所示为双臂向内、向外绕。

（5）绕环：指双臂或单臂以肩关节为轴，做 360°的圆形运动，包括向前、向后、向内的绕环。图 8-53（c）和图 8-53（d）所示分别为单臂向前、向后绕环和双臂向前、向后绕环。

（6）振：指手臂以肩关节为轴，用力摆至最大幅度，包括侧举后振、上举后振和下举后振，如图 8-54 所示。

（7）旋：指手臂以肩关节或肘关节为轴，做内旋或外旋动作，如图 8-55 所示。

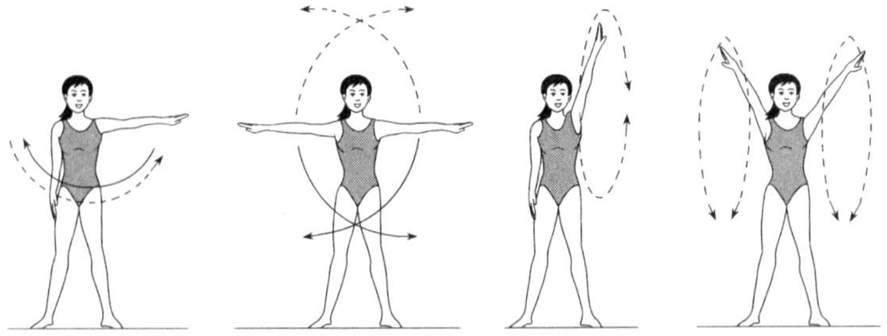

（a）　（b）　（c）　（d）

图 8-53　手臂摆、绕、绕环

侧举后振　上举后振　下举后振

图 8-54　振臂

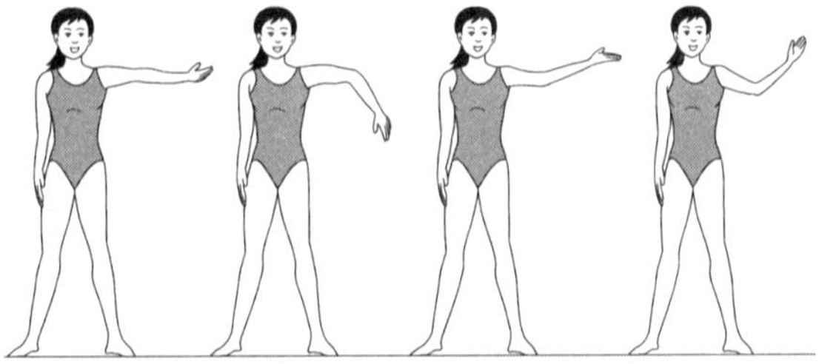

内旋　外旋

图 8-55　旋臂

动作要求如下。

（1）手臂做举、屈伸动作时，肩要下沉。

（2）手臂摆动时，起与落的动作要连贯，手掌的移动路线为弧形。

（3）上体端正，手臂到达的位置应准确，手臂动作的幅度要大，力达身体最远端。

4．胸部动作

胸部动作由含胸、展胸和移胸等动作组成，如图 8-56 所示。

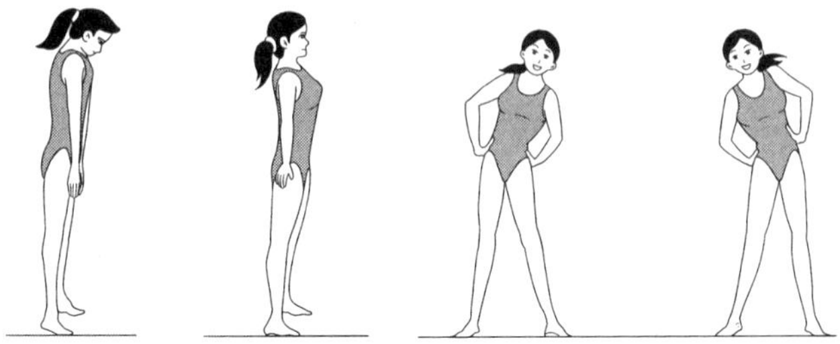

含胸　展胸　左右移胸

图 8-56　胸部动作

（1）含胸：指双肩内合，缩小胸腔。

（2）展胸：指双肩外展，扩大胸腔。

（3）移胸：指髋部固定，胸部向左、向右水平移动。

动作要求：练习时，应收腹，立腰。含胸、展胸、移胸的幅度要达到自身极限。

5．腰部动作

腰部动作由屈、转、绕和绕环等动作组成，如图 8-57 所示。

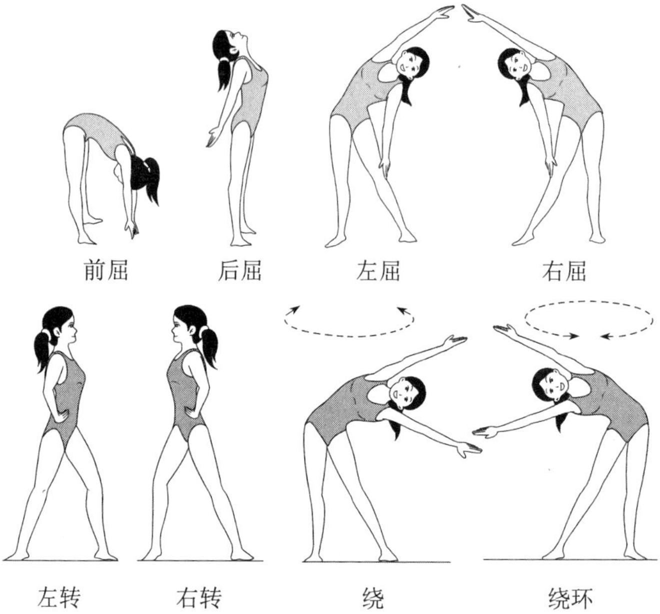

图 8-57　腰部动作

（1）屈：指下肢固定，上体沿矢状轴和水平轴运动，包括前屈、后屈、左屈和右屈。

（2）转：指下肢固定，上体沿垂直轴扭转，包括左转和右转。

（3）绕和绕环：指下肢固定，上体沿垂直轴做弧形和圆形运动，包括向左绕、向右绕、向左绕环和向右绕环。

动作要求如下。

（1）做腰部动作练习时，身体远端尽力向外延伸，绕环的幅度要大，动作应充分且连贯，速度可放慢。

（2）腰部前屈和扭转时，上体应挺直。

6．髋部动作

髋部动作由顶髋、提髋、绕髋和髋绕环等动作组成，如图 8-58 所示。

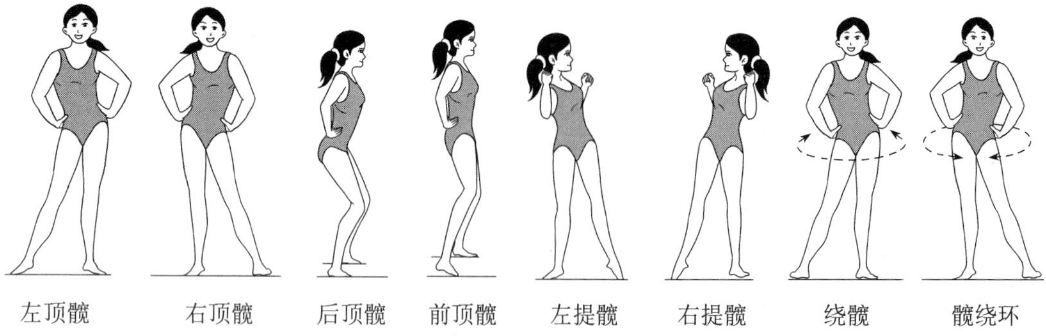

图 8-58　髋部动作

（1）顶髋：指髋关节急速水平移动，包括左顶髋、右顶髋、后顶髋和前顶髋。

（2）提髋：指髋关节做急速向一侧上提的动作，包括左提髋和右提髋。

（3）绕髋和髋绕环：指髋关节做弧形、圆形移动，包括向左绕、向右绕、向左绕环和向右绕环。

动作要求：做顶、提、绕和绕环髋关节时，动作应平稳、柔和、协调，有弹性，上体要放松。

7．下肢动作

下肢动作由滚动步、交叉步、跑跳步、并腿跳和侧摆腿跳等动作组成，如图 8-59 所示。

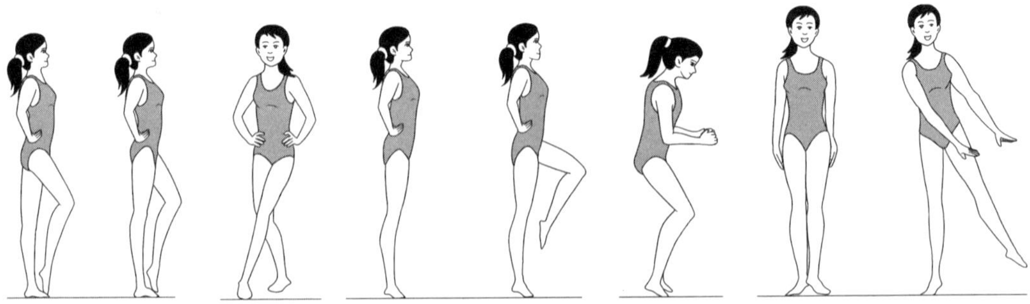

图 8-59　下肢动作

（1）滚动步：指双脚交替做由前脚尖至全脚掌依次落地的动作。

（2）交叉步：指一只脚向另一只脚的前方或后方交叉行进。

（3）跑跳步：指在跑的过程中，摆动腿高抬，使原本摆动向前变为摆动向上，完成跳起、落下再跳起的动作。

（4）并腿跳：指双腿并拢，直膝或屈膝跳。

（5）侧摆腿跳：指单腿跳起，同时另一条腿向外侧摆动。

动作要求：跳跃要轻松自如，有弹性，注意呼吸的配合。

（三）健美操规则规定的 7 个基本步法

健美操包括以下 7 个基本步法，即踏步、开合跳、吸腿跳、踢腿跳、弓步跳、弹踢腿跳和后踢腿跳，如图 8-60 所示。

（1）踏步：指双脚交替不间断地做屈膝上提然后踏地的动作，包括脚尖不离地的踏步、脚离地的踏步和高抬腿的大幅度踏步。

（2）开合跳：指并腿跳至开立，分腿跳至并立。

（3）吸腿跳：指单腿跳起时，另一条腿屈膝向前方、向侧方上提。

（4）踢腿跳：指单腿跳起时，另一条腿直腿向前方或侧方踢出，包括小幅度踢腿与大幅度踢腿。

（5）弓步跳：指并腿跳起，落地时形成前（侧、后）弓步。

（6）弹踢腿跳：指单腿跳起时，另一条腿屈膝向前方或侧方弹踢。

（7）后踢腿跳：指双脚交替有短暂腾空过程（类似跑步），跳起时，小腿向后屈。

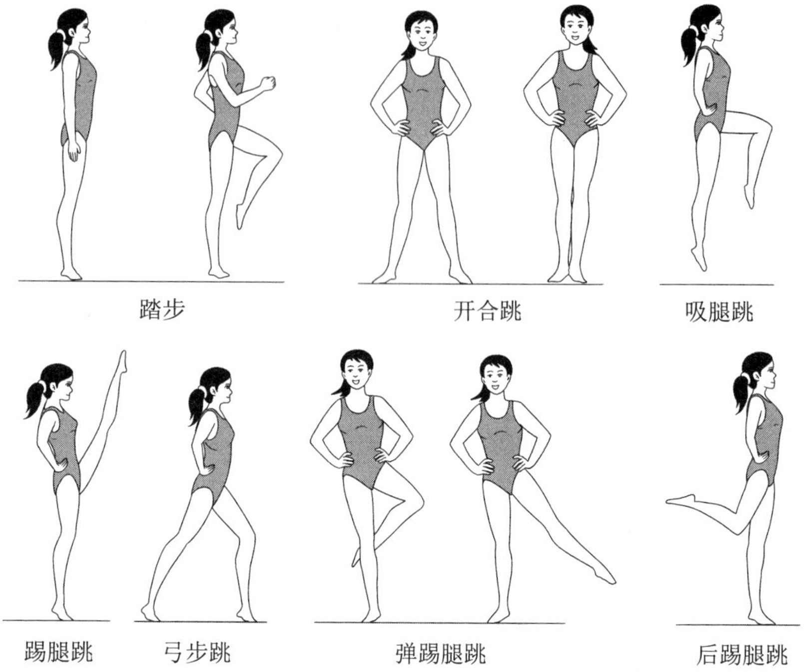

图 8-60　健美操的基本步法

健美操基本步法的动作要求如下。

（1）踏步：脚落地时，由脚尖过渡到脚跟着地；屈膝时，髋微收；两臂前后自然摆动。

（2）开合跳：分腿时，双腿自然外开，膝关节沿脚尖方向弯曲；跳起与落地时，屈膝缓冲。

（3）吸腿跳：大腿用力上提，小腿自然下垂。

（4）踢腿跳：踢腿时加速用力，保持上体端正，同时立腰。

（5）弓步跳：跳成弓步时，要控制好身体重心。

（6）弹踢腿跳：大腿抬起至一定高度后，小腿自然伸直，膝关节稍加控制。

（7）后踢腿跳：髋和膝在一条线上，小腿叠于大腿。

二、竞技健美操的比赛规则

（一）比赛项目

比赛共设 7 个项目：男子单人操、女子单人操、混合双人操、三人操、五人操、有氧舞蹈和有氧踏板。

（二）比赛场地

（1）赛台：赛台高 80～140 cm，其正后方立有背景板；赛台面积不得小于 14 m×14 m。

（2）比赛地板和比赛场地：比赛地板面积必须为 12 m×12 m，比赛场地面积为 10 m×10 m，宽度为 5 cm 的标记带圈定比赛场地，标记带是比赛场地的一部分。

（三）比赛时长

成套动作的比赛时长如下。

（1）单人项目的比赛时长为 1 min 20 s，有加减 5 s 的宽容度。

（2）其他项目的比赛时长为 1 min 25 s，有加减 5 s 的宽容度。

（四）难度动作

难度动作可分为 A 组地面难度动作、B 组空中难度动作和 C 组站立难度动作。

其中，A 组地面难度动作可分为第 1 类动力性力量、第 2 类静力性力量和第 3 类旋腿；B 组空中难度动作可分为第 4 类动力性跳步、第 5 类姿态跳步和第 6 类纵劈腿跳（跃）；C 组站立难度动作可分为第 7 类转体与第 8 类柔韧动作。

所有项目至少展示 5 个难度动作，单人项目最多展示 9 个难度动作，其他项目最多展示 8 个难度动作。

（五）评分方法

裁判分为艺术裁判、完成裁判、难度裁判、视线裁判、计时裁判和裁判长。艺术裁判、完成裁判、难度裁判分别评出艺术分、完成分和难度分。

1．艺术分

艺术裁判需要对创编的所有内容与音乐的完美契合程度进行评价，旨在对运动员是否在尊重健美操运动内涵的前提下，将竞技体育转化为具有创造性和独特性特质的艺术表演进行评价。此外，艺术裁判不仅要对运动员做了“什么”进行评价，还要对他们“怎么”做进行评价。

艺术分的评分内容主要包括音乐、操化内容、主体内容、成套动作艺术性和艺术表现。艺术分的范围是 5～10 分，精确到 0.1 分。

2．完成分

完成裁判对成套动作从开始到结束（包括开场造型和结束造型）的所有技术、技巧进行评分。所有动作必须展示出高度的精确性。任何偏差都将从 10 分开始减分，精确到 0.1 分。

3．难度分

难度裁判对运动员完成的难度动作进行评价并给予正确的分值。难度裁判必须要辨别并确认运动员完成的每一个难度动作是否达到了最低完成标准。

根据难度动作级别给分，按照加分的方法评分，从 0 分起评。难度动作没有达到最低完成标准、摔倒或出现不可接受的完成质量时，将不会被认可，得不到分值。

此外，如果比赛时运动员身体的任何部位触及标记带以外的场地，将被判为出界，每名运动员每次扣 0.1 分。艺术分、完成分与难度分相加为总分。总分减去难度裁判、视线裁判与裁判长的减分后得到最终得分。

素质园地

带出"大山健美操队"的体育老师

一场健美操比赛将近尾声，在完成了一系列旋转、跳跃、托举等高难度动作后，一群身穿红蓝相间比赛服的孩子们变换成结束队形，准备下场，灿烂轻松的笑容逐渐晕开在孩子们一张张认真紧绷的小脸上。台下，正举着手机拍摄的夏蒙星松了一口气，冲他们竖起大拇指。

2014 年，夏蒙星从台州学院体育教育专业毕业，进入浙江省台州市天台县三合镇中心小学担任体育老师，同时执教健美操训练队。夏蒙星从小体质就好，初中毕业后开始练田径，直到上了大学，她才发现自己被健美操深深吸引。夏蒙星成年后才开始拉韧带，为此付出了很多辛苦，但因为喜爱，她甘之如饴。"我想为乡村的孩子们打开一扇窗，让他们早点接受系统的健美操训练，帮助有能力的孩子走上专业道路，走向更好的未来。"这就是夏蒙星的心愿。

自执教三合镇中心小学健美操训练队以来，夏蒙星曾多次带领孩子们征战赛场，并取得了优异的比赛成绩。在这期间，夏蒙星获评全国优秀教练员、浙江省优秀裁判员、台州市学科带头人、台州市骨干教师、市县教学能手、市优秀青年人才等。

前路漫漫，始终如一的是一位乡村女教师对工作的热爱。百余名乡村孩子在夏蒙星的悉心指导下，走上了更大的舞台，走向了更广阔的世界。

（资料来源：新华社，有改动）

第九章

武　术

☑ 学习目标

- 掌握武术基本功的练习方法。
- 掌握 24 式太极拳的基本动作。
- 掌握散打的预备姿势、基本技术和比赛规则。
- 掌握长拳的基本动作。

☑ 素质目标

- 理解武术的文化内涵，树立文化自信。
- 传承中华武术，孕育中国心，厚植中国情。

第一节 武术基本功

武术基本功是指以武术运动中具有共性的基础训练为主要内容，以获得和运用武术技法为目的的一类运动。它包括肩臂、腰部、腿部、手形和手法、步法等方面的练习。

一、肩臂练习

肩臂练习的目的是增强肩关节的柔韧性和臂部肌肉力量。肩臂练习包括压肩、单臂绕环和双臂绕环等。

（一）压肩

预备姿势：面对肋木站立，与肋木保持一大步的距离，双脚左右开立至与肩同宽。

动作要领：双手抓握肋木，上体前俯并做下振压肩动作，如图 9-1 所示；做压肩动作时，也可以两人面对面站立，互相扶按肩部，做上体前屈的向下振压肩动作，如图 9-2 所示；还可由同伴协助做振压肩部的练习。

图 9-1　单人压肩

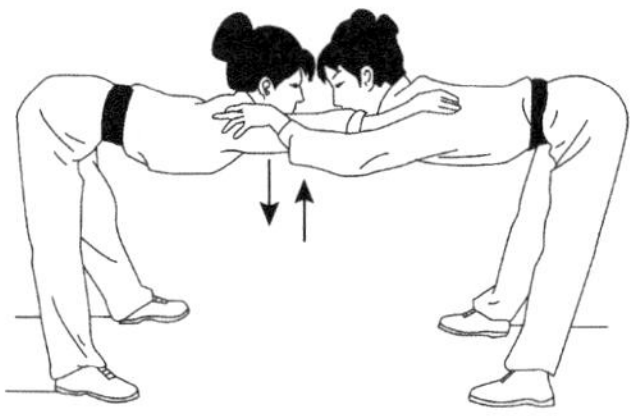

图 9-2　双人压肩

（二）单臂绕环

预备姿势（以右臂绕环为例）：左脚上步呈左弓步，左手扶按左腿，右臂垂于体侧。

动作要领：向后绕环时，右臂由下向前、向上、向后绕环一周，如图 9-3 所示；向前绕环时，右臂由下向后、向上、向前绕环一周。练习时，左右臂交替进行。做左臂绕环时右脚上步呈右弓步。

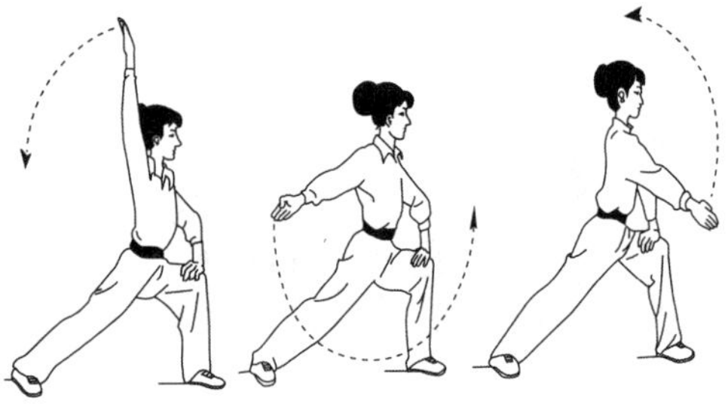

图 9-3　单臂绕环

（三）双臂绕环

预备姿势：开步站立，两臂垂于体侧。

动作要领：以肩关节为轴，两臂分别向前和向后做直臂绕环。做双臂绕环时，顺时针绕环和逆时针绕环交替进行，如图 9-4 所示。

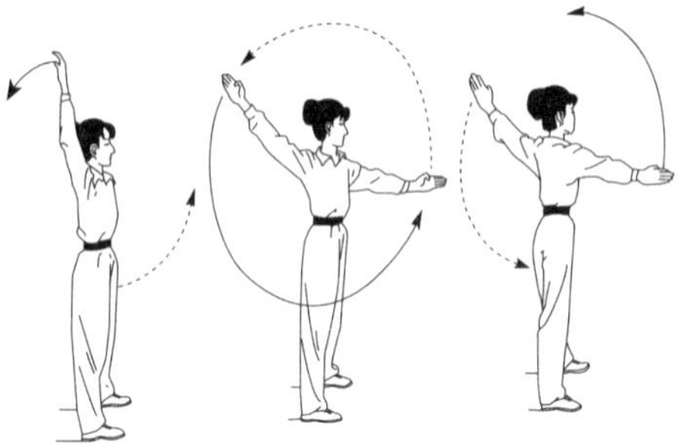

图 9-4 双臂绕环

二、腰部练习

腰部练习的目的是增强腰部的灵活性。腰部练习包括下腰、甩腰和涮腰等。

（一）下腰

预备姿势：开步站立，两臂伸直上举。

动作要领：腰向后弯，抬头，挺腰，双手撑地，身体呈桥形。

（二）甩腰

预备姿势：开步站立，两臂伸直上举。

动作要领：以腰、髋关节为轴，上体做前后屈伸和甩动的动作，两臂也跟着甩动，双腿伸直。

（三）涮腰

预备姿势：双脚开立至略宽于肩，两臂自然垂于体侧。

动作要领：上体前俯，两臂向左前下方伸出，以髋关节为轴，两臂经前、向右、向后、向左翻转绕环。左右涮腰交替进行。

三、腿部练习

腿部练习的目的是增强腿部的柔韧性、灵活性和肌肉力量等。腿部练习包括正压腿、侧压腿、竖叉、正踢腿、外摆腿、里合腿和后扫腿等。

（一）正压腿

预备姿势：面对肋木或具有一定高度的物体，并步站立。

动作要领：左腿抬起，将脚跟放在肋木上，脚尖勾起，踝关节屈紧，双手扶按在左膝上或双手抓握左脚；双腿伸直，立腰，收髋，上体前屈，向前下方做压振动作，如图 9-5 所示。练习时双腿交替进行。

（二）侧压腿

预备姿势：侧对肋木或具有一定高度的物体，并步站立。

动作要领：右腿支撑，脚尖稍向外撇；左腿抬起，将脚跟放在肋木上，脚尖勾起，踝关节屈紧；右手立掌（掌心向上）向头后伸展，尽量摸到左脚尖；左掌附于右胸前；双腿伸直，立腰，开髋，右臂带动上体向左侧压振，如图 9-6 所示。练习时双腿交替进行。

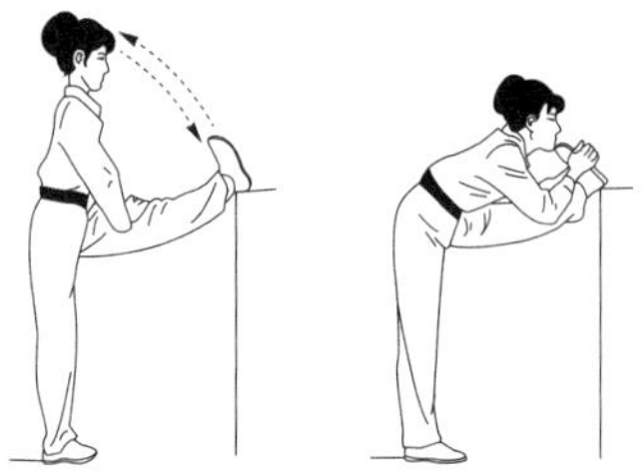

图 9-5　正压腿

图 9-6　侧压腿

（三）竖叉

预备姿势：并步站立。

动作要领：双手左右扶地或两臂立掌，侧平举，掌指向上；双腿前后分开呈直线（左腿在前）；左腿后侧着地，脚尖勾起；右腿前侧或内侧着地，脚面绷直扣于地面，如图 9-7 所示。练习时双腿交替进行。

图 9-7　竖叉

（四）正踢腿

预备姿势：并步站立，两臂侧平举，立掌，掌指向上。

动作要领：左脚上前半步，左腿支撑，右腿挺膝，脚尖勾起向前额处猛踢；目平视。练习时双腿交替进行。

（五）外摆腿

预备姿势：同正踢腿。

动作要领：右脚向右前方上半步，右腿支撑；左脚脚尖勾紧，向右侧踢起，然后经面前向左侧上方外摆，直腿落于右腿内侧；目平视，如图 9-8 所示。做外摆腿动作时，可用左手掌在左侧上方迎击左脚面。练习时双腿交替进行。

（六）里合腿

预备姿势：同正踢腿。

动作要领：右脚向右前方上半步，右腿支撑；左脚脚尖勾起内扣并向左侧踢起，经面前向右侧上方直腿里合，落于右脚右侧前方，如图 9-9 所示。做里合腿时，可用右手掌在右侧上方迎击左脚面。练习时双腿交替进行。

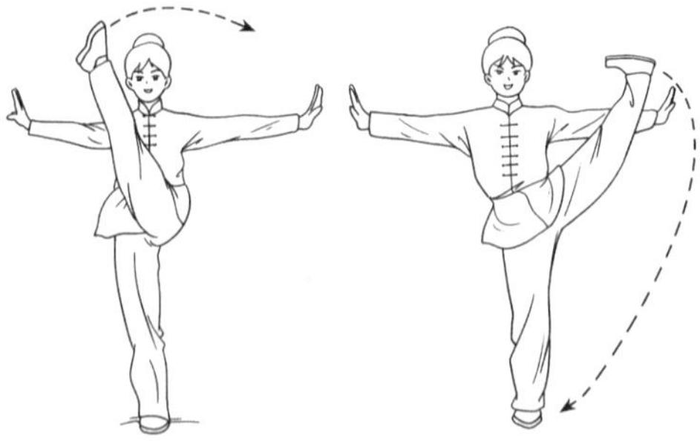

图 9-8 外摆腿

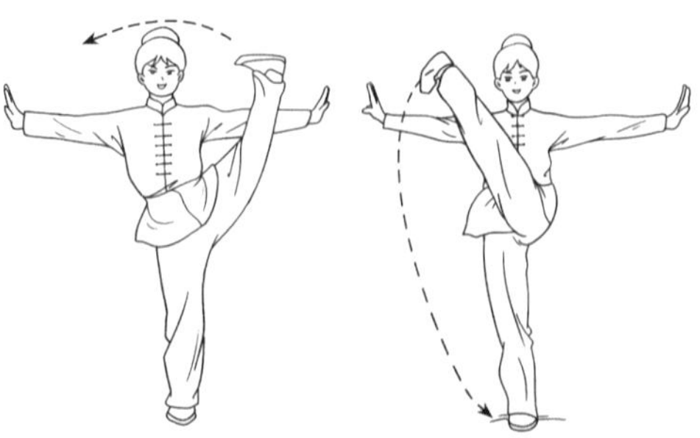

图 9-9 里合腿

（七）后扫腿

预备姿势：双脚并立，两臂自然垂于体侧。

动作要领：双脚开立，呈左弓步姿势；两掌伏地于右腿内侧，手指向前；左脚尖内扣，左腿屈膝全蹲，右腿伸直，呈右仆步姿势，同时上体右转并前俯；两掌随体右转在右腿内侧扶地；以左脚前脚掌为轴，右脚贴地向后扫转一周。

四、手形和手法练习

手形是指手部的基本动作。手法练习是运用拳、掌和勾手等三种手形，结合上肢冲、架、推和亮等动作，操练上肢和手的基本练习。

（一）手形

拳：四指并拢弯曲且紧握，拇指紧扣食指和中指的第二指节，如图 9-10 所示。

掌：四指并拢伸直，拇指弯曲紧扣于虎口处，如图 9-11 所示。

勾手：五指的第一指节捏拢在一起，然后屈腕，如图 9-12 所示。

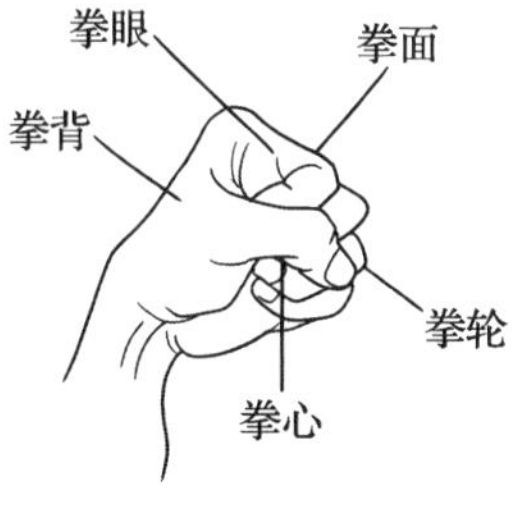

图 9-10 拳

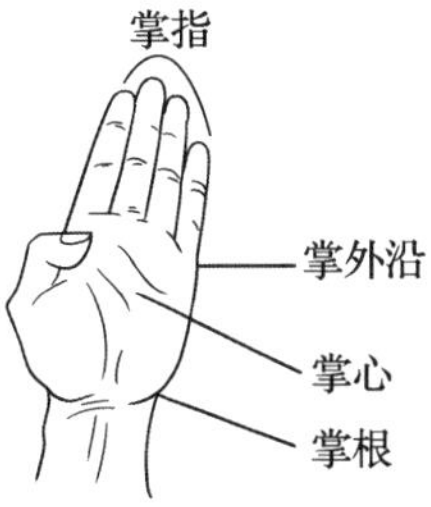

图 9-11 掌

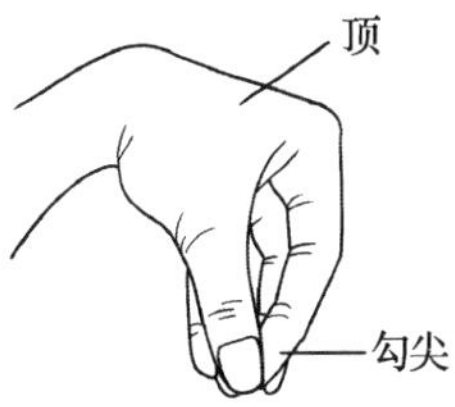

图 9-12 勾手

（二）手法

常见的手法有冲拳、推掌和亮掌。

1．冲拳

冲拳分为平拳与立拳两种。平拳拳心向上，立拳拳眼向上。下面以平拳为例介绍冲拳的动作要领。

预备姿势：双脚左右开立至与肩同宽，两拳抱于腰间，拳心向上，肘尖向后。

动作要领：挺胸，收腹，直腰，右拳从腰间猛力冲出，左肘向后牵拉；同时向左转腰，顺肩，内旋臂，力达拳面，臂伸直至与肩齐平；目平视。练习时双手交替进行。

2．推掌

预备姿势：与冲拳相同。

动作要领：右拳变掌，前臂内旋，以掌跟为发力点将手掌向前猛力推出，左肘向后牵拉，同时向左转腰，顺肩，臂伸直至与肩齐平；目平视。练习时双手交替进行。

3．亮掌

预备姿势：与冲拳相同。

动作要领：右拳变掌，经体侧向前、向右、向上画弧，至头部右前方时抖腕亮掌，掌心向前，虎口向下，臂呈弧形，头随右手动作左转。亮掌时，目视左侧。练习时双手交替进行。

五、步法练习

步法练习的目的是增强腿部力量，以提高双腿的稳定性。武术的基本步法包括弓步、马步、虚步、仆步和歇步等，如图 9-13 所示。

图 9-13　武术的基本步法

（一）弓步

动作要领：双脚前后开立一大步（步幅为本人脚长的 4 倍或 5 倍），前脚脚尖稍内扣，前腿屈膝半蹲（大腿接近水平），膝与脚尖垂直；后腿挺膝伸直，脚尖内扣斜向前方，双脚全脚掌着地；上体正对前方，目平视，双手抱拳于腰间，拳心向上。

（二）马步

动作要领：双脚左右开立（宽度约为本人脚长的 3 倍），双脚尖正对前方，屈膝半蹲，膝盖不超过脚尖，大腿接近水平，全脚掌着地，身体重心落于双脚之间，双手抱拳于腰间，拳心向上。

（三）虚步

动作要领：双脚前后开立，后脚外展45°，后腿屈膝半蹲；前脚脚尖虚点地，稍内扣，脚面绷平；前腿膝微屈，重心落于后腿；双手叉腰，目平视。做虚步动作时，左脚在前为左虚步，右脚在前为右虚步。

（四）仆步

动作要领（以左仆步为例）：双脚左右开立，右腿屈膝半蹲，大腿与小腿靠紧，臀部接近小腿，右脚全脚掌着地，脚尖和膝关节外展；左腿挺直平仆，脚尖内扣，全脚掌着地；双手抱拳于腰间，拳心向上，目视左侧。做右仆步时仆右腿，其动作要领与左仆步相仿。

（五）歇步

动作要领（以左歇步为例）：双腿交叉靠拢全蹲，左脚在前，全脚掌着地，脚尖外展；右脚前脚掌着地，膝部贴于左腿外侧，臀部坐于右腿接近脚跟处；双手抱拳于腰间，拳心向上；目视左前方。做右歇步时右脚在前，其动作要领与左歇步相仿。

第二节 24式太极拳

太极拳于2020年被列入联合国教科文组织非物质文化遗产名录。它是一项具有较好的增强体质和预防疾病效果的体育运动，其特点是动作柔和、缓慢而连贯。

24式太极拳又称“简化太极拳”，由国家体育总局（原国家体委）于1956年组织太极拳专家汲取杨氏太极拳之精华改编而成。

24式太极拳演练

一、预备势

动作要领：身体自然直立，双脚并拢，双腿自然伸直；胸腹放松，两臂垂于双腿外侧，手指微屈；头颈端正，下颌微收，口闭齿扣，舌抵上腭；精神集中，表情自然，目平视前方。

二、24式太极拳动作

（一）起势

动作要领：左脚向左迈一步，双脚平行开立至与肩同宽；两臂由身体两侧慢慢向前、向上平举至与肩同高、同宽，掌心向下；双腿慢慢屈膝半蹲，重心落于双脚之间，形成马步；同时两掌轻轻下按至腹前，上体舒展、端正，目平视前方，如图9-14所示。

图9-14 起势

（二）左右野马分鬃

1．左野马分鬃

动作要领（见图 9-15）如下。

（1）上体稍右转，重心右移；同时右臂弯曲置于胸前，掌心翻转向下；左手画弧下落，屈肘置于腹前，掌心翻转向上，与右掌相对呈抱球状，两臂屈肘；左脚收至右脚内侧，脚尖点地，目视右手。

（2）上体左转，左脚向左前方迈出一步，脚跟轻轻着地，重心仍在右腿上。

（3）上体继续左转，重心前移，左脚全脚掌着地，左腿屈膝，呈左弓步；同时双手手掌前后分开，左手至体前与眼同高，掌心斜向上；右手按至右侧髋部旁，掌心向下，指尖向前；两臂微屈，目视左手。

图 9-15　左野马分鬃

2．右野马分鬃

动作要领（见图 9-16）如下。

（1）重心稍后移，屈右膝，左腿伸直，左脚尖跷起并外撇 45°～60°。

（2）上体左转，重心移至左腿，左脚全脚掌着地，左腿前弓，右脚收至左脚内侧，脚尖着地；同时左臂弯曲置于左胸前，掌心翻转向下；右手画弧下落，屈肘置于腹前，掌心翻转向上，与左掌相对呈抱球状；目视左手。

（3）上体稍右转，重心仍在左腿上，右脚向右前方迈出一步，脚跟轻轻着地；同时两掌开始前后分开。

（4）上体继续右转，重心前移，右脚全脚掌着地，右腿屈膝，呈右弓步；右手至体前与眼同高，掌心斜向上；左手按至左侧髋部旁，掌心向下，指尖向前；两臂微屈，目视右手。

图 9-16　右野马分鬃

（三）白鹤亮翅

动作要领（见图 9-17）如下。

（1）上体稍左转，右脚向前收拢半步，前脚掌轻轻落地，与左脚相距约一脚长；同时左臂弯曲置于胸前，掌心翻转向下；右手画弧下落，屈肘置于腹前，掌心翻转向上，与左掌相对呈抱球状；目视左手。

图 9-17 白鹤亮翅

（2）重心后移，右脚全脚掌着地，并向右转体；双手随转体交错分开，右手上举，左手下落；目视右手。

（3）上体转正，左脚稍向前移动，呈左虚步；右手上举，掌心向左后方，左手按于左侧髋部旁，指尖向前；目平视前方。

（四）左右搂膝拗步

1．左搂膝拗步

动作要领（见图 9-18）如下。

（1）上体稍左转；右手向下摆至体前，掌心向上；目视右手。

（2）上体右转，左脚收落于右脚内侧，脚尖点地；同时两臂交叉摆动，右手由体前经右侧髋部向右后方上举至与头同高，掌心向上；左手由左胸前经头前向右画弧至右肩前，掌心向下；目视右手。

（3）上体稍左转；左脚向左前方迈一步，脚跟轻轻着地；同时右臂屈肘，右手摆至右肩上，虎口对耳，掌心斜向前；左手落于腹前，掌心向下；目视前方。

（4）上体继续左转，重心前移，左脚全脚掌着地，左腿屈膝，呈左弓步；同时左手经左膝前向左搂过，按于左腿外侧，指尖向前；右手向前推出，指尖与鼻尖相对，掌心向前，指尖向上；右臂自然伸直，目视右手。

图 9-18 左搂膝拗步

2．右搂膝拗步

动作要领（见图 9-19）如下。

（1）上体左转，重心稍后移，左脚尖跷起外撇；同时两臂外旋，开始向左摆动；目视右手。

（2）上体继续左转；重心前移，左脚全脚掌着地，右腿收至左脚内侧，脚尖点地；

同时右手经面前画弧摆至左肩前，掌心向下，左手向左上方画弧上举至与头同高，掌心向上，左臂自然伸直，肘微屈，目视左手。

（3）上体稍右转；右脚向右前方迈一步，脚跟轻轻落地；同时左臂屈肘，左手收至左肩上，虎口对耳，掌心斜向前；右手下落至腹前，掌心向下，肘微屈；目视前方。

（4）上体继续右转，重心前移，右脚全脚掌着地，右腿屈膝，呈右弓步；同时右手经右膝前上方向右搂过，按于右腿外侧，指尖向前；左手向前推出，指尖与鼻尖同高，掌心向前，指尖向上；左臂自然伸直，肘微屈；目视左手。

图 9-19　右搂膝拗步

（五）手挥琵琶

动作要领（见图 9-20）如下。

（1）右脚向前收拢半步并落于左脚后，与左脚相距约一脚长，脚尖点地；同时右臂稍向前伸，腕关节放松。

（2）上体右转，重心后移，右脚全脚掌着地；同时左手向左、向上画弧摆至体前，手臂自然伸直，掌心斜向下；右臂屈肘向左下方画弧并收至胸前，掌心斜向上；目视左手。

（3）上体稍向左回转，左脚稍向前移，脚跟着地；同时两臂外旋，屈肘合抱，前后交错；左手与鼻相对，掌心向右；右手与左肘相对，掌心向左；目视左手。

图 9-20　手挥琵琶

（六）左右倒卷肱

1．左倒卷肱

动作要领（见图 9-21）如下。

（1）上体稍左转；左手随转体向左后上方画弧，掌指与头同高，掌心向上，左臂微屈；右手外翻，掌心向上停于体前；视线先随转体向左看，再转向前方看右手。

（2）上体稍右转；右脚提收向后退一步，前脚掌轻轻着地；同时左臂屈肘，左手收至肩上耳侧，掌心斜向前下方；右手翻转，掌心向上；目视右手。

（3）上体继续右转，重心后移，右脚全脚掌着地；左膝微屈，呈左虚步；同时左掌推至体前，腕与肩同高，掌心向前；右手向后、向下画弧收至右侧腰部，掌心向上；目视左手。

图 9-21 左倒卷肱

2．右倒卷肱

动作要领（见图 9-22）如下。

（1）上体稍右转；右手随转体向下经腰侧向后上方画弧至掌指与头同高，掌心翻转向上，右臂微屈；左手翻转，掌心向上停于体前；视线先随转体向右看，再转向前方看左手。

（2）上体稍左转；左脚提收经右腿内侧向后退一步，前脚掌轻轻着地；同时右臂屈肘，右手收至肩上耳侧，掌心斜向下方；左手翻转掌心向上；目视左手。

（3）上体继续左转，重心后移，左脚全脚掌着地；右脚以前脚掌为轴扭直，右腿微屈，呈右虚步；同时右掌推至体前，腕与肩同高，掌心向前；左手向后、向下收至左侧腰部，掌心向上；目视右手。

图 9-22 右倒卷肱

（七）左揽雀尾

动作要领（见图 9-23）如下。

（1）上体微右转；同时右手由腰侧向右上方画弧至与肩同高，掌心斜向上，右臂微屈；左臂自然置于体前，腕与肩同高，掌心向下；目视左手。

（2）左脚收至右脚内侧，脚尖点地；同时右手屈臂置于右胸前，掌心翻转向下；左手画弧下落，屈肘置于腹前，掌心翻转向上，与右掌相对呈抱球状；目视右手。

（3）上体微左转，左脚向左前方迈出一步，脚跟着地；同时双手开始前后分开；目视前方。

（4）上体继续左转，重心前移，左脚全脚掌着地，左腿屈膝，呈左弓步；左臂半屈于体前，腕与肩同高，掌心向内；右手向下画弧按于右侧髋部旁，指尖向前；目视左手。

（5）上体稍左转；左手向左前方伸出，掌心转向下，同时右臂外旋，右手经腹前向上、向前画弧至左前臂内侧，掌心向上；目视左手。

（6）上体右转，重心后移，右腿屈膝，左腿自然伸直；同时双手经腹前向下、向右后方画弧；右手举至身体侧后方与头同高，掌心向外；左臂平屈于胸前，掌心向内；头随体转，目视右手。

（7）上体左转，正对前方；同时右臂屈肘，右手收至胸前，搭于左腕内侧，掌心向前；左前臂仍屈收于胸前，掌心向内，指尖向右；目视前方。

（8）重心前移，左腿屈膝，呈左弓步；同时右手推送左前臂向体前挤出至与肩同高，两臂撑圆；目视前方。

（9）左手翻转向下，右手经左腕上方向前伸出，掌心向下；随后重心后移，右腿屈膝，左腿自然伸直，左脚尖跷起，同时双手左右分开至与肩同宽，两臂屈收，双手后引经胸前收至腹前，掌心斜向下；目平视前方。

（10）重心前移，左脚全脚掌着地，左腿屈膝，呈左弓步；双手由腹前沿弧线推至体前，两腕与肩同高，两掌心向前，指尖向上；目视前方。

图 9-23　左揽雀尾

（八）右揽雀尾

其动作要领（见图 9-24）与“左揽雀尾”的动作要领相仿，但方向相反。

图 9-24 右揽雀尾

（九）单鞭

动作要领（见图 9-25）如下。

（1）上体左转，重心左移，右脚尖内扣，左脚尖外展；同时左手经头前向左画弧摆至身体左侧，掌心向外；右手经腹前向左画弧摆至左肋前，掌心朝向腹部；视线随左手移动。

（2）上体右转，重心右移，右腿屈膝，左腿伸直；同时右手经头前向上、向右画弧摆至右肩前，掌心向内；左手向下、向右画弧摆至腹前，掌心转向内；视线随右手移动。

（3）左脚收至右脚内侧，脚尖点地；同时右手伸向身体右前方，五指捏拢成勾手，勾尖向下，肘微屈，腕与肩平；左手向上画弧至右肩前，掌心向内；目视勾手。

（4）上体左转，左脚向左前方迈出一步，脚跟着地；同时左手经面前向左画弧，掌心向内，目视左手。

（5）上体继续左转，重心前移，左脚全脚掌着地，左腿屈膝，呈左弓步；同时左手经头前翻转向前推出，腕与肩平，左肘与左膝上下相对；右勾手举于右后方，腕与肩平；目视左手。

图 9-25 单鞭

（十）云手

动作要领（见图 9-26）如下。

（1）上体右转，重心后移；左脚尖内扣，右腿屈蹲；同时左手经腹前向下、向右画弧摆至右肩前，掌心向内；右勾手松开变为掌，掌心向外，指尖向上；目视右手。

（2）上体左转，重心左移；右脚向左并拢半步，与左脚平行且相距 10～20 cm，脚尖向前；右脚落地时，前脚掌先着地，随后过渡到全脚掌着地，双腿屈膝半蹲；同时左手经头前向上、向左画弧，掌心渐渐翻转向外至身体左侧与肩同高；右手经腹前向下、向左画弧，掌心渐渐翻转向内至左肩前；视线随左手移动。

（3）上体右转，重心右移；左脚向左横跨一步，前脚掌先着地，随后过渡到全脚掌着地，脚尖向前；同时右手经头前向右画弧，掌心逐渐翻转向外至身体右侧与肩同高；左手经腹前向下、向右画弧，掌心逐渐翻转向内至右肩前；视线随右手移动。

（4）与本动作要领中的（2）相同。

（5）与本动作要领中的（3）相同。

（6）与本动作要领中的（2）相同。

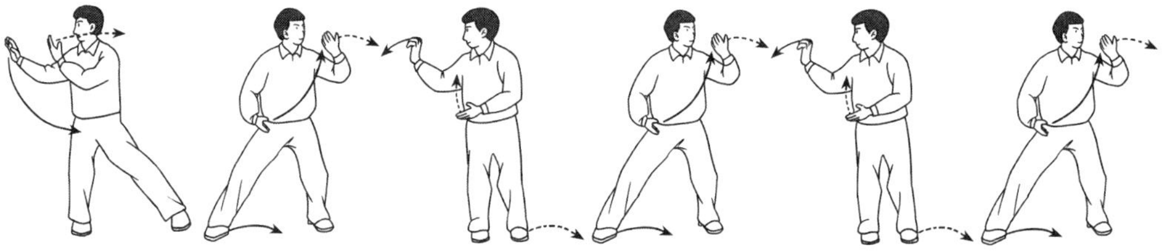

图 9-26　云手

（十一）单鞭

动作要领（见图 9-27）如下。

（1）上体右转，重心移至右腿，左脚脚跟提起；同时右手经头前向右画弧，至右前方时掌心翻转成勾手；左手经腹前向下、向右画弧至右肩前，掌心转向内；目视勾手。

（2）与第 9 式“单鞭”动作要领中的（4）相同。

（3）与第 9 式“单鞭”动作要领中的（5）相同。

图 9-27　单鞭

（十二）高探马

动作要领（见图 9-28）如下。

（1）右脚向前收拢半步，距左脚约一脚长，前脚掌着地；目视左手。

（2）上体稍右转；重心后移，右脚全脚掌着地，右膝弯曲，左脚脚尖点地；同时右勾手松开，两手翻转，掌心向上，两臂前后平举，肘关节微屈，目视左前方。

（3）上体左转，左脚向前移动，呈左虚步；同时右臂屈收，经头右侧向前推出，腕与肩平，掌心向前；左臂屈收，左手收至腹前，掌心向上；目视右手。

图 9-28 高探马

（十三）右蹬脚

动作要领（见图 9-29）如下。

（1）左脚提收至右踝内侧；同时右手稍向后收，左手经右手手背向右前方穿出，双手交叉，腕关节相交，左掌心斜向上，右掌心斜向下；目视左手。

（2）上体左转；左脚向左前方迈一步，脚跟着地，脚尖略外撇；同时左手内旋，双手虎口相合举于头前，双手掌心向外；目视前方。

（3）重心前移，左脚全脚掌着地，屈左膝，右腿自然蹬直；同时双手左右分开，掌心向外，两臂外撑；目视前方。

（4）右脚收至左脚内侧，脚尖点地；双手向腹前画弧相交合抱，右手在外，举至胸前；双手掌心向内；目视右前方。

（5）左腿支撑，右腿屈膝上提，右脚脚尖上勾，脚跟用力慢慢向右前上方蹬出；左腿微屈，右腿伸直；两臂展于身体两侧，肘微屈，腕与肩平，两掌心向外；右腿与右臂上下相对；目视右手。

图 9-29 右蹬脚

（十四）双峰贯耳

动作要领（见图 9-30）如下。

（1）右腿屈膝收回，脚尖自然下垂；同时左手经头侧向体前画弧，与右手平行落于右膝上方，双手掌心向上，指尖向前；目视前方。

（2）右脚向右前方上步，脚跟着地，脚尖斜向右前方；同时双手收至腰部两侧，双手掌心向上。

（3）重心前移，右脚全脚掌着地，右腿屈膝，呈右弓步；同时双手握拳经两侧向上、向前画弧摆至头前，两臂半屈呈弧形，双拳平行相对呈钳形，其间距与头同宽，两前臂内旋，双拳拳眼斜向下；目视前方。

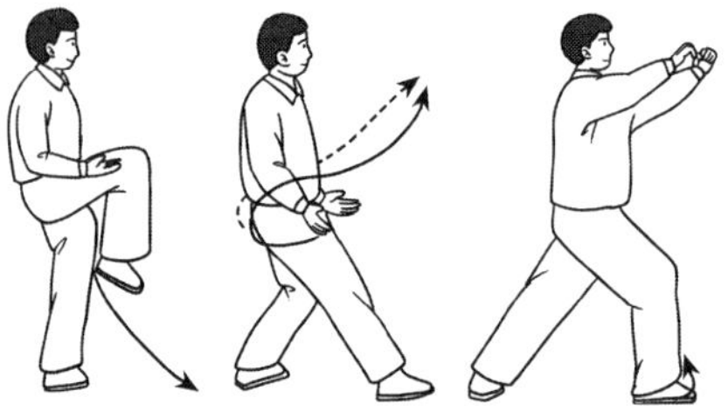

图 9-30　双峰贯耳

（十五）转身左蹬脚

动作要领（见图 9-31）如下。

（1）上体左转，重心后移；左腿屈膝，右腿伸直，脚尖内扣；同时双拳变掌，左手经头前向左画弧，两臂微屈举于身体两侧，双手掌心向外；目视左手。

（2）重心右移，右腿屈膝，左脚收至右脚内侧，脚尖着地；同时双手向下画弧，于腹前交叉合抱并举至胸前，左手在外，两掌心向内；目视左前方。

（3）右腿支撑，提左膝，左脚脚尖上勾，脚跟用力向左前上方慢慢蹬出；同时两臂内旋，双手掌心向外，左手向左前方，右手向右后方画弧分开，两臂微屈举于身体两侧；左腿蹬直，与左臂上下相对；目视左手。

图 9-31　转身左蹬脚

（十六）左下势独立

动作要领（见图 9-32）如下。

（1）左腿屈膝收回至右踝内侧，脚尖向下；上体右转，右臂稍内合，右手呈勾手，勾尖向下；同时左手经头前画弧摆至右肩前，掌心向右，指尖向上；目视右勾手。

（2）右腿屈膝半蹲，左脚前脚掌落地，沿地面向左伸出，随后全脚掌着地，左腿伸直；左手落于右肋前；目视右勾手。

（3）右腿屈膝全蹲，上体左转，形成左仆步；同时左手经腹前沿左腿内侧向左穿出，掌心向前，指尖向左；目视左手。

（4）重心移至左腿，以左脚脚跟为轴，脚尖尽量外撇，左腿屈膝前弓；右脚尖内扣，右腿自然蹬直，上体微向左转并向前起身；同时左手继续前穿并向上举至体前，指尖向上；右勾手内旋，背于身后，勾尖向上；目视左手。

（5）上体左转，重心前移，右腿屈膝上提，左腿微屈支撑站立，呈左独立步；同时左手下落按于左侧髋部旁，掌心向下；右勾手变掌，经体侧由后下方向前画弧，立掌前挑，掌心向左，与眼同高；右臂半屈呈弧形，肘关节与右膝上下相对；目视右手。

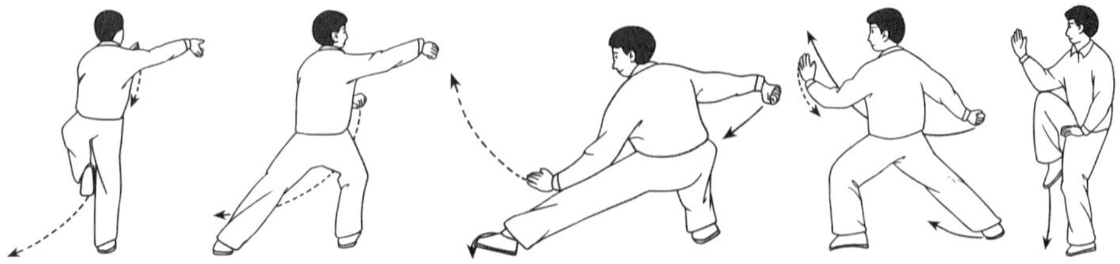

图 9-32　左下势独立

（十七）右下势独立

动作要领（见图 9-33）如下。

（1）右脚落于左脚右前方，前脚掌着地；上体以左脚前脚掌为轴向左转；同时左手变成勾手提举于身体左前方与肩同高；右手经头前向左画弧摆至左肩前，掌心向左；目视左勾手。

（2）左腿屈膝半蹲，右脚提起至左踝内侧，前脚掌落地，沿地面向右伸出，随后全脚掌着地，右腿伸直；右手落至左肋前，目视左勾手。

第（3）、（4）、（5）步分别与“左下势独立”动作要领的第（3）、（4）、（5）步相仿，但方向相反。

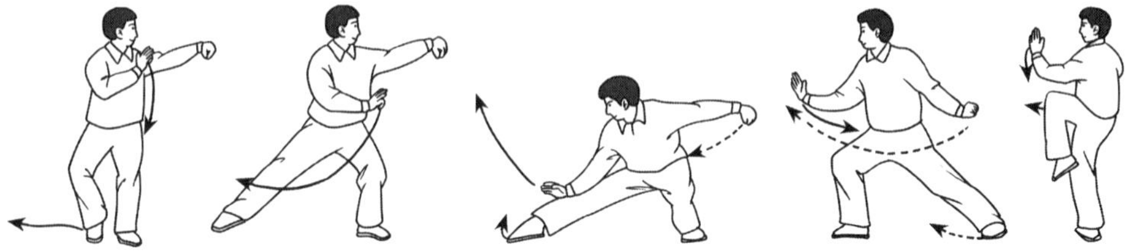

图 9-33　右下势独立

（十八）左右穿梭

1. 右穿梭

动作要领（见图 9-34）如下。

（1）左脚向左前方落步，脚跟着地，脚尖外撇，上体左转，重心随转体落步前移；同时左手内旋，掌心翻转向下；目视左手。

（2）上体继续左转，左脚全脚掌着地，右脚提收于左踝内侧；同时两手掌心相对于左胸前呈抱球状（左手在上，右手在下）；目视左手。

（3）上体右转，右脚向右前方上步，脚跟着地；同时右手向右斜前方弧形摆起，左手下落至左腰间；目视右手。

（4）上体继续右转，重心前移，右脚全脚掌着地，右腿屈膝，呈右弓步；同时右手翻转上举，架于右额角前上方，掌心斜向上；左手推至体前，腕与肩平；目视左手。

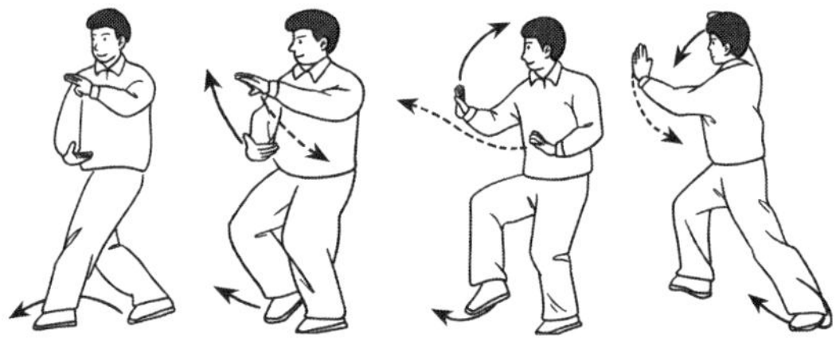

图 9-34　右穿梭

2．左穿梭

动作要领（见图 9-35）与“1．右穿梭”中所述的动作要领相仿，但方向相反。

图 9-35　左穿梭

（十九）海底针

动作要领（见图 9-36）如下。

（1）上体稍右转；右脚向前收拢半步，前脚掌落地，与左脚前后相距约一脚长；目视前方。

（2）上体右转，重心移至右腿，右脚全脚掌着地；右腿屈膝，左脚脚跟提起；同时右手下落经体侧屈臂向后、向上抽提至耳旁，掌心向左，指尖向前；左手向右画弧下落至腹前，掌心向下，指尖斜向右；目视前方。

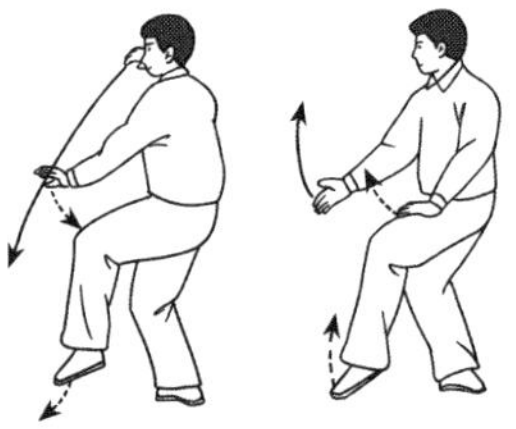

图 9-36　海底针

（3）上体左转，稍向前倾；左脚稍前移，落地，呈左虚步；同时右手经耳侧斜向前下方插掌，掌心向左，指尖斜向下；左手经左膝前画弧搂过，按至右侧髋部旁；目视右手。

（二十）闪通臂

动作要领（见图 9-37）如下。

（1）上体右转，挺直；右腿屈膝支撑站立，左脚收回至右脚内侧；同时右手上提至身前，指尖向前，掌心向左；左手屈臂收举，指尖贴于右腕内侧；目视前方。

（2）左脚向前上步，脚跟着地；双手内旋分开，双手掌心向前；目视前方。

（3）重心前移，左脚全脚掌着地，左腿屈膝，呈左弓步；同时左手推至体前，指尖与鼻尖对齐；右手撑于头部右上方，掌心斜向上，双手前后分展；目视左手。

图 9-37 闪通臂

（二十一）转身搬拦锤

动作要领（见图 9-38）如下。

（1）重心后移，右腿屈膝，左脚脚尖内扣，身体右转；同时双手向右摆动，右手摆至身体右侧，左手摆至头前，双手掌心向外；目视右手。

（2）重心左移，左腿屈膝，右脚以前脚掌为轴扭直；同时右手握拳向下、向左画弧收于腹前，拳心向下；左掌举于左额前上方；目向右平视。

（3）右脚提收至左脚踝内侧，随后向右前方迈出，脚跟着地，脚尖外撇；同时右拳经胸前向前搬压，拳心向上，与胸同高；左手经右前臂外侧下落，按于左侧髋部旁；目视右拳。

（4）上体右转，重心前移，左脚收于右脚内侧；同时右臂内旋，右拳向右画弧至体侧，拳心向下，右臂半屈；左臂外旋，左手经左侧向体前画弧；目视右拳。

（5）右腿屈膝，左脚向前上步，脚跟着地；同时左掌拦至体前与肩同高，掌心向右，指尖斜向上；右拳翻转收至腰间，拳心向上；目视左手。

（6）上体左转，重心前移，左脚全脚掌着地，左腿屈膝，呈左弓步；同时右拳自腰间向胸前打出，肘微屈，拳心向左，拳眼向上；左手微收，掌指附于右前臂内侧，掌心向右；目视右拳。

图 9-38 转身搬拦锤

（二十二）如封似闭

动作要领（见图 9-39）如下。

（1）左手翻转，掌心向上，从右前臂下向前穿出；同时右拳变掌也翻转向上；两手交叉伸举于体前；目视前方。

（2）右腿屈膝，重心后移，左脚尖跷起；同时两臂屈收，边分边内旋后引，两臂分开至与肩同宽，两手收至胸前，掌心斜向下；目视前方。

（3）重心前移，左脚全脚掌着地，左腿屈膝，形成左弓步；同时两掌向下经腹前再向上、向前推出，腕与肩平，掌心向前，掌指向上；目视前方。

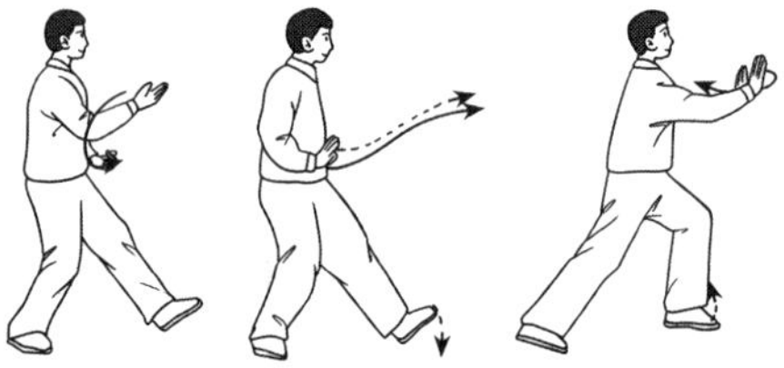

图 9-39　如封似闭

（二十三）十字手

动作要领（见图 9-40）如下。

（1）上体右转，重心右移，右腿屈膝，左腿蹬伸，脚跟着地，脚尖内扣；同时右手向右摆至头前；目视右手。

（2）上体继续右转，右腿屈弓，脚尖外撇，左脚全脚掌着地，左腿自然伸直，呈右横裆步；同时右手继续向右画弧，摆至身体右侧，两臂平举于身体两侧，双手掌心向外，指尖斜向上；目视右手。

（3）上体左转，重心左移，左腿屈弓，右腿自然伸直，脚尖内扣；同时双手下落画弧交搭于腹前，向上画弧抱于胸前，双手掌心向上（右手在下，左手在上）；目平视前方。

（4）上体转正；右脚向左收回，与左脚相距一肩宽，双脚平行向前；右脚前脚掌先着地，随后过渡到全脚掌着地，双腿慢慢直立，重心落于双脚间；同时双手交叉合抱呈斜十字并与肩同高，掌心向内；目平视前方。

图 9-40　十字手

（二十四）收势

动作要领：两臂内旋，双手翻转，掌心向下，左右分开至与肩同宽；随后两臂慢慢下落并垂于体侧；左脚轻轻提起，并拢于右脚内侧，落地时，左脚前脚掌先着地，随后过渡到全脚掌着地，呈预备姿势，目视前方。

第三节 散 打

散打是指两人按照一定的规则，并运用传统武术中的踢、打、摔等技法制胜对手的徒手相搏运动。

一、预备姿势

散打的预备姿势是指进入对抗前的准备姿势。

（一）动作要领（以左手在前为例）

（1）立正站好，右脚向斜后方撤步，撤步的距离是本人脚长的 1～1.5 倍（30～40 cm），两脚尖斜向前方约 45°；两膝微屈，两脚的前脚掌扒地，脚跟稍抬起。

（2）身体侧向对方，松胸、溜肩、收下颌；屈左肘，肘关节夹角为 90°～110°，左手轻握拳，拳眼向上，拳与下颌同高；屈右肘，肘关节夹角小于 60°，右手握拳置于下颌外侧，肘部下垂轻贴于右肋处；目视前方，如图 9-41 所示。

图 9-41　散打的预备姿势

（二）注意事项

（1）两膝弯曲的角度不可太大，否则会影响两脚移动，两手要紧护上体。

（2）身体中轴线应位于两腿之间。

（三）易犯错误

（1）两脚站在一条直线上，导致身体稳定性差。

（2）身体重心偏前或偏后。

（3）出现过分低头现象。

二、基本技术

（一）拳法

拳法是散打搏击中威慑力较强的技法之一，具有速度快、灵活多变的特点。散打比赛中常用的拳法有直拳、摆拳、勾拳等。

1．直拳

直拳也称“冲拳”，即向前直线出拳的拳法技术。直拳是中远距离进攻对手的主要拳法之一，可以用于击打对方的头部和躯干。

动作要领（以左直拳为例）：预备姿势站立，右脚蹬地，身体重心快速前移至左脚；上体向右旋转 10°左右，在转体的同时探左肩，左前臂内旋，左拳快速向前直线击出，力达拳面，同时，右拳放于下颌处防守，右肘防护肋部；出拳后，左拳尽快按出拳路线收回，呈预备姿势站立，如图 9-42 所示。

注意事项：① 动作要协调、连贯。② 出拳前，勿先动肘。

易犯错误：① 出拳时有回拉动作；② 出拳路线不直，出现以肘为轴的手臂向前鞭打动作；③ 左手出拳时，肘关节外翻，右手有回拉或下垂现象。

2．摆拳

摆拳也称“横拳”，指由外向内横向击打对方侧面的拳法。

动作要领（以左摆拳为例）：预备姿势站立，右脚蹬地，重心移至左脚；上体向右旋转 15°～20°，左脚蹬地，脚跟稍外转，随后左肘与肩平，左拳由外向内弧线向前击打，力达拳面，同时右拳护住下颌；完成出拳动作后，左拳按原路线收回，如图 9-43 所示。

图 9-42　左直拳

图 9-43　左摆拳

注意事项：① 出拳到位的标准应为手腕摆动至身体中轴线处。② 出拳时应避免出现回拉现象。③ 近距离出拳时，拳心应向下；远距离出拳时，拳心应向外。

易犯错误：① 过早翻肘，出现甩拳；② 发力时惯性太大导致动作变形。

3．勾拳

勾拳也称“抄拳”，是指出拳时手臂弯曲约 90°的拳法，可用于攻击对方的胸部、腹部和下颌等部位。

动作要领（以左勾拳为例）：预备姿势站立，上体稍向左下方转动，随后左腿微屈，左臂收回轻贴于左肋旁，左拳自然置于下颌外侧；重心置于左腿，右脚蹬地，同时左侧髋部向上、向内挺出，左拳随挺髋动作向前上方击出，根据所击距离调整手臂夹角，拳心向内，随后左腿膝关节基本挺直后马上制动，击出的拳也随之制动并短促发力，力达拳面，同时，右拳置于下颌处防守，目视左拳；出拳后肩关节放松，左拳按原路线收回，呈预备姿势站立，如图 9-44 所示。

注意事项：① 动作幅度不宜过大。② 出拳要迅速、有力。

易犯错误：出拳时身体后仰。

（二）腿法

腿法是散打技术中重要的技法之一，在散打比赛中占有较大比重。其特点是可远距离运用，攻击性强，力度大。腿法主要包括正蹬腿、侧踹腿、鞭腿等技术。

1．正蹬腿

正蹬腿是正面攻击的屈伸性腿法，力量较大。其可用于攻击对方胸部、腹部和头部，也可用于堵截对方的进攻，也是在相互击打或抱缠时摆脱对方的有效方法之一。

动作要领（以左腿正蹬腿为例）：预备姿势站立，身体重心移至右腿，右腿膝关节微屈；左腿屈膝提起，脚尖勾起，脚掌朝向正前方，大腿贴近胸部；两拳收至头部两侧，两臂护住肋部，左脚迅速向前蹬出，力达足跟；动作完成后，左腿按出腿路线收回，呈预备姿势站立，如图 9-45 所示。

图 9-44　左勾拳

图 9-45　左腿正蹬腿

注意事项：① 提膝时大腿贴近胸部。攻击对方躯干部位时，膝关节应高于腰部。② 避免出现弹腿及下踏动作，出腿时要保持身体重心的稳定，避免身体过分后仰。

易犯错误：出现上踢或下踏动作。

2．侧踹腿

侧踹腿是侧身攻击的屈伸性腿法，其特点是实用性强、击打距离长、攻击力量强、攻击范围广等。

动作要领（以左腿侧踹腿为例）：预备姿势站立，身体重心移至右腿，右腿膝关节微屈；左腿屈膝提起，与腰同高，大腿贴近胸部，小腿外摆，与上体成 90°角，脚尖自然勾起，脚掌朝向正前方；左腿猛力伸直，带动脚掌向前沿直线蹬踹，右拳置于下颌处防守；完成动作后，按原路线收腿，呈预备姿势站立，如图 9-46 所示。

图 9-46　左腿侧踹腿

注意事项：① 提膝与踹腿动作要连贯、有力。② 踹腿过程中应避免以膝关节为轴弹踢。③ 完成踹腿时左腿与上体应保持在一条直线上。

易犯错误：上体与踹出腿不在一条直线上。

3．鞭腿

鞭腿也称“侧弹踢”，是侧向弧线攻击的屈伸性腿法，主要用于攻击对方头、胸、腹、背、腿等部位。其特点是速度快，灵活多变，容易得分。

动作要领（以左鞭腿为例）：预备姿势站立，身体重心移至右腿，上体稍向右转；左腿屈膝提起，绷脚尖，随即快速转髋、提膝、弹踢小腿；在弹踢的瞬间，左腿与上体基本为一条直线，左手置于大腿外侧，右拳置于下颌处防守；完成动作后，按原路线收腿，呈预备姿势站立，如图 9-47 所示。

图 9-47　左鞭腿

注意事项：① 鞭腿横踢时，迅速伸膝发力，并借助转髋的力量加大出腿力度。② 鞭腿时，上体不要过度倾斜，膝关节放松并稍向内扣，不能向上摆腿。

易犯错误：出现直腿鞭打。

（三）摔法

摔法是散打中近距离攻击的主要方法。散打技术中的摔法较多，大致可分为两大类，一类是接腿摔，另一类是近身摔。

1．接腿摔

接腿摔是指当对方以腿法踢击时，我方顺势利用合理的手臂动作搂抱住对方的攻击腿，并配合其他动作，破坏对方重心的平衡，使对方倒地的一种摔法。

动作要领（以接腿涮腿摔为例）：对方运用左侧踹腿向我方胸部或腹部进攻时，我方用双手接住对方的腿，不让其挣脱；紧接着左腿向后撤步，同时双手顺势向后拉；后拉过程中突然改变用力方向，向下、向左（右）、向上弧形牵拉对方的腿，将对方摔倒，如图 9-48 所示。

图 9-48　接腿涮腿摔

注意事项：① 要敏锐察觉对方的用力方向，并借用对方侧踹腿的力量向后牵拉。② 要突然改变牵拉路线，抓腿动作要稳。

易犯错误：接腿后的摇、涮动作不到位。

2. 近身摔

近身摔是指在散打对抗中，我方主动使用技术贴近对方或在对方进攻时贴近对方将其摔倒的技术。

动作要领（以插肩过背摔为例）：双方抱缠时，我方迅速向左闪身，同时左臂从对方左腋下穿过，右手抓住对方左手臂；两腿弯曲，随即向下弓腰；两腿迅速蹬直将对方背起后，向前摔出，如图 9-49 所示。

图 9-49 插肩过背摔

注意事项：弓腰、蹬腿与过背动作要同步进行，发力要猛。

易犯错误：① 不能将对方背起；② 无法将对方摔倒。

三、比赛规则

（一）散打的比赛场地

比赛场地为高 80 cm、长 800 cm、宽 800 cm 的擂台，台面上铺有软垫。台面边缘有 5 cm 宽的红色边线，台面四周向内 90 cm 处画有 10 cm 宽的黄色警戒线。台下四周铺有高 30 cm、宽 200 cm 的保护软垫。

（二）运动员的服装护具

（1）运动员必须穿戴中国武术协会认定的武术散打比赛服装及护具。

（2）比赛护具分红、蓝两种颜色，包括拳套、护头、护胸。运动员自备护齿、护裆和缠手带。护裆必须穿在短裤内，缠手带的长度为 3.5～4.5 m。

（3）女子运动员和男子 65 公斤级及以下级别运动员的拳套重量为 230 g；男子 70 公斤级至 85 公斤级运动员的拳套重量为 280 g；男子 90 公斤级及以上级别运动员的拳套重量为 330 g。

（三）比赛中的礼节

（1）每场比赛开始前，运动员向观众行抱拳礼。

（2）每局比赛开始前，运动员上台后先向本方教练员行抱拳礼（教练员还礼），运动员之间再相互行抱拳礼。

（3）宣布比赛结果时，运动员交换站位。宣布比赛结果后，运动员先相互行抱拳礼，再向台上裁判员行抱拳礼（裁判员还礼），然后向对方教练员行抱拳礼（教练员还礼）。

（四）散打比赛的得分标准

1．得 2 分

（1）一方被打下台，另一方得 2 分。

（2）一方被打后倒地，另一方得 2 分。

（3）用腿法击中对方头部、躯干者，得 2 分。

（4）以主动倒地的动作带着对方倒地，而自己顺势站立者，得 2 分。

（5）被强制读秒一次，对方得 2 分。

（6）被警告一次，对方得 2 分。

2．得 1 分

（1）用拳法击中对方头部、躯干者，得 1 分。

（2）用腿法击中对方大腿者，得 1 分。

（3）在双方先后倒地的情况下，后倒地者得 1 分。

（4）一方被指定进攻且 5 s 内仍不进攻，另一方得 1 分。

（5）一方主动倒地且 3 s 内无法起立，另一方得 1 分。

（6）被劝告一次，对方得 1 分。

3．不得分

（1）拳法或腿法不清楚、效果不明显的，不得分。

（2）双方同时下台或倒地，不得分。

（3）抱缠时击中对方，不得分。

（五）比赛中的犯规行为与罚则

1．犯规行为

技术犯规行为包括以下几项。

（1）消极搂抱对方。

（2）消极逃跑。

（3）处于不利状况时举手要求暂停。

（4）有意拖延比赛时间。

（5）比赛中对裁判员有不礼貌的行为或不服从裁判。

（6）上场不戴或有意吐落护齿，有意松脱护具。

（7）不遵守比赛规定的礼节。

侵人犯规行为包括以下几项。

（1）在口令“开始”前或“停”后攻击对方。

（2）击中对方禁击部位。

（3）以禁用方法击中对方。

（4）故意击打，致使对方的伤情加重。

2．罚则

（1）每出现一次技术犯规，劝告一次。

（2）每出现一次侵人犯规，警告一次。

（3）侵人犯规达 3 次，取消该场比赛资格。

（4）故意伤人者，取消其比赛资格，所有成绩无效。

（5）使用违禁药物或局间休息时吸氧，取消比赛资格，所有成绩无效。

（六）胜负评定

1．优势胜利评定

（1）比赛中，双方实力悬殊，台上裁判员征得裁判长同意，判技术强者为该场胜方。

（2）比赛中，一方被重击倒地不起达 10 s（侵人犯规除外），或虽能站立但知觉失常，判另一方为该场胜方。

（3）一场比赛中，一方被重击强制读秒达 3 次（侵人犯规除外），判另一方为该场胜方。

（4）一局比赛中，双方运动员得分相差达 12 分时，判得分多者为该场胜方。

2．每局胜负评定

（1）每局比赛结束时，依据裁判员的评判结果判定每局胜负。

（2）一局比赛中，一方受重击被强制读秒 2 次（侵人犯规除外），判另一方为该局胜方。

（3）一局比赛中，一方 2 次下台，判另一方为该局胜方。

（4）一局比赛中，双方出现平局时，按下列顺序判定胜负：① 被警告次数少者为胜方；② 被劝告次数少者为胜方；③ 当天体重轻者为胜方。如上述 3 种情况仍相同，则为平局。

3．每场胜负评定

（1）一场比赛中，先胜两局者为该场胜方。

（2）比赛中，一方出现伤病，经医务监督诊断不能继续比赛，判另一方为该场胜方。

（3）比赛中，一方经医务监督确诊为诈伤，判另一方为该场胜方。

（4）因对方犯规而受伤，经医务监督检查确认不能继续比赛者，为该场胜方。但不得参加后面所有场次的比赛。

（5）循环赛时，一场比赛中如双方获胜局数相同，则为平局。

（6）淘汰赛时，一场比赛中如双方获胜局数相同，按下列顺序决定胜负：① 被警告次数少者为胜方；② 被劝告次数少者为胜方。如仍相同，则加赛一局，以此类推。

第四节 长拳

长拳是相对于短拳而言的，通常指查拳、炮捶、红拳、华拳等。长拳多以出拳或出腿时放长击远为特征，有时出拳还配合拧腰顺肩来增加出拳距离。其姿势舒展，动作灵活，快慢相间，刚柔并济。本节介绍的初级长拳第三路是长拳类别中较为基础的武术套路之一，具有广泛的群众基础，也是武术表演和比赛项目之一。

一、预备动作

（一）预备势

动作要领：双脚并步站立，两臂垂于身体两侧，五指并拢贴于腿外侧，两眼平视前方，如图 9-50 所示。

注意事项：头要端正，下颌微收，挺胸，塌腰，收腹。

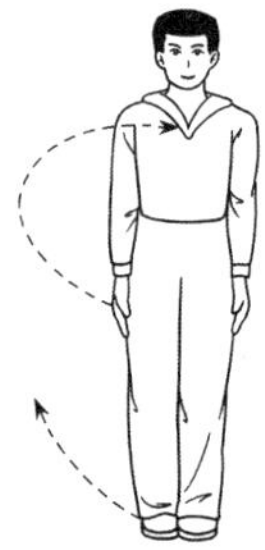

图 9-50　长拳预备势

（二）虚步亮掌

动作要领（见图 9-51）如下。

图 9-51　虚步亮掌

（1）右脚向后撤步呈左弓步。右手向右、向上、向前画弧，掌心向上；左臂屈肘，左掌提至腰侧，掌心向上；目视右手。

（2）右腿微屈，重心后移。左掌经胸前从右臂上方向前穿出并伸直；右臂屈肘，右掌收至腰侧，掌心向上；目视左手。

（3）重心继续后移，左脚稍向右移，脚尖点地，呈左虚步。左臂内旋向左、向后画弧呈勾手，勾尖向上；右手继续向后、向右、向前画弧，屈肘抖腕，在头顶斜上方亮掌，掌心向前，指尖向左；目视左侧。

注意事项：三个动作必须连贯。呈虚步时，重心落于右腿上，右大腿与地面平行；左腿微屈，脚尖点地。

（三）并步对拳

动作要领（见图 9-52）如下。

（1）右腿蹬直，左腿提膝，脚尖内扣，亮掌姿势不变。

（2）左脚向前落步，重心前移。左臂屈肘，左勾手变掌经左肋前伸；右臂外旋收回，两掌同高，掌心均向上。

（3）右脚向前上一步，两臂下垂后摆。

（4）左脚向右脚并步，两臂向上画弧，经胸前屈肘下按，两掌变拳，拳心向下，停于小腹前，目视左侧。

注意事项：并步后挺胸、塌腰。对拳、并步、转头要同时完成。

图 9-52 并步对拳

二、第一节动作

（一）弓步冲拳

动作要领（见图 9-53）如下。

图 9-53 弓步冲拳

（1）左脚向左侧迈一步，脚尖指向斜前方，右腿微屈，呈半马步。左臂向上、向左格打，拳眼向后，拳与肩同高，右拳收至腰侧，拳心向上，目视左拳。

（2）右腿蹬直呈左弓步。左拳收至腰侧，拳心向上，右拳向前冲出，与肩同高，拳眼向上，目视右拳。

注意事项：呈弓步时，右腿充分蹬直，脚跟不要离地，冲拳时，尽量转腰顺肩。

（二）弹腿冲拳

动作要领：重心前移至左腿，右腿屈膝提起，脚面绷直，猛力向前弹出伸直至与腰同高。右拳收至腰侧，左拳向前冲出，目视前方，如图 9-54 所示。

注意事项：支撑腿可微屈，弹腿时要用爆发力，力达脚尖。

（三）马步冲拳

动作要领：右脚向前落步，脚尖内扣，上体左转。左拳收至腰侧，双腿下蹲呈马步，右拳向前冲出，目视右拳，如图 9-55 所示。

注意事项：呈马步时，大腿要平，双脚平行，脚跟外蹬，挺胸、塌腰。

（四）弓步冲拳

动作要领（见图 9-56）如下。

（1）上体右转 90°，右脚尖向斜前方外撇，呈半马步，右臂屈肘向右格打，目视右拳。

（2）左腿蹬直呈右弓步。右拳收至腰侧，左拳向前冲出，目视左拳。

图 9-54　弹腿冲拳

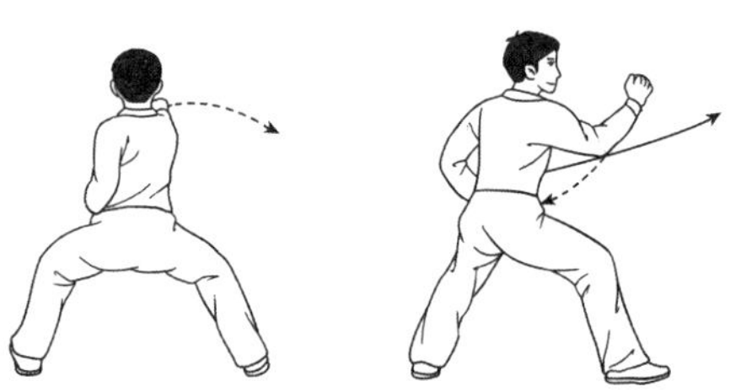

图 9-55　马步冲拳

图 9-56　弓步冲拳

（五）弹腿冲拳

动作要领：重心前移至右腿，左腿屈膝提起，脚面绷直，猛力向前弹出伸直至与腰同高。左拳收至腰侧，右拳向前冲出，目视前方，如图 9-57 所示。

（六）大跃步前穿

动作要领（见图 9-58）如下。

图 9-57　弹腿冲拳

图 9-58　大跃步前穿

（1）左腿屈膝。右拳变掌内旋，手背向下挂至左膝外侧，上体前倾，目视右手。

（2）左脚向前落步，双腿微屈。右掌继续向后挂，左拳变掌，向后、向下伸直，目视右手。

（3）右腿屈膝向前提起，左腿立即猛力蹬地向前跃出。两掌向前、向上画弧，目视左手。

（4）右腿落地全蹲，左腿随即落地并向前铲出呈仆步。右掌变拳抱于腰侧，左掌由上向右、向下画弧呈立掌，并停于右胸前，目视左脚。

注意事项：跃步要远，落地要轻，落地后立即做下一个动作。

（七）弓步击掌

动作要领：右腿猛力蹬直呈左弓步。左掌经左脚面向后画弧至身后呈勾手，左臂伸直，勾尖向上，右拳由腰侧变掌向前推出，掌指向上，掌外侧向前，目视右手，如图 9-59 所示。

（八）马步架掌

动作要领（见图 9-60）如下。

（1）重心移至双腿中间，左脚脚尖内扣呈马步，上体右转。右臂向左侧平摆，稍屈肘，同时，左勾手变掌由后经腰部左侧从右臂内向右前上方穿出，掌心均朝上，目视左手。

（2）右掌立于左胸前，左臂向左上方屈肘、抖腕、亮掌于头部左上方，掌心向前，目视右侧。

图 9-59 弓步击掌

图 9-60 马步架掌

三、第二节动作

（一）虚步栽拳

动作要领（见图 9-61）如下。

（1）右脚蹬地，屈膝提起，左腿伸直，以前脚掌为轴向右后方转体 180°。右掌由左胸前向下经右腿外侧向后画弧呈勾手，左臂随体转动并外旋，使掌心朝右，目视右手。

（2）右脚向右落地，重心移至右腿上，下蹲呈左虚步。左掌变拳下落于左膝上，拳眼向里，拳心向后，右勾手变拳，屈肘向上架于头部右上方，拳心向前，目视左侧。

（二）提膝穿掌

动作要领（见图 9-62）如下。

（1）右腿稍伸直。右拳变掌收至腰侧，掌心向上，左拳变掌由下向左、向上画弧盖压于头部上方，掌心向前。

（2）右腿蹬直，左腿屈膝提起，脚尖内扣。右掌从腰侧经左臂内向右前上方穿出，掌心向上，左掌收至右胸前呈立掌，目视右手。

注意事项：支撑腿与右臂伸直。

图 9-61　虚步栽拳

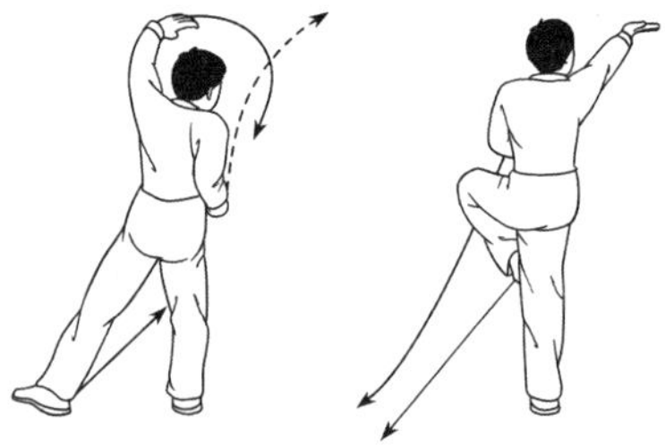

图 9-62　提膝穿掌

（三）仆步穿掌

动作要领：右腿全蹲，左腿向左后方铲出呈左仆步。右臂不动，左掌由右胸前向下经左腿内侧向左脚面穿出，目随左掌转视，如图 9-63 所示。

（四）虚步挑掌

动作要领（见图 9-64）如下。

（1）右腿蹬直，重心前移至左腿，呈左弓步。右掌稍下降，左掌随重心前移向前挑起。

（2）右脚向左前方上步，左腿半蹲，呈右虚步。身体随上步左转 180°。在右脚上步的同时，左掌由前向上、向后画弧呈立掌，右掌由后向下、向前上挑起呈立掌，指尖与眼平，目视右手。

注意事项：上步要快，虚步要稳。

图 9-63　仆步穿掌

图 9-64　虚步挑掌

（五）马步击掌

动作要领（见图 9-65）如下。

（1）右脚落实，脚尖外撇，重心稍升高并右移。左掌变拳收至腰侧，右掌俯掌向外呈掳手。

（2）左脚向前上一步，以右脚为轴向右后方转体 180°，双腿下蹲呈马步。左掌从右臂上方呈立掌向左侧击出，右掌变拳收至腰侧，目视左手。

注意事项：右手呈掳手时，先使臂稍内旋、腕伸直，手掌向下、向外转，接着臂外旋，掌心经下向上翻转，同时抓握成拳。收拳和击掌动作要同时进行。

（六）叉步双摆掌

动作要领（见图 9-66）如下。

（1）重心稍右移，同时两掌向下、向右摆，指尖均向上，目视右手。

（2）右脚向左腿后插步，前脚掌着地。两臂继续由右向上、向左摆，并停于身体左侧，均呈立掌，右掌停于左肘窝处，目随双掌转视。

注意事项：两臂摆动时要画立圆，摆动幅度要大，摆臂与后插步应协调一致。

图 9-65　马步击掌

图 9-66　叉步双摆掌

（七）弓步击掌

动作要领（见图 9-67）如下。

（1）双腿不动。左掌收至腰侧，掌心向上，右掌向上、向右画弧，掌心向下。

（2）左腿后撤一步，呈右弓步。右掌向下、向后伸直摆动，呈勾手，勾尖向上，左掌呈立掌向前推出，目视左手。

图 9-67　弓步击掌

（八）转身踢腿马步盘肘

动作要领（见图 9-68）如下。

（1）双脚以前脚掌为轴向左后方转体 180°。在转体的同时，左臂向上、向前画半立圆，右臂向下、向后画半立圆。

（2）双脚不动，右臂由后向上、向前画半立圆，左臂由前向下、向后画半立圆。

（3）右臂向下呈反臂勾手，勾尖向上，左臂向上呈亮掌，掌心向前上方。右腿伸直，脚尖勾起，向额前踢。

（4）右脚向前落地，脚尖内扣。右手不动，左臂屈肘下落至胸前，左掌心向下，目视左手。

（5）上体左转 90°，双腿下蹲呈马步。同时，左掌向前、向左平掳变拳并收至腰侧，右勾手变拳，右臂伸直，由体后向右、向前平摆，至体前时屈肘，肘尖向前，与肩同高，拳心向下，目视肘尖。

注意事项：两臂抡动时要画立圆，动作要连贯。盘肘时要快速有力，右肩前倾。

图 9-68　转身踢腿马步盘肘

四、第三节动作

（一）歇步抡砸拳

动作要领（见图 9-69）如下。

（1）重心稍提高，右脚尖外撇。右臂由胸前向上、向右抡直，左拳向下、向左使臂抡直，目视右拳。

（2）双脚以前脚掌为轴，向右后转体 180°。右臂向下、向后抡摆，左臂向上、向前随身体转动。

（3）紧跟上一个动作，双腿全蹲呈歇步。左臂随身体下蹲向下平砸，拳心向上，臂部微屈，右臂伸直向上举起，目视左拳。

注意事项：抡臂动作要连贯，要画立圆。呈歇步时两腿交叉全蹲，左腿的大、小腿靠紧，臀部压于左小腿外侧，膝关节贴于右小腿外侧，脚跟提起，右脚尖外撇，全脚掌着地。

图 9-69　歇步抡砸拳

（二）仆步亮拳

动作要领（见图 9-70）如下。

（1）左脚由右腿后抽出前上一步，左腿蹬直，右腿半蹲，呈右弓步，上体微向右转。左拳收至腰侧，右拳变掌向下经胸前向右横击掌，目视右手。

（2）右脚蹬地屈膝提起，上体右转。左拳变掌向前穿出，掌心向上，右掌平收至左肘下。

（3）右脚向右落步，屈膝全蹲，左腿伸直，呈仆步。左掌向下、向后画弧呈勾手，勾尖向上，右掌向右、向上画弧微屈，抖腕呈亮掌，掌心向前。头随右手转动，至亮掌时目视左侧。

注意事项：呈仆步时，左腿伸直，脚尖内扣，右腿全蹲，双脚全脚掌着地。上体挺胸塌腰，稍左转。

图 9-70　仆步亮拳

（三）弓步劈拳

动作要领（见图 9-71）如下。

（1）右脚蹬地，左腿收回并向左前方上步。右掌变拳收至腰侧，左勾手变掌由下向上经胸前向左呈掳手。

（2）右腿向左上一步，左腿蹬直呈右弓步。左手向左平掳后向前挥摆，虎口朝前。

（3）在左手平掳的同时，右拳向后平摆，然后向前、向上呈抡劈拳，拳与耳同高，拳心向上，左掌外旋接扶右前臂，目视右拳。

注意事项：左、右脚上步时走弧形路线。

图 9-71　弓步劈拳

（四）换跳步弓步冲拳

动作要领（见图 9-72）如下。

（1）重心后移，右脚稍向后移动。右拳变掌内旋，掌背向下画弧挂至右膝内侧，左掌背贴于右肘外侧，指尖向前，目视右手。

（2）右腿自然上抬，上体稍向左扭转。右掌挂至体左侧，左掌伸向右腋下，目随右掌转视。

（3）右脚以全脚掌用力向下震跺，与此同时，左脚急速离地抬起。右手由左向上、向前掳盖，然后变拳收至腰侧，左掌伸直向下、向上、向前屈肘下按，掌心向下。上体右转，目视左手。

（4）左脚向前落步，右腿蹬直呈左弓步。右拳向前冲出，拳与肩同高，左掌藏于右腋下，掌背贴靠腋窝，目视右拳。

注意事项：换跳步动作要连贯、协调。震脚时腿要弯曲，全脚掌着地，左脚稍离地。

图 9-72　换跳步弓步冲拳

（五）马步冲拳

动作要领：上体右转 90°，重心移至两腿中间，呈马步。右拳收至腰侧，左掌变拳向左冲出，拳眼向上，目视左拳，如图 9-73 所示。

（六）弓步下冲掌

动作要领：右脚蹬直，左腿弯曲，上体稍向左转，呈左弓步。左拳变掌向下经体前向上架于头部左上方，掌心向上，右拳自腰侧向左前斜下方冲出，目视右拳，如图 9-74 所示。

图 9-73　马步冲拳

图 9-74　弓步下冲掌

（七）叉步亮掌侧踹腿

动作要领（见图 9-75）如下。

（1）上体稍右转，左掌从头上下落于右手腕上，右拳变掌，两手交叉呈“十”字形，目视双手。

（2）右脚蹬地并向左腿后插步，前脚掌着地。左掌由体前向下、向后画弧呈勾手，勾尖向上，右掌由前向右、向上画弧抖腕亮掌，掌心向前，目视左侧。

（3）重心移至右腿，左腿屈膝提起，向左上方猛力蹬出。上肢姿势不变，目视左侧。

注意事项：呈交叉步时，上体稍向右倾斜，腿、臂的动作要一致。侧踹高度不能低于腰，大腿内旋，着力点在脚跟。

图 9-75　叉步亮掌侧踹腿

（八）虚步挑掌

动作要领（见图 9-76）如下。

（1）左脚在左侧落地。右掌变拳稍后移，左勾手变拳由体后向左上挑，拳背向上。

（2）上体左转 180°，微含胸前俯。左拳继续向前、向上画弧上挑，右拳向下、向前画弧挂至右膝外侧，同时右膝提起，目视右拳。

（3）右脚向左前方上步，脚尖点地，重心落于左脚，左腿下蹲呈右虚步。左拳向后画弧收至腰侧，拳心向上，右拳向前屈臂挑出，拳眼斜向上，拳与肩同高，目视右拳。

图 9-76　虚步挑掌

五、第四节动作

（一）弓步顶肘

动作要领（见图 9-77）如下。

（1）重心抬高，右脚踏实。右臂内旋向下直臂画弧，以拳背下挂至右膝内侧，左拳不变，目视前下方。

（2）左腿蹬直，右腿屈膝上抬。左拳变掌，右拳不变，两臂向前、向上画弧，目随右拳转视。

（3）左脚蹬地起跳，身体腾空，两臂继续画弧至头上方。

（4）右脚先落地，右腿屈膝，左脚向前落步，前脚掌着地。同时，两臂向右、向下屈肘停于右胸前，右拳变掌，左掌变拳，右手掌心与左拳面相贴。

（5）左脚向左上一步，左腿屈膝，右腿蹬直呈左弓步。右掌推左拳，左肘尖向左顶出，与肩同高，目视前方。

注意事项：交换步时，双脚抬起不要过高，但要快。两臂沿弧形路线抡摆。

图 9-77　弓步顶肘

（二）转身左拍脚

动作要领（见图 9-78）如下。

（1）以双脚前脚掌为轴向右后方转体 180°。随着转体，右臂向上、向右、向下画弧抡摆，同时，左拳变掌向下、向后、向前抡摆。

（2）左腿伸直向前、向上踢起，脚面绷平。左掌变拳收至腰侧，右掌由体后向上、向前拍击左脚面。

注意事项：右掌拍击脚面时，手掌应横过来，拍击脚面的声音要响亮。

（三）右拍脚

动作要领（见图 9-79）如下。

（1）左脚向前落地，左拳变掌向下、向后摆，右掌变拳收至腰侧。

（2）右腿伸直向前上踢起，脚面绷平。左拳变掌由后向上、向前拍击右脚面。

注意事项：左掌拍击脚面时，手掌应横过来，拍击脚面的声音要响亮。

图 9-78　转身左拍脚

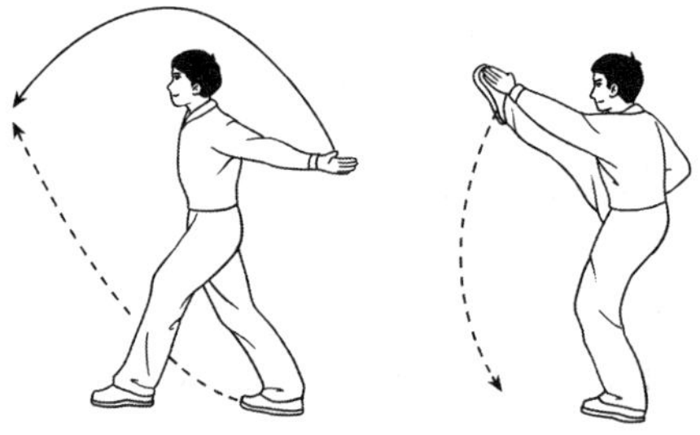

图 9-79　右拍脚

（四）腾空飞脚

动作要领（见图 9-80）如下。

（1）右脚落地，左脚向前摆，右脚猛力蹬地跳起，左腿屈膝继续上摆。同时，右拳变掌向前、向上摆，左掌先上摆，然后向下拍击右掌背。

（2）右腿继续上摆，脚面绷平，右手拍击右脚面，左掌由体前向后上举。

注意事项：蹬地时，左膝尽量上提。腾空拍脚时，右臂应水平伸直。

图 9-80 腾空飞脚

（五）歇步下冲拳

动作要领（见图 9-81）如下。

（1）左、右脚先后落地。左掌变拳收至腰侧。

（2）身体右转 90°，双腿全蹲形成歇步。右掌抓握、外旋变拳并收至腰侧，左拳由腰侧向前下方冲出，拳心向下，目视左拳。

图 9-81 歇步下冲拳

（六）仆步抡劈拳

动作要领（见图 9-82）如下。

（1）重心抬高，右臂由腰侧向体后伸直，左臂随身体重心升高向上摆动。

（2）以右脚前脚掌为轴，左腿屈膝提起，上体左转 270°。左拳由前向后下方画立圆，右拳由后向下、向前上方画立圆。

（3）左腿向后落一步，屈膝全蹲，右腿伸直，脚尖内扣呈右仆步。右拳由上向下抡劈，拳眼向上，左拳后上举，拳眼向上，目视右拳。

注意事项：抡臂时一定要画立圆。

图 9-82 仆步抡劈拳

（七）提膝挑掌

动作要领（见图 9-83）如下。

（1）重心前移呈右弓步。同时右拳变掌由下向上抡摆，左拳变掌稍下落，右掌心向左，左掌心向右。

（2）左、右臂各自在垂直面上由前向后画立圆。右臂伸直停于头上，掌心向左，指尖向上，左臂伸直停于身后呈反勾手。同时，右腿屈膝提起，左腿挺膝伸直独立，目视前方。

注意事项：抡臂时要画立圆。

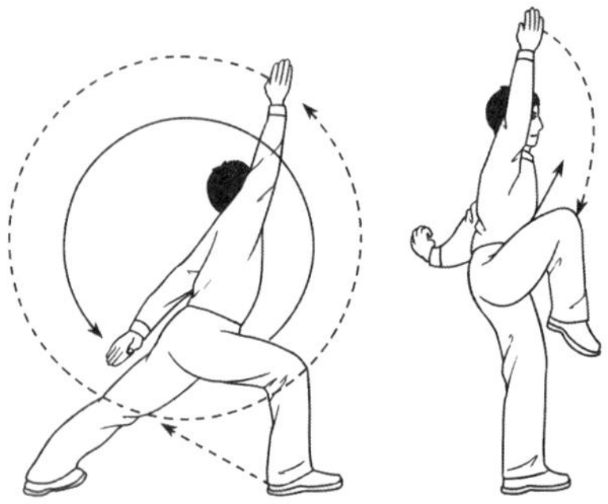

图 9-83 提膝挑掌

（八）提膝劈掌弓步冲拳

动作要领（见图 9-84）如下。

（1）右掌由上向下猛劈伸直，停于右小腿内侧，用力点在小指一侧，左勾手变掌，屈臂向前停于右上臂内侧，掌心向左，目视右手。

（2）右脚向右后落地，身体右转 90°。同时，左掌变拳收至腰侧，右臂内旋向右画弧呈劈掌。

（3）左腿蹬直呈右弓步。右手抓握变拳并收至腰侧，左拳由腰侧向左前方冲出，目视左拳。

图 9-84 提膝劈掌弓步冲拳

六、结束动作

（一）虚步亮掌

动作要领（见图 9-85）如下。

（1）右脚扣于左膝后，两拳变掌，双臂屈肘交叉于体前左侧，目视右手。

（2）右脚向右后落步，重心后移，右腿半蹲，上体稍右转。同时右掌向上、向右、向下画弧停于左腋下，掌心向下，左掌向左、向上画弧停于右臂上与左胸前，掌心向上，目视左手。

（3）左脚尖稍向右移，右腿下蹲呈左虚步。左臂伸直向左、向后画弧呈反勾手；右臂伸直向下、向右、向上画弧抖腕亮掌，掌心向前，目视左侧。

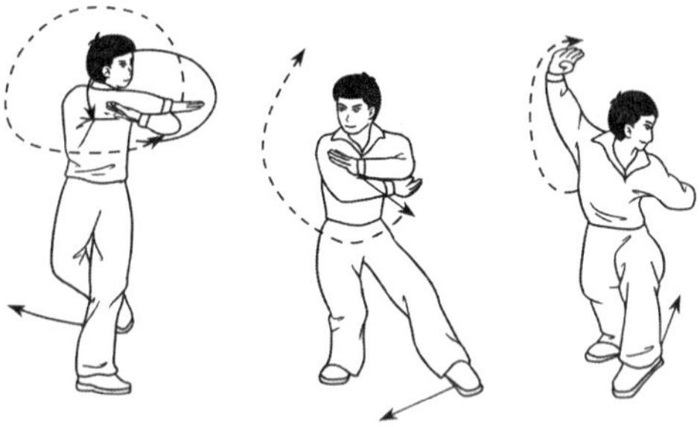

图 9-85 虚步亮掌

（二）并步对掌

动作要领（见图 9-86）如下。

（1）左腿后撤一步，同时两掌从腰的两侧向前穿出伸直，掌心向上。

（2）右腿后撤一步，同时双臂分别向体后摆。

（3）左脚后退半步向右脚并拢。两臂由后向上经体前屈臂下按，两掌变拳，停于腹前，拳心向下，拳面相对。目视左侧。

（三）还原

动作要领：两臂自然下垂，目视正前方，如图 9-87 所示。

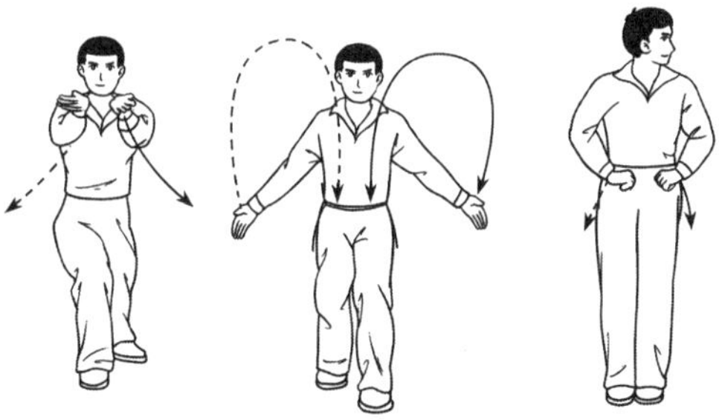

图 9-86 并步对掌

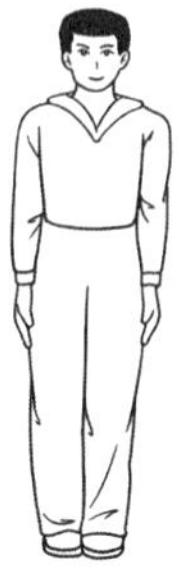

图 9-87 还原

素质园地

用“功夫”讲中国故事

中华武术作为中华民族传统体育的典型代表，拥有悠久的历史和丰富的文化内涵。在中华武术发展的历史长河中，出现了众多杰出的武术大师。提到武术大师，霍元甲这个名字可谓家喻户晓。就在霍元甲先生的故乡天津市西青区精武镇小南河村，前中国武术队队长、中国武术大满贯选手郎荣标创办了一所全封闭、准军事化管理的寄宿制学校——天津霍元甲文武学校。

郎荣标 11 岁习武，曾荣获世界武术锦标赛冠军、亚运会南拳冠军、全国武术锦标赛个人全能冠军等。提到创办学校的初衷，郎荣标表示：“国家培养了我，我也想为国家尽一点力，为社会储备一些武术后备人才。”据了解，天津霍元甲文武学校培养出了世界冠军 10 余名、国家级冠军 300 余名，在国际、国内各类比赛中累计获得金牌 4 000 余枚。

讲好中国故事不仅能靠“文”，还能靠“武”。据郎荣标介绍，学校冠军团队的学生们自 2015 年 6 月起就开始出演以霍元甲人生经历改编的功夫剧《武传奇之霍元甲》，至今已演出超过 500 场，出访 100 多个国家和地区。这些学生们虽然年龄不大，但在舞台上都散发着武者的独特光芒，向全世界人民讲述着“爱国、修身、正义、助人”的精武故事，架起了中外文化交流的桥梁。

（资料来源：中国日报，有改动）

第十章

特色体育

学习目标

- 掌握攀岩运动的基本技术与装备。
- 掌握地掷球运动的基本技术与比赛规则。
- 了解拔河运动的特点及类型。
- 掌握拔河的基本技术。

素质目标

- 不断挑战自我，超越自我。
- 培养不畏艰难、顽强拼搏的意志品质。

第一节 攀岩运动

一、攀岩运动的基本技术

（一）保护站的设置

攀岩运动的保护站是指攀岩者在攀爬时使用的固定在岩面上的用于安全保护的固定点。保护站是攀岩运动开展的基础，用于保护攀岩者在攀爬脱落或下降过程中的人身安全，也是攀岩者与保护者建立联系的媒介。

保护站可分为人工岩壁保护站与自然岩壁保护站。两者都是攀岩者在攀登前，使用各种装备器材在岩壁顶端或岩壁表面上合理安装的安全保护系统。下面主要介绍人工岩壁保护站的设置。

1．保护站的设置原则

保护站的设置应遵循独立原则、均衡原则和备份原则。

（1）独立原则。每个保护站的设置与使用都必须相互独立，且每个保护站都具有独立的保护功能，以便保障攀岩者攀登与下降的安全性。为避免出现一个保护站失效导致所有保护站都失效的情况，保护站不会设置在同一个位置，也不会使用同一个连接装置（如杆子或扁带）。在顶绳攀登前，一般使用符合标准规范的扁带与主锁在岩壁顶端的不同位置设置 2～4 个独立的保护站。

（2）均衡原则。两个或多个保护站应当连接到同一条主绳，以便当攀岩者攀爬脱落或下降时，每个保护站都能够均匀受力。一般情况下，在设置攀爬线路的保护站时，尽量使用品牌、型号、规格及数量都相同的扁带与主锁。

（3）备份原则。人为因素或自然因素会导致部分保护站失去保护功能。因此，为降低安全事故的发生概率，增强攀岩运动的安全性，攀岩者与保护者在设置攀爬线路的保护站时，应多设置几个备份保护站。

需要注意的是，保护站的备份原则是建立在独立原则之上的，只有每个保护站都遵循独立原则，才能有效地发挥备份原则的作用。备份原则在自然攀岩场所中显得尤为重要。

2．保护站的设置步骤与要求

人工攀岩场所保护站的设置需要在开始攀岩之前完成，具体设置步骤与要求如下。

（1）确定位置。为保障攀岩者的人身安全，保护站的位置应满足以下几个要求：① 保护站应设置在攀爬区域与攀爬线路的范围内；② 保护站的位置应具有充分的下降空间与摆动空间。

（2）准备器材。设置保护站的器材主要包括扁带与主锁。一般情况下，一个保护站需要一条长度适当的扁带和一把主锁。在安装器材前，攀岩者与保护者必须检查扁带与主锁的规范性与安全性，确保扁带与主锁是国际认证产品，且不存在损坏情况。

（3）设置保护站。首先将理顺的扁带绕保护杠一圈或多圈，注意避开扁带的缝合处，然后用主锁连接扁带的两端，形成一个保护站。

（4）连接保护站。将设置好的各个保护站用主锁连接起来，并保证主锁的开口方向相反，锁门拧紧。

（5）调整角度。保护站之间有一定的距离，其在受力后必然呈现出一定的角度。保护站的受力角度越小，受力就越小，其安全系数就越高。因此，保护站的角度需要根据实际情况进行调整。

（6）连接攀登绳。首先理顺攀登绳，然后将攀登绳的绳尾打上防脱结，最后将攀登绳与保护站连接在一起。

（7）检查攀登绳。必须检查攀登绳，确保绳子无缠绕、无打结，且绳尾已落地。

3．保护站设置的注意事项

（1）在设置保护站前，应仔细观察地形，选取合理的位置，不要急于求成，否则反复修改时会花费大量的时间。

（2）重视安全问题，必须测试与检查每个环节。

（3）抛绳前，应当理绳，否则绳子很容易在半空中缠绕。

（4）抛绳前，应当考虑好绳子与保护杆的位置，最终的受力位置应在攀爬线路正上方，不受任何物体干扰。

（5）抛绳前，应当观察岩壁下方情况。若岩壁下方有人，则需要大声提醒其注意。

（二）攀爬技术

攀岩运动要求攀岩者具有良好的身体条件和熟练的攀爬技术。若攀岩者掌握正确的攀爬技术，则会使攀岩动作更加流畅。常见的攀爬技术有手法、脚法和身法，具体内容如下。

1．手法

岩壁上的支点形状各异，攀岩者要根据这些支点的形状，采取不同的抓握方式。常用的手法有以下几项。

（1）握：手掌与手指一起用力包裹住支点。

（2）抓：拇指在一侧起辅助作用，其余四指并拢用力套住支点，掌心呈空心状态。

（3）抠：手指的第一指关节与第二指关节弯曲，第一指关节用力抓住支点。

（4）压：第一指关节抠挂住支点，第二指关节竖起并与支点开口方向垂直，拇指压住食指。

（5）捏：拇指与其余四指相对用力，夹住支点。

（6）摁：通过摩擦使手掌掌面在支点上向心用力。

（7）撑：通过摩擦使手掌掌面在支点上离心用力。

（8）搂：弯曲手掌包裹住这个支点，小指外侧贴近岩壁。

（9）戳：在抓握指洞支点时，一个手指深入指洞内，拇指压住其他三指。

2．脚法

腿的负重能力和爆发力都很强，攀登中要充分利用腿脚力量。常用的脚法有以下几项。

（1）脚尖外侧踩点：脚的小趾用力，脚外侧贴近岩壁。

（2）脚尖内侧踩点：脚的拇趾用力，脚内侧贴近岩壁。

（3）踩摩擦点：在斜坡或造型板上，通过脚前掌与岩面的摩擦，踩住支点并固定住脚。

（4）脚尖钩点：用脚尖钩住支点，膝关节向内收力，挂住身体。

（5）脚跟挂点：将脚后跟放于支点上部，挂住支点，下肢向下用力，挂住身体。

3．身法

身法是指在攀岩规则允许的条件下，攀岩者采用的各种科学合理的攀爬动作和其他配合动作的总称。常用的身法有以下几项。

（1）侧蹬。

动作要领：攀岩者异侧手脚（左手右脚或右手左脚）触点发力，身体侧面靠近岩壁，脚尖外侧踩点，身体重心处于手点下方，腿向目标点反方向蹬起发力，身体重心向目标点移动。

适用情况：脚点位于手点正下方区域，目标点位于手点上方距离较近的位置。

（2）侧拉。

动作要领：攀岩者同侧手脚（右手右脚或左手左脚）触点发力，身体正面靠近岩壁，脚尖内侧踩点，身体重心处于手点下方，腿向目标点反方向蹬起发力，身体重心向目标点移动。

适用情况：脚点位于手点侧下方区域，目标点位于手点侧方距离较远的位置。

（3）正蹬。

动作要领：攀岩者异侧手脚（左手右脚或右手左脚）触点发力，身体正面靠近岩壁，脚尖内侧踩点，身体重心处于手点下方，腿向目标点反方向蹬起发力，身体重心向目标点移动。

适用情况：脚点位于手点下方区域，目标点位于手点上方距离较近的位置。

（4）换手。

动作要领：身体重心向换手方向移动的同时依次替换抓握手。

适用情况：脚点位于手点下方区域，手点较小。

（5）换脚。

动作要领：一只脚的脚尖在脚点上转动并空出位置，另外一只脚踩住脚点。

适用情况：攀爬过程中经常使用。

（6）脚挂手点。

动作要领：左手与右手各抓一个手点或同抓一个手点，用脚跟挂住其他手点，脚跟与对侧的手一起发力，身体重心向目标点移动，另一只手抓目标点。

适用情况：身体下方区域没有合适的脚点。

（7）挂脚顶胯。

动作要领：膝关节发力将身体重心移动至脚点正上方的位置，上肢与下肢同时发力将身体重心推向目标点。

适用情况：手点抓握方向向上，身体下方脚点与目标点距离较远。

（8）翻掌上点。

动作要领：左手与右手各抓一个手点或同抓一个手点，上肢与下肢同时发力将身体重心向上移动至手点上方，迅速将抓握的手形变为撑点手形，然后脚踩住手撑点，站起，手抓握目标点。

适用情况：身体下方没有脚点，目标点较小且位于手点上方距离较远的位置。

（9）引体抓点。

动作要领：双手抓握手点，依靠上肢的力量引体向上，快速抓住下一个手点。

适用情况：无脚点，目标点较大且距离不远。

（10）空中换手。

动作要领：单手抓手点，另一只手放于抓握手上，快速引体，身体重心快速向上移动，当重心移动至抛物线的顶端时，快速抽出抓握手，抓握手和另一只手位置互换，控制住身体重心。

适用情况：手点只能单手抓握且又需要换手。

（11）内侧腿平衡。

动作要领：没有踩点的脚悬放于踩点脚的内侧，保持身体平衡。

适用情况：手点与脚点在同一侧且距离较近，目标点在另外一侧。

（12）外侧腿平衡。

动作要领：没有踩点的脚悬放于踩点脚的外侧，保持身体平衡。

适用情况：手点与脚点在同一侧且距离较近，目标点在另外一侧。

（三）下降技术

攀岩者利用器械下降是最常用的一种下降方法。常见的下降技术有利用下降器下降与缘绳下降。

1. 利用下降器下降

动作要领：双腿分开，手拉紧主绳，将左手上方的绳子搭于岩壁上，左右脚上下支撑，前脚掌蹬住岩壁，开始下降；臀部后坐，同时右手松绳，双脚随身体的下降而迅速向下移步，注意始终保持身体平衡。

2. 缘绳下降

动作要领：沿主绳依次向下倒手，在倒手时一手先将抓结捋下，双脚随着双手的下移，同时向下倒步。倒手与倒步要协调配合，前脚掌尽量踩住突起的岩石或棱角，以便减轻手臂的负担。双腿稍分开，以便身体保持平衡。当臂力不足、倒手有困难时，也可双手沿绳下滑，注意速度不能过快，以免擦伤。

二、攀岩运动的装备

攀岩运动的装备不仅是攀岩者向上攀登的工具，更是攀岩者的安全保证。因此，攀岩者需要正确认识与使用攀岩运动的装备。

（一）攀岩绳

攀岩绳由高强度的尼龙材料按特殊的方法编织而成，具有一定的延展性，可以吸收坠落能量，缓解冲击力，从而起到保护攀岩者的目的。

1. 攀岩绳的类型

攀岩绳可分为动力绳、静力绳和辅绳。

（1）动力绳（见图 10-1）又可分为单绳、双绳和半绳，其具有较强的延展性。

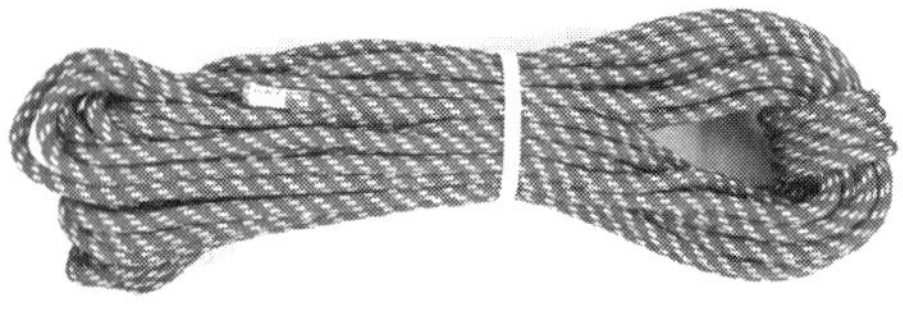

图 10-1　动力绳

（2）静力绳（见图 10-2）多用于下降及无冲坠状态下的操作，如探洞、救援。

（3）辅绳（见图 10-3）具有辅助保护的作用，多用于保护站的设置。

图 10-2　静力绳

图 10-3　辅绳

2．使用攀岩绳的注意事项

（1）攀岩绳应符合国家标准。

（2）攀岩绳应避免长期暴晒。

（3）攀岩绳应避免接触酒精、汽油、油漆等酸性和碱性化学物品。

（4）攀岩绳应避免接触水、冰、火、高温物体等。

（5）攀岩绳应避免接触尖锐的物体，如锋利的岩石。

（二）扁带

扁带（见图 10-4）在保护系统中起到软性连接的作用。扁带可分为机械缝制的扁带与手工打结的扁带。机械缝制的扁带拉力较大，手工打结的扁带拉力较小。

图 10-4　扁带

（三）攀岩安全带

攀岩安全带是攀岩者和绳子之间的固定连接，可以把坠落的冲击力分散到攀岩者的腰部与腿部。

1．攀岩安全带的类型

攀岩安全带可分为全身式安全带与坐式安全带。

（1）全身式安全带（见图 10-5）又称“胸式安全带”，多用于拓展、探洞等活动。

（2）坐式安全带（见图 10-6）多用于登山、攀冰、攀岩等活动。

图 10-5　全身式安全带

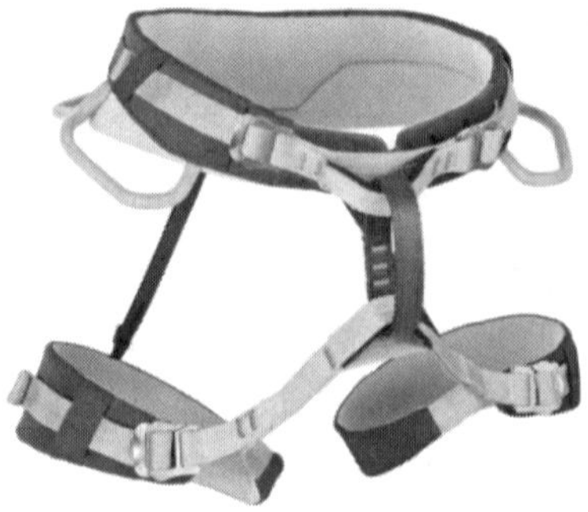

图 10-6　坐式安全带

2．使用安全带的注意事项

（1）安全带应符合安全规范。

（2）安全带应穿在衣服外，不得有任何物体遮掩安全带。

（3）腰带与腿带必须反扣，反扣后的带头长度应大于 8 cm。

（4）在攀岩过程中，不能解开或调节安全带。

（四）主锁

主锁（见图 10-7）在保护系统中起到刚性连接的作用，通常与扁带、攀岩安全带等直接连接。

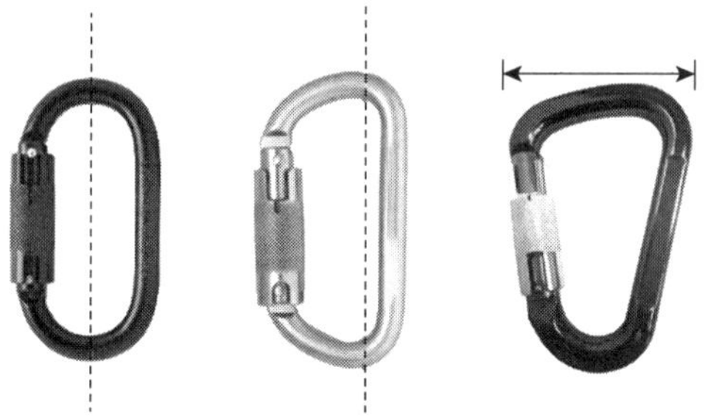

图 10-7　主锁

1．主锁的类型

主锁可分为丝扣锁与普通锁。丝扣锁多用于相对永久的保护点，普通锁多用于临时的保护点。

2. 使用主锁的注意事项

（1）使用过程中必须拧紧丝扣锁的丝扣。

（2）锁门开口一侧避免与绳子接触。

（3）丝扣处若有沙粒，则要及时清理。

（4）使用过程中不得使主锁与硬物撞击。

（五）下降器

下降器利用器械与绳子产生的摩擦力，达到下降或停止的目的。下降器可分为 8 字环下降器、ATC 下降器和 STOP 下降器。

（1）8 字环下降器（见图 10-8）是最常用的保护器，具有轻便、易携带、易操作等特点，多用于快速下降或短距离下降。

（2）ATC 下降器（见图 10-9）是既可以进行单绳操作，又可以进行双绳操作的保护器，具有小巧、便携、不易绕绳等特点，多用于慢速下降或短距离下降。

（3）STOP 下降器（见图 10-10）是一种具备自动制停功能的保护器，具有安装方便、安全性高等特点，多用于长距离下降。

图 10-8　8 字环下降器

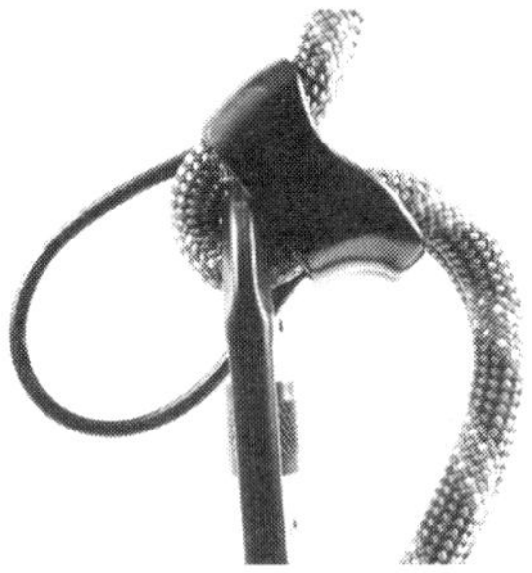

图 10-9　ATC 下降器

图 10-10　STOP 下降器

（六）上升器

上升器是在单绳技术中解决向上运动的器械，在攀岩过程中能起到保护作用。上升器可分为手柄式上升器、胸式上升器和脚式上升器。

手柄式上升器（见图 10-11）最为常用，其又可分为左手式上升器与右手式上升器，适合不同用手习惯的攀岩者。

胸式上升器（见图 10-12）与脚式上升器（见图 10-13）多用于探洞运动。

图 10-11　手柄式上升器

图 10-12　胸式上升器

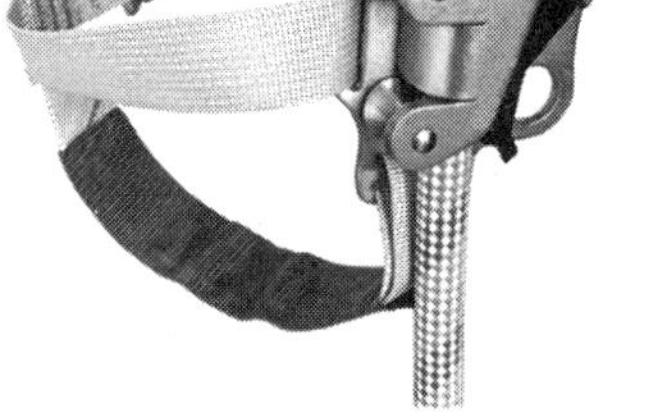

图 10-13　脚式上升器

（七）攀岩头盔

图 10-14 头盔

攀岩头盔（见图 10-14）可避免攀岩者的头部受到落石的撞击，起到保护攀岩者的头部与颈部的作用。

（八）攀岩鞋

攀岩鞋是一种摩擦力很大的攀岩专用鞋，可分为系带式攀岩鞋（见图 10-15）、粘扣式攀岩鞋（见图 10-16）和拖鞋式攀岩鞋（见图 10-17）。

图 10-15 系带式攀岩鞋

图 10-16 粘扣式攀岩鞋

图 10-17 拖鞋式攀岩鞋

（九）镁粉袋

镁粉袋（见图 10-18）用于存放镁粉。镁粉可吸收手掌上的汗液和支点表面的水分，以增大手掌与支点间的摩擦力。镁粉袋一般挂于腰后，攀岩者可用双手随时蘸取。

图 10-18 镁粉袋

第二节 地掷球运动

地掷球运动是一项大众化竞技运动。它具有运动量较小、技巧性强、战术变化较多、趣味性强等特点，是一项老少皆宜的全民健身运动。地掷球包括塑质地掷球、大金属地掷球、小金属地掷球等。

地掷球比赛是技术与体能的抗衡，也是意志与思维的较量。参与地掷球运动，不仅可以锻炼身体，还可以愉悦心情、锤炼意志。

高校体育课程主要以开展塑质地掷球为主，下面主要介绍塑质地掷球的基本技术、比赛项目、掷球种类和比赛规则。

一、地掷球的基本技术

（一）握球

根据掷球的出手方式划分，握球可分为正手握球与反手握球。正手握球比较常见，更容易上手，更便于把握掷球方向与角度。

正手握球（见图 10-19）的动作要领如下。

（1）掌心向上，五指自然分开，拇指和小指分别位于球的两侧，球体置于手指根部。

（2）握球时，将球置于除拇指外四指上，拇指卡在球的上方，瞄准掷球方向。

（3）球体不可与掌心贴合，掌心略空。

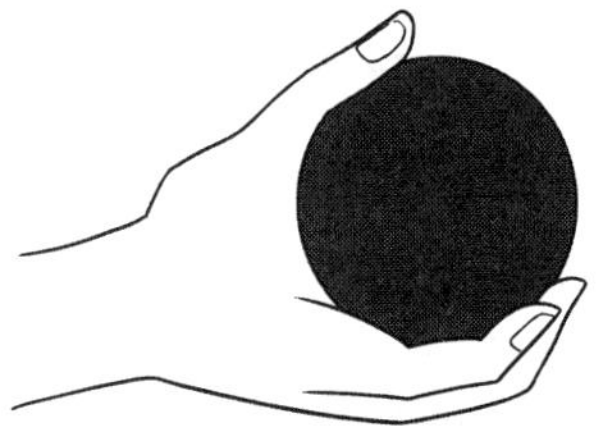

图 10-19　正手握球

（二）滚靠球

滚靠球是指掷出的大球沿着地面滚动并接近目标球的一项掷球技术。它是地掷球比赛中最常用、最基本的一项技术。

滚靠球（见图 10-20）的动作要领如下。

（1）右手持球，双脚前后分开至与肩同宽，对准目标球所在的方向，屈膝，身体重心下压，上躯前倾与地面约成 60°角。

（2）持球手接近地面，身体保持平衡。

（3）以肩关节为轴，直臂向身体后侧回摆，再向身体前侧摆送大球。

（4）出球时，用手腕控制好球的方向与力度。

图 10-20　滚靠球

（三）滚击球

滚击球是指掷出的大球沿着地面滚动或跳动撞击目标球的一项掷球技术。

滚击球（见图 10-21）的动作要领如下。

（1）开始掷球时，左脚上前一步，上体略前倾，右手握球，向身体后面摆动。

（2）当后摆达到一定幅度时，右脚上步，身体重心随之移动至右脚，并保持身体平衡，持球手向前摆动送球。

（3）出球后，身体依旧保持最后送球姿势 2～3 s。

图 10-21　滚击球

（四）抛击球

抛击球是指掷出的大球直接击中目标球的一项掷球技术。

抛击球（见图 10-22）的动作要领如下。

（1）四指自然张开，握着球的一边，拇指握着球的另一边，手臂和手腕尽量保持固定的姿势，对准目标球的方向。

（2）开始掷球时，肩膀与手腕协调用力，左脚蹬地，身体前倾，降低身体重心，双脚依次向前助跑，在左脚迈出的同时，手臂自然后摆。

（3）后摆到一定幅度时，右脚及时上步支撑，持球手向前摆动送球。

（4）出球后，身体依旧保持最后送球姿势 2～3 s。

图 10-22　抛击球

二、地掷球比赛

（一）比赛项目

1. 单项赛

单人赛：一人对一人的比赛，每人掷四个大球。

双人赛：二人对二人的比赛，每人掷两个大球。

三人赛：三人对三人的比赛，每人掷两个大球。

2．团体赛

团体赛共有三局比赛，第一局为三人赛，第二局为单人赛，第三局为双人赛。每项比赛应有一名正式教练员或技术员。

（二）比赛规则

（1）以抽签或掷硬币的方式确定场地及掷球先后顺序。

（2）运动员应站在指定区域内掷球。

（3）在一轮比赛中，一方掷完所有的球后另一方再掷球。

（4）当一方获得比赛规定的分数后，该局比赛结束。一方的大球比对方的大球距小球更近，即可得分。

第三节　拔河运动

拔河运动在我国有着悠久的历史和广泛的群众基础，它最初是由劳动人民创造的一种游戏方式，以此表达对丰收与美好生活的祝愿和憧憬。随着时间的推移，它已从自发的民间游戏行为逐步发展为比较成熟的集健身性、娱乐性、竞技性、观赏性于一体的广大人民群众喜闻乐见的体育项目。

一、拔河运动的特点与类型

（一）拔河运动的特点

1．增强体质

拔河运动是一项周期性的、多关节运动的体育项目。因此，拔河运动不仅能够使参赛人员充分活动肌肉与关节，还可以使其增强力量、耐力、柔韧、灵敏等身体素质。

2．培养团队精神

在拔河比赛中，团队的所有队员需要心往一处想，力往一处使，听从指挥，步调一致。因此，拔河运动不仅可以增强团队凝聚力，还可以培养参赛人员群策群力、齐心协力的团队精神。

3．简便易行

拔河运动对场地、器材的要求相对简单，只需要一块狭长的平地和一条结实的粗绳。此外，拔河运动不受年龄、性别、环境、季节等因素的限制，比较容易开展。

4．公平比赛

在拔河比赛中，参赛人员的体重越重，越容易获胜。为确保比赛的公平性，拔河比赛不仅限制队员的数量，还限制队员的总体重。

（二）拔河运动的类型

1．竞技拔河

竞技拔河是指 8 人制的专业拔河比赛。根据 8 人总体重的不同，竞技拔河可分为 8 个重量级比赛，即 500 公斤级、540 公斤级、560 公斤级、600 公斤级、640 公斤级、680 公斤级、720 公斤级和无限制重量级。根据比赛场地的不同，竞技拔河又可分为硬地拔河与草地拔河。

2．传统拔河

传统拔河是指以健身娱乐为目的的业余拔河比赛。例如，各单位组织的职工拔河比赛，学校组织的大学生拔河比赛。传统拔河一般会限制参赛人数，但不会限制队员的总体重。

3．游戏拔河

游戏拔河是指由传统拔河衍生出来的各类拔河游戏，如十字拔河游戏。

4．民俗拔河

民俗拔河是指在大型节日庆典中举行的、具有一定地域风俗特色的拔河比赛。例如，我国的藏式拔河、甘肃省临潭县的万人拔河等。

二、拔河运动的基本技术

（一）握绳与站姿

1．握绳

动作要领：一手在前，一手在后，双手紧贴，掌心向上，双手握紧绳子，绳子从身体和上臂之间穿过。

2．站姿

（1）高姿势（见图 10-23）的动作要领如下。

握绳手臂伸直，双臂紧贴于身体两侧，肩胛骨收紧，躯干挺直，挺胸展肩，双脚与肩同宽，双脚位于身体前方两步位置，脚趾抓地，身体后倒拉紧。

（2）中姿势（见图 10-24）的动作要领如下。

双脚位于身体前方四步位置，躯干与小腿平行，绳子位于肩关节和髋关节之间，身体重心上下起伏不能超过 5 cm。

（3）低姿势（见图 10-25）的动作要领如下。

双脚位于身体前方六步位置，髋关节与膝关节同高或略高于膝关节，身体重心上下起伏不能超过 5 cm。

图 10-23　高姿势

图 10-24　中姿势

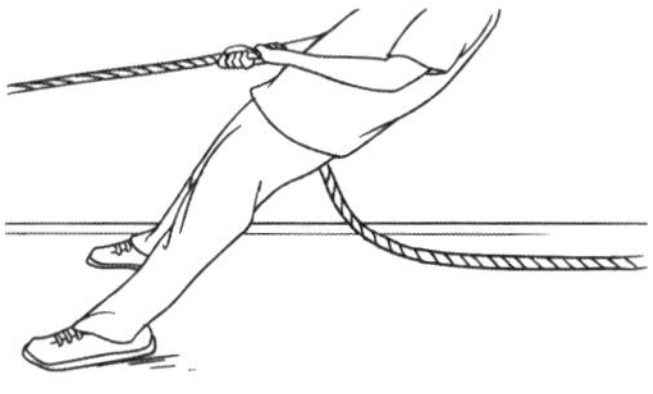

图 10-25　低姿势

（二）下蹲与顶脚

1．下蹲

动作要领：屈膝下蹲至髋关节略低于膝关节位置，脚趾抓地，臀部后引，躯干挺直。

2．顶脚

动作要领：双脚脚掌顶在拔河道上，身体平躺于地面，然后双手握绳，双脚发力，慢慢将身体拉至与地面成60°角位置。

（三）起动与走绳

1．起动

动作要领：听到开始指令后，上身挺直，双臂紧贴于身体两侧，双臂与躯干呈等腰三角形，在最短的时间内臀部向后下方发力，再迅速恢复至髋关节与膝关节平行姿势。

2．走绳

动作要领：起动后，上身挺直，双臂紧贴于身体两侧并保持该姿势，有节奏地下蹲发力，使整个队伍缓慢地向后移动，身体重心左右摆动和上下起伏不能超过10 cm。

（四）位置要求

拔河运动中队员应从高到低依次排列。队员之间的距离为80～100 cm。

1．头人

头人又称“头绳”，是指排在第一位的队员。一般来说，头人最理想的身高通常比全队平均身高高出5～10 cm，体重比平均体重高出8%～12%。头人应具有良好的技术与心理素质，遇事沉着冷静，能够准确观察与把握对手的变化，及时调控全队的攻防节奏。

2．二绳

二绳是指排在第二位的队员，其体形与头人相似。二绳应具有较好的支撑能力，能够配合头人完成进攻与防守。

3．三绳

三绳是指排在第三位的队员，其体重可比平均体重低8%左右。三绳应具有较快的反应速度和良好的弹跳力，能够根据比赛形势及时调整队伍的高低。

4．四绳

四绳是指排在第四位的队员，其体重略高于平均体重。四绳是全队的中流砥柱，应具有较强的支撑力，以便更好地发挥承前启后的作用。

5．五绳

五绳是指排在第五位的队员，其身高与三绳相同，但体重比三绳略高。五绳应是素质与技术较为全面的队员，能够在比赛的退守与进攻过程中做到身体姿势不变，保证前后队员在必要时获得支撑。

6．六绳

六绳是指排在第六位的队员，其体格粗壮，身高略低于前面的队员。六绳应具有出色的平衡力和稳固力，能够用强大的躯干力量来稳定身体姿势并支撑全队。

7．七绳

七绳是指排在第七位的队员，其体重较轻，个子较矮。七绳应是全队相对灵活且活动幅度较大的队员，其身体重心应比前面队员低2 cm。

8. 锚人

锚人又称“尾绳”，是指排在第八位的队员，其与七绳之间的距离可为 2 m，其体重比平均体重高出 10%。锚人应善于观察对手及比赛形势，及时调整全队的重心。

素质园地

加快建设体育强国

体育承载着国家强盛、民族振兴的梦想。党的二十大报告提出，“广泛开展全民健身活动，加强青少年体育工作，促进群众体育和竞技体育全面发展，加快建设体育强国”，进一步明确了未来体育强国建设的重点任务和方法路径。一幅群众体育和竞技体育“两翼齐飞”助推体育强国建设的壮丽图景正在徐徐展开。

体育强国的基础在于群众体育。体育运动在提高人民身体素质和健康水平、促进人的全面发展等方面有着不可替代的作用。近年来，从燃遍华夏大地的“马拉松热”，到“带动 3 亿人参与冰雪运动”目标的实现，群众体育的热潮一浪高过一浪。无论是田间地头，还是都市街道，体育锻炼者的身影随处可见。在运动场上，人们迸发激情、挥洒汗水，为一个更美好的明天阔步前行。体育正逐渐成为人们的一种生活方式。

提升竞技体育综合实力，是体育强国建设的战略任务之一。近年来，我国运动员在国内外赛场屡创佳绩，一次次激发了人们的民族自信心和民族自豪感。2021 年举行的东京奥运会，中国体育代表团取得 38 枚金牌、32 枚银牌、18 枚铜牌的优异成绩，高居奥运会金牌榜和奖牌榜第二名。2022 年北京冬奥会，中国体育代表团首次实现全项参赛，勇夺 9 枚金牌、15 枚奖牌，创造了我国参加冬奥会的历史最好成绩。一代又一代运动员们用昂扬的斗志、拼搏的精神，为中国竞技体育在世界舞台上赢得了越来越多的荣誉。他们的榜样作用，也为各行各业的人们注入了勇攀高峰的信心和动力。

在全社会的带动下，青少年体育受到了越来越多的重视。更多的年轻人正培养起自己的运动习惯。体育助力他们健康成长，他们也为社会带来了强劲的青春能量。

体育强国建设寄托着人民群众对于未来的美好期许，唯有脚踏实地，实现群众体育和竞技体育的协调发展和共同腾飞，实现青少年体育的高质量发展，才能不负重托，不负时代。

（资料来源：新华社，有改动）

参考文献

［1］李振佳，齐爽．大学生体育与健康［M］．北京：中国人民大学出版社，2020．

［2］杜志锋，郭娜，姜雪．体育与健康［M］．北京：北京理工大学出版社，2019．

［3］张巍．高职体育教程［M］．北京：高等教育出版社，2018．

［4］邓文冲，蹇晓彬．大学体育立体化实用教程［M］．北京：北京体育大学出版社，2018．

［5］张学军，王乐，胡德堂．学生体育健康理论与实践［M］．北京：北京工业大学出版社，2018．

［6］郭才祥，农然午．大学生体育与健康［M］．武汉：华中师范大学出版社，2017．

［7］华宝元，常华．大学生体育与健康教程［M］．成都：电子科技大学出版社，2017．